职业院校物流专业教学用书

# 仓储管理实务

主　编　刘雪琴
副主编　齐　晶　高永辉

电子工业出版社
Publishing House of Electronics Industry
北京·BEIJING

## 内 容 简 介

本教材按照仓储工作的业务流程分为五大模块：仓储认知、仓库设施设备、仓储业务组织作业、仓储的组织管理、仓储管理信息系统及技术。每一个模块由能力目标、知识目标、工作任务、知识讲解和任务训练组成的，并且每个模块都有"练习与自测"，帮助学生对所学知识进行巩固和提高。

本书适合作为高等职业院校物流专业学生教材使用，也可作为相关从业人员参考用书。

未经许可，不得以任何方式复制或抄袭本书之部分或全部内容。
版权所有，侵权必究。

**图书在版编目（CIP）数据**

仓储管理实务 / 刘雪琴主编. —北京：电子工业出版社，2017.1
ISBN 978-7-121-30359-3

Ⅰ. ①仓… Ⅱ. ①刘… Ⅲ. ①仓库管理－职业教育－教材 Ⅳ. ①F253

中国版本图书馆 CIP 数据核字（2016）第 276004 号

策划编辑：陈　虹
责任编辑：陈　虹　　特约编辑：孙雅琦　安家宁
印　　刷：涿州市般润文化传播有限公司
装　　订：涿州市般润文化传播有限公司
出版发行：电子工业出版社
　　　　　北京市海淀区万寿路 173 信箱　邮编 100036
开　　本：787×1 092　1/16　印张：14　字数：355.2 千字
版　　次：2017 年 1 月第 1 版
印　　次：2025 年 2 月第 7 次印刷
定　　价：29.50 元

凡所购买电子工业出版社图书有缺损问题，请向购买书店调换。若书店售缺，请与本社发行部联系，联系及邮购电话：（010）88254888，88258888。
质量投诉请发邮件至 zlts@phei.com.cn，盗版侵权举报请发邮件至 dbqq@phei.com.cn。
本书咨询联系方式：chitty@phei.com.cn。

# 前 言

仓储是现代物流的一个核心环节，仓储管理技术和水平的高低在很大程度上影响着企业的经济效益。如何采用科学合理的方法和手段进行仓储作业管理、仓储设施规划、仓储绩效管理和仓储安全保障是对一个仓储管理人员的基本要求。

本教材的编写具有以下特点：

（1）依据高职教育目标，遵循理论知识"适度、够用"的原则，加强实践性，教学环节融入充实的实训内容，增加综合实训，以培养学生运用基本原则解决问题的能力，注重培养学生的实际操作能力。

（2）企业专家参与教材的编写，能够获取第一手的实践资料。并根据行业专家对本课程的岗位群进行的工作任务和职业能力的分析，以仓库管理员等岗位职业能力为依据，按照仓储工作的业务流程，对教材进行模块设计。

（3）本教材按照仓储工作的业务流程分为五大模块：仓储认知、仓库设施设备、仓储业务组织作业、仓储的组织管理、仓储管理信息系统。每个模块都由学习目标、案例导入、知识讲解和任务训练组成，并且每个模块后都设置了"练习与自测"环节，帮助学生对所学知识进行巩固和提高。

（4）以"能力为目标、以学生为主体，以教师为主导，以项目为载体"实现教学内容与工作内容的结合，提升学生的综合素质能力。

本教材由刘雪琴担任主编，齐晶和高永辉担任副主编，家家悦烟台配送中心的张文娟担任企业专家顾问。

在本教材的编写过程中，我们借鉴了国内外许多专家学者的观点，参考了许多与仓储有关的论著、杂志、网站的文献资料。他们的观点和材料为编者提供了很大帮助，鉴于篇幅所限未能在此一一列出，在此表示诚挚的谢意。

因为时间仓促和编者水平有限，书中难免存在不足之处，还望各位读者批评指正。

# 目 录

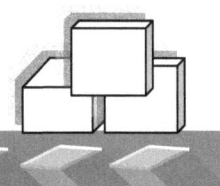

**模块一　仓储认知** ……………………………………………………………………… (1)
　　项目一　仓储和仓库 ……………………………………………………………… (1)
　　　　任务一　认识仓储 ……………………………………………………… (3)
　　　　任务二　仓库的布局设计 ……………………………………………… (18)
　　　　任务三　仓储企业的岗位设置及职责 ………………………………… (28)
　　练习与自测 ………………………………………………………………………… (39)
　　综合案例分析 ……………………………………………………………………… (41)

**模块二　仓储设施设备** ………………………………………………………………… (42)
　　项目一　仓储设施、设备认知 …………………………………………………… (42)
　　　　任务一　认识仓储设施设备 …………………………………………… (43)
　　　　任务二　仓储设备管理 ………………………………………………… (47)
　　项目二　存货、取货设备 ………………………………………………………… (50)
　　　　任务一　货架 …………………………………………………………… (50)
　　　　任务二　叉车和起重机 ………………………………………………… (58)
　　项目三　分拣、配货设备 ………………………………………………………… (64)
　　　　任务一　托盘 …………………………………………………………… (64)
　　　　任务二　其他设备 ……………………………………………………… (72)
　　项目四　自动化立体仓库 ………………………………………………………… (77)
　　　　任务一　认识自动化立体仓库 ………………………………………… (78)
　　练习与自测 ………………………………………………………………………… (83)
　　综合案例分析 ……………………………………………………………………… (86)

**模块三　仓储业务组织作业** …………………………………………………………… (87)
　　项目一　入库作业组织 …………………………………………………………… (87)
　　　　任务一　入库作业准备 ………………………………………………… (88)
　　　　任务二　货物的接运和验收 …………………………………………… (95)
　　　　任务三　货物入库 ……………………………………………………… (103)
　　项目二　在库作业组织 …………………………………………………………… (107)
　　　　任务一　商品编码与货位编号 ………………………………………… (108)
　　　　任务二　货物的堆码与苫垫 …………………………………………… (118)
　　　　任务三　商品的保管养护 ……………………………………………… (127)

· V ·

任务四　盘点作业 (132)
　项目三　出库作业 (138)
　　　任务一　商品出库的原则、方式及流程 (139)
　　　任务二　商品出库中发生问题的处理 (145)
　项目四　库存控制 (148)
　　　任务一　库存控制的 ABC 分类法 (149)
　　　任务二　定量订货法和定期订货法 (155)
　练习与自测 (160)
　综合案例分析 (163)

# 模块四　仓储的组织管理 (164)
　项目一　仓储安全管理 (164)
　　　任务一　仓库安全生产管理 (165)
　　　任务二　仓储消防安全管理 (170)
　项目二　仓储绩效评价管理 (177)
　　　任务一　仓储绩效评价量化指标体系 (178)
　　　任务二　仓储绩效考核指标的分析 (186)
　练习与自测 (191)
　综合案例分析 (192)

# 模块五　仓储管理信息系统 (195)
　项目一　仓储管理信息系统 (195)
　　　任务一　认识仓储管理信息系统 (196)
　项目二　仓储管理信息技术 (202)
　　　任务一　认识仓储管理信息技术 (203)
　练习与自测 (212)
　综合案例分析 (214)

# 模块一

# 仓储认知

## 项目一　仓储和仓库

**情景导入**：王明大学毕业后来到仓储企业应聘物流管理岗位，主考官给了他一张入库任务单和现有仓库统计信息，请他依据所学专业知识，选择合理库区将入库任务单货品准确入库。请问：王明该如何完成这项任务呢？

**【能力目标】**

1．能够利用现代仓储的理念正确分析和解决仓储作业中存在的简单问题。
2．能够根据仓库具体类型特点，对库区进行总体布局设计。
3．能够知道仓储企业主要部门、岗位，并能够说明各岗位职责。

**【知识目标】**

1．掌握仓储的概念、功能及仓储在物流中的作用。
2．了解现代仓储业的发展方向。
3．掌握仓储管理的内涵、原则及基本内容。
4．掌握仓库的概念、功能，了解仓库的类型。
5．了解仓库区域的总体构成、总体布局的基本原则以及区域设计的典型方式。
6．掌握货位布局的基本要求和形式。
7．了解仓储企业组织结构形式。
8．掌握仓储企业组织的主要职能部门及其岗位设置。
9．熟悉仓储物流企业主要操作岗位职责。

**【工作任务】**

培养学生独立思考，勇于表达自己见解的习惯；培养正确的学习目的和学习态度，形成良好的团队合作意识；初步树立现代仓储理念。

　**案例导入：美的电子仓储管理系统**

创建于 1968 年的美的集团，是一家以家电业为主，涉足房产、物流等领域的大型综合性现代化企业集团，是中国最具规模的家电生产基地和出口基地之一。美的电子仓储管理的现状主要表现在以下几方面。

一、美的遇到的问题

（1）过去现场货物管理混乱、旺季收发货效率低，无法提高仓储管理质量和效率。

（2）无法满足精确化货位管理新的管理要求，即产品放在哪个货位上及这个货位上的收发货顺序问题。

（3）无法保证库存的准确性及发货的准时性，客户抱怨较多。

（4）不能准确知道货物的库龄情况，有货物积压很久的情况。

（5）仓库的收发货作业方式落后，信息处理速度慢，信息价值得不到充分体现。

（6）物流功能区不足，仓库既是物料仓也是配套仓，线前没有合理的物料暂存区，回收物料也没有合理的存放区，没有理想的卸货区，致使厂内、厂外定置管理很难到位。

（7）周转箱、地台板等标准化、单元化程度低，卸货、搬运效率低，不能很好地满足生产和销售的需求。

尤其在旺季，遇到的突出问题有：

1. 旺季仓储资源严重缺乏

（1）2005年生产量由2004年320万套增加至560万套，增幅达到75%，仓储面积需求达9.2万$m^2$，现有面积5.2万$m^2$（含外租仓），缺口达4万$m^2$。

（2）备货性均衡生产，决定了战略物资、瓶颈物料、部分机型的紧缺物资在旺季期间的大量储备。

（3）现有的仓储资源过于分散，仓库空间利用率低，仓储资源整合利用难度大。

2. 旺季物流设备资源配置不足

（1）仓库和线体的布局造成大量物流配送作业在楼层间、东西区间、楼上楼下等多作业区进行。

（2）电梯输送能力不足，造成大量的人和物料排队等待的浪费。

（3）用于堆高的堆高机没有配置，使得本可堆码的仓储笼储物方式不能实现。

（4）电瓶托盘叉车偏少，影响了配送速度及搬运量。

（5）新区厂房的构建，大大增加了物料三区（东西区、新区）搬运的作业量。

二、美的电子股份有限公司存储系统的建设目标

美的电子股份有限公司在系统选型和实施过程中，制定了清晰的系统建设目标。这些目标通过系统的成功实施，最终实现。

（1）建立一套高度自动化、集成化的企业网络型仓储管理系统，实现对公司仓储网络资源的合理控制和有机管理，有效提高仓储工作效率和效益。

（2）与现有的销售系统进行无缝集成，使整体运作效率得到有效提高。

（3）实现对仓库的货位管理，有效提高库存管理的准确性和发货及时性。

（4）为仓库的收、发货作业提供快速、准确的指导。

（5）保证仓库的整体运作水平，有效满足生产和销售的需求。

（6）及时、迅速地提供各类库存报表。

三、美的电子股份有限公司仓储管理系统的解决方案

寰通商务项目组和美的电子股份有限公司从2005年7月至2005年10月完成整个项目实施，该系统基于Internet技术，在美的生活电器事业部实现了生活电器事业部仓库的全面

管理，并顺利与美的电子股份有限公司的 Oracle 系统实现接口管理。目前，美的电子所有的仓库数据管理和业务流程已经在 WMS 系统中实现。

目前，美的的物流管理主要采取了以下措施：

（1）优化仓储网络，对全国的仓储网络进行重新定位。目前，美的在芜湖和顺德有两个制造基地，分别辐射华东和华南两个主要家电市场。由于市场规模不断扩大，需要对仓储网络重新进行定位。目前，美的原来的 63 个仓库网点减少了一半。

（2）仓储网点从过于分散到相对集中。由于需求源太多，层层上报往往导致数据的失真。集中仓储网点之后，相对集中的需求源就可以共用一个仓库。

（3）商流和物流分离以后，传统仓储中配送中心的职能也开始转化。

（4）配送重心职能的转化带来管理重心的转移，物流管理重心逐步下移。

（5）重点产品如空调，不论市场分析如何详细，始终都会存在偏差。只要不是存货就不能把货放在制造基地，也不能把货放在较远的地方，尤其在具有多批次、少批量特点的家电行业中，货要出去更要靠仓储和运输资源。

四、美的电子股份有限公司系统实施的效益分析

美的电子股份有限公司仓储管理系统已经在美的生活电器事业部全面应用，从应用的效果上看，在以下方面取得的成效较为显著。

（1）入库跟踪。从货物下线开始一直到货物上架的整个过程进行跟踪。

（2）出库跟踪。从货物发货指令开始一直到货物拣配出库的整个过程进行跟踪。

（3）入库优化。按照事前配置好的指令进行自动入库上架配货，并进行入库过程的优化。

（4）出库优化。按照事前配置好的指令进行自动出库拣配，并进行出库过程的优化。

（5）库龄追踪。追踪货物的库龄，方便管理层进行决策分析。

（6）系统集成、数据及时自动。存储管理系统与 Oracle 系统紧密集成，减少二次录入。

（7）实时管理控制。通过系统把仓库指令自动地传递到仓库，并可实时监控仓库的运作。

（8）信息透明。可以及时、准确和完整地获得整个参考运作的信息，也可以把收发货指令及时和准确地传递给仓库。

（9）分析和决策。充分利用存货、收发货数据对市场及存储绩效进行分析。

**思考：**

1. 传统仓储管理与现代仓储管理的区别主要有哪些方面？
2. 现代仓储管理的特点在美的电子股份有限公司改进的过程中是如何体现出来的？

# 任务一　认识仓储

## 一、仓储简介

### （一）仓储的含义

"仓储"中的"仓"即仓库，为保管、储存物品的建筑物和场所的总称；"储"即储存、储备，表示收存以备使用，具有收存、保管、交付使用的意思。简言之，仓储是"对物品进

行保存并对其数量、质量进行管理控制的活动"。

仓储是物流系统的一个子系统,在物流系统中起着缓冲、调节和平衡的作用。仓储和运输长期以来一直被看作物流活动的两大支柱。仓储显然是由于社会产品出现剩余和产品流通的需要,当产品不能被即时消耗掉时,需要专门的场所存放所产生的行为,这属于静态的仓储。而将物品存入库及对于存放在仓库里的物品进行保管、控制、提供、使用等的管理,便成了动态仓储。可以说仓储是为有形物品提供存放场所、对物品存取进行管理和对存放的物品加以保管、控制的过程。

从物流管理的角度看,可以将仓储定义为:根据市场和客户的要求,为减少货物的损耗、变质和丢失,以及为了调节生产、销售和消费活动,确保社会生产、生活的连续性,而对物品进行存取、保管和控制的作业活动。

问一问:仓储、库存、储备之间有什么区别?

随着我国制造业的崛起,物流业得到了迅猛的发展,仓储越来越受到厂商和社会的广泛关注,这大大促进了人们对仓储理论的研究,使其逐步发展完善,从而成为一门独立的学科。

（二）仓储的功能

从整个物流过程看,仓储是保证这个过程正常运转的基础环节之一。仓储的价值主要体现为具有三个方面的功能。

1. 基本功能

仓储的基本功能是指为了满足市场的基本储存需求,仓库所具有的基本的操作或行为,包括储存、保管、拼装、分类等基础作业。其中,储存和保管是仓储最基础的功能。通过基础作业,货物能得到有效的、符合市场和客户需求的仓储处理。

（1）堆存。仓储最直接的功能就是用于保护物品和科学合理地堆存物品。堆存的经济利益来源于通过堆存克服商品产销在时间上的分离,如季节生产、全年消费的粮食;克服商品生产在地点上的分离,如在一个地方生产,在另一个地方进行销售。这两种情况都需要仓库的堆存来支持市场营销活动。此外,堆存还可以克服商品产销量的不平衡,保证商品流通过程的连续性。

（2）整合。整合是仓储的一项重要经济功能。通过这种安排,整合仓库可以接收来自一系列制造商所指定送往某一特定地点的产品或原材料,然后把它们整合成单一的一票装运。例如,某客户需要从不同的供应商那里得到不同的物料,各供应商分别送货就会产生较高的运输成本,但改由仓储企业整合装运后,各供应商将客户所需的物料送到仓库,由仓库把它们压缩整合,进行一票装运。其好处是,可以实现最低的运输费率,也可以减少由多个供应商向同一客户进行供货所产生的拥挤、不便和堵塞。仓储过程整合功能如图 1-1-1 所示。

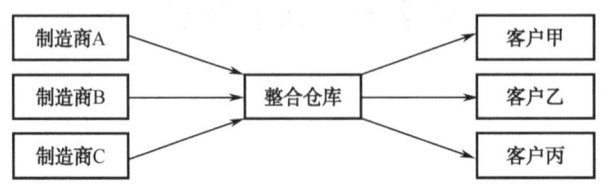

图 1-1-1　仓储过程整合功能图

通过这种整合方案的利用,每个单独的制造商或托运人都能够享受到物流总成本低于其各自分别直接装运成本的好处。

（3）分类和转运站台。分类和转运站台的仓库作业与整合仓库作业相反。分类作业是指接收来自制造商的顾客组合订货，分类或分割个别的订货，并把它们装运到个别的客户处去。分类仓库或分类站把组合订货分类或分割成个别的订货，并安排当地的运输部门负责递送，如图 1-1-2 所示。由于长距离运输转移的是大批量装运，所以运输成本相对较低，进行跟踪不太困难。

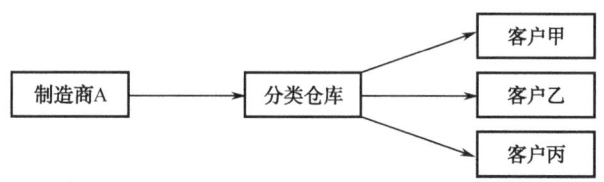

图 1-1-2 仓储过程的分类功能图

除涉及多个制造商外，交叉站台设施具有类似的功能。交叉站台先从多个制造商处运来整车的货物，收到产品后，有标签的按客户进行分类，没有标签的则按地点进行分配；然后产品"交叉"地穿过"站台"被装上指定的拖车，一旦该拖车装满了来自多个制造商的组合产品，它就被放行转运到指定的顾客或地点。因此，交叉站台的经济利益中包括从制造商到仓库的拖车的满载运输，以及从仓库到顾客的满载运输。由于产品不需要在仓库进行储存，降低了仓库的搬运成本。同时，由于所有的车辆都进行了充分的装载，最大限度地发挥了站台装卸设施的利用率。分类和交叉站台流程图如图 1-1-3 所示。

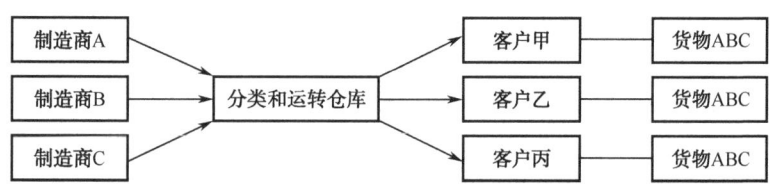

图 1-1-3 仓储过程的分类和交叉站台功能图

（4）加工或延期。仓库还可以通过承担加工或参与少量的制造活动来延期或延迟生产。具有包装能力或加标签能力的仓库可以把产品的最后一道程序——生产一直推迟到对该产品有需求为止。加工/延期(processing/postponement)提供了两个基本经济利益：第一，风险最小化，因为最后的包装要等到敲定具体的订购标签和收到包装材料时才完成；第二，通过对基本产品使用各种标签和包装配置，可以降低存货水平。降低风险与降低存货水平相结合，往往能够降低物流系统的总成本。

2．增值功能

增值功能是指仓储过程中针对特定的客户或者特定的仓储活动，在仓储基本功能的基础上，根据客户需求提供的各种延伸业务的定制化活动，这也是现代仓库与传统仓库的重要区别之一，仓储增值服务是现代物流发展的结晶。

产品增值包含两方面的含义：一是衔接好仓储环节和生产运输环节，实现物品"无缝"流转，降低成本，缩短产品在流通环节的总时间，加速产品价值的实现；二是采用生产延迟、运输延迟的策略，针对不同行业和产品，把产品的粗加工、包装、贴标签等作业在物流停滞期间完成，既可以为上下游的生产、运输环节提供直接便利，又可以使仓储作业从单一的保值功能发展为增值、保值合一的功能多元化，从而大大提高仓储的直接效益。仓储增值服务功能主要包括流通加工、配送、配载、交易中介等功能。

（1）流通加工。仓储期间可以通过简单的制造、加工活动来延期或延迟生产，提高物品附加值。所谓流通加工是指物品在从生产地到使用地的过程中，根据需要施加包装、分割、计量、分拣、贴标签、组装、商品检验等简单作业的总称。加工本是生产环节的任务，但随着消费的个性化、多元化发展，许多企业将产品的定型、分装、组配、贴商标等工序留到仓储环节进行。通过流通加工，可以缩短生产时间、节约材料、提高成品率，保证供货质量和更好地为消费者服务，实现产品从生产到消费之间的价值增值。

（2）配送。现代科技的发展，使商家、消费者可以通过网络等途径完成订货，但产品从生产者到消费者手中必须经过物流环节，通过仓储配送可以缩短物流渠道，减少物流环节，提高物流效益，促进物流的合理化，实现物品的小批量送达。因此，配送是商流与物流的结合体，是拣选、包装、加工、组配、配送等各种活动的有机组合，一般配送点设置在生产和消费集中的地区。仓储配送业务的发展有利于生产企业减少库存，减少固定资金的投入；有利于商业企业减少库存，降低流动资金使用量，又能保证销售。

（3）配载。配载是对使用相同运输工具和运输线路的货物进行合理安排，使少量的货物实现整车运输，是仓储活动的一个重要内容。大多数仓储都提供配载的功能，即将不同货物集中在仓库，并按照运输的方向进行分类仓储，当运输工具到达时出库装运。通过对运输车辆进行配载，确保配送的及时和运输工具的充分利用。

（4）交易中介。仓储经营人利用大量存放在仓库的有形物品，以及与各类物品使用部门业务的广泛联系，开展现货交易中介，扩大了货物交易量，加速仓储物的周转和吸引新的仓储业务，提高仓储效益。同时，还能充分利用社会资源，加快社会资金周转，减少资金沉淀。交易中介功能的开发是仓储经营发展的重要方向。

3. 社会功能

对于仓储的社会功能主要从以下三个方面来理解。

（1）时间调整功能。一般情况下，生产与消费之间会产生时间差，通过储存可以克服物品产销在时间上的隔离。

（2）价格调整功能。生产和消费之间也会产生价格差，供过于求和供不应求都会对价格产生影响。因此，通过仓储可以克服物品在产销量上的不平衡，达到调控价格的效果。

（3）衔接商品流通的功能。商品仓储是商品流通的必要条件，为保证商品流通过程连续进行，就必须有仓储活动。通过仓储，可以防范突发事件，保证商品顺利流通。

（三）仓储在企业物流系统中的作用

仓储系统是企业物流系统中不可缺少的子系统。物流系统的整体目标是以最低成本提供令客户满意的服务，而仓储系统在其中发挥着重要作用。由于仓储在时间上协调原材料、产成品的供需，起着缓冲和平衡调节的作用，企业可以为客户在需要的时间和地点提供适当的产品，从而提高产品的时间效用。因此，仓储活动能够促进企业提高客户服务的水平，增强企业的竞争力。

1. 仓储的正向作用

（1）降低运输成本，提高运输效率。大规模、整车运输会带来运输的经济性。在供应物流方面，企业大多从多个供应商分别小批量购买原材料并运至仓库，然后将其拼箱并整车运输至工厂。由于整车运输费率低于零担运输费率,因此,可以大大降低运输成本,提高运输效率。在销售物流方面,企业将各工厂的产品大批量运到市场仓库,然后根据客户的要求,小批量运往市场或客户处。这种仓库的作用不仅是拼箱装运,而且还可按客户要求进行产品整合。

（2）进行产品整合。如果考虑到颜色、大小、形状等因素,企业的一个产品线将包括数千种不同的产品,这些产品将在不同工厂进行生产,企业可以根据客户要求,将产品在仓库中进行配套、组合、打包,然后运往各地客户。否则,从不同工厂满足订货将导致不同的交货期。

仓库除了满足客户订货的产品整合需求外,对于使用原材料或零配件的企业来说,从供应仓库将不同来源的原材料或零配件配套组合在一起,整车运到工厂以满足需求也是很经济的。

（3）调节供应和需求。由于生产和消费之间或多或少地存在时间或空间上的差异,仓储可以提高产品的时间效用,调整均衡生产和集中消费,或均衡消费和集中生产在时间上的矛盾。

（4）支持企业的销售服务。仓库合理地靠近客户,使产品适时地到达客户手中,将提高客户的满意度并扩大企业销售,这一点对于企业产成品仓库来说尤为重要。

2. 仓储的逆向作用

在物流系统中,仓储作为一种"物"的暂时停滞状态,随时有降低利润的趋势,因为储存使各种物品的使用价值降低,而存储成本支出又在增加,以至于有人明确提出"库存是企业的病症"这一论点。这主要是因为以下因素的代价过高造成的。

（1）固定费用和可变费用支出。"库存"会引起仓储建设、仓库管理、仓库工作人员工资、管理等多项费用开支的增加,进货、验货、保管、发货、搬运等工作也会产生费用。

（2）机会损失。仓储货物所占用的资金至少会带来利润的损失。如果这部分资金本来能用于其他项目,则带来的损失就会更大。

（3）陈旧损失与跌价损失。货物在库存期间还可能发生物理、化学、生物、机械等各方面的损失,严重的将失去全部价值及使用价值。随着仓储时间的增加,存货无时无刻不在变得陈旧,一旦错过有利销售期,将不可避免地出现跌价损失。

（4）保险费支出。仓储还会引起保险费支出的增加。近几年,为了分担存货上的风险,保险费的支出也在增加。

上述各项费用的支出都是降低企业效益的因素,再加上在企业的运营中,仓储占用企业流动资金的比重很高,达40%～70%。仓储的作用无论是正向的还是逆向的,都改变不了仓储的必要性这一现实。这正说明了仓储既有利又有害的两重性。

问一问：你能够结合实际分析一下仓储管理的逆向作用吗？

（四）现代仓储业发展方向

1. 仓储业的概念

仓储业是指从事仓储活动的经营企业。随着社会经济的不断发展,仓储业已成为社会经济发展的重要力量,在国民经济体系中占有重要地位,同时仓储业的发展特点也有所变化,具体如表1-1-1所示。

表 1-1-1 传统仓储业和现代仓储业的区别

| | 传统仓储业 | 现代仓储业 |
| --- | --- | --- |
| 管理对象 | 管理仓库 | 管理物品 |
| 管理手段 | 手工、垛卡、表单 | 信息系统 |
| 管理方法 | 粗放 | 规范、精细、个性 |
| 服务对象 | 单一企业 | 供应链 |
| 服务功能 | 单一的储存保管 | 系列化的增值服务 |
| 经营业态 | 简单、雷同 | 多元化、细分 |

2．现代仓储业发展方向

（1）仓储社会化。首先，根据市场经济的要求和仓储企业的特点，打破部门、条块分割的行政管理局面，广泛开展部门间仓储企业的横向联合，实行仓储全行业的管理。其次，建立多功能综合性仓库，发展物流技术，促使物流、商流协调运行与发展。另外，我国仓储业的低水平重复作业和功能接近的状况，只有通过分工和专业化发展才能得以改

问一问：传统仓储面临哪些挑战？存在的主要问题有哪些？

变。仓储业内部在市场竞争中也只有通过专业化的发展，提供个性化服务，才能提高效益，形成竞争优势。

（2）仓储标准化。仓储与物流和商流的其他环节有机配合，是提高整体物流和商流效率的重要措施，其中，整体物流标准化是实现无缝结合的重要手段。物流标准化也需要仓储标准化。仓储标准化不仅可以实现仓储环节与其他环节密切配合，同时也是仓储内部提高作业效率、充分利用仓储设施和设备的有效手段，是开展信息化、机械化、自动化仓储的前提条件。

仓储标准化主要包括包装标准化、标志标准化、托盘成组标准化、容器标准化、计量标准化、条形码的采用、作业工具标准、仓储信息标准化等技术标准化，也包括服务标准化和单证报表、合同格式、仓单等文件标准化。

（3）仓储机械化、自动化。仓储作业大多具有负荷重、作业量大、时间紧、作业环境恶劣等特点，因而仓储机械化是仓储业发展的必然。一方面，通过机械化实现最少使用人力作业，加大作业集成度，减少人身伤害和货物损害，提高作业效率；另一方面，随着货物运输包装的大型化、托盘化的发展，仓储业也必然需要机械化作业来配合。

仓储自动化是指由计算机管理和控制仓库的仓储。在自动化仓库中，货物的仓储管理、作业控制等仓储工作通过信息管理、条形码、扫描技术、射频技术、数据处理等技术指挥仓库堆垛机、传送带、自动导引车、自动分拣等自动化设备完成仓储作业，自动控制空调、制冷设备、监控设备进行环境管理，向运输设备下达运输指令安排运输等，并同时完成报表、单证的制作和传送。

（4）仓储信息化、信息网络化。对于存量巨大、存货品种繁多的物流中心和配送中心，要提高仓库利用率，保持高效率的货物周转，实施精确的存货控制，没有计算机的信息管理和处理是不可想象的。仓储信息化管理通过计算机和相关信息输入输出设备，对货物识别、理货、入库、存放、出库等进行操作管理，进行账目处理、结算处理，提供实时查询，进行货位管理、存量控制、制作各种单证和报表，以及进行自动控制等。仓储要提高效率、降低

损耗、降低成本，就必须实行信息化。

仓储是物流的节点，是企业存货管理的核心环节，企业生产、经营的决策需要仓储及时和准确地反映存货信息，在充分掌握物资的储备、存量、存放地点、消费速度的情况下才能进行准确的生产和经营决策。有效的物流管理是建立在对物流的实时控制和支配的基础上，管理的决策应及时到达仓库，由仓库对物流进行控制和组织。要实现上述目的，就需要仓库、厂商、物流管理者、物资需求者、运输工具之间建立有效的信息网络，实现仓储信息共享，通过信息网络控制物流，做到仓储信息网络化。

（5）仓储管理科学化。仓储管理包括仓储的管理体制、管理组织、管理方法和管理目标等方面。从管理体制上的不同，仓储活动可以分为向社会提供仓储服务的商业仓储和为企业生产经营服务的企业自营仓储。无论管理体制如何，仓储管理都需要进行科学化管理，实现高效率、高效益的仓储。

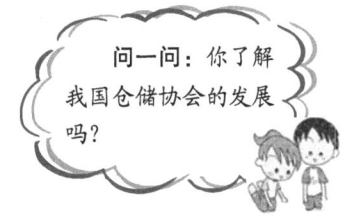

问一问：你了解我国仓储协会的发展吗？

## 二、仓储管理

在社会化再生产过程中，如何以时间换空间，以增值的生产性活动满足生产和消费的需要，是仓储管理作为社会再生产过程的中间环节这一作用的集中体现。所谓以时间换空间，就是通过科学的仓储管理和库存控制，加快库存周转，提高仓库利用率，降低物流成本。所谓增值的生产性活动，就是通过流通加工和仓储配送来满足客户需求和降低客户的生产经营成本。科学的仓储管理已成为企业降低物流成本的重要途径。

（一）仓储管理的概念

简单来说，仓储管理就是对仓库及仓库内储存的物资进行的管理，是仓储机构为了充分利用其所拥有的仓储资源，提供高效的仓储服务进行的一系列计划、组织、控制和协调的过程。具体来说，仓储管理包括获得仓储资源、经营决策、商务管理、作业管理、仓储保管、人事、管理、安全管理、经济管理等一系列管理工作。综合来看，将物料、零件和组件、半成品以及成品储存于仓库的一切作业与管理活动的规划、分析、执行、控制就是仓储管理。仓储管理运用现代化的管理技术与方法，服务于整个仓储的活动。

（二）仓储管理的原则

1．质量原则

仓储管理的最基本原则是保证质量。仓储管理中的一切活动，都必须以保证在库商品的质量为中心。没有质量的数量是无效的，甚至是有害的，因为这些物品依然占用资金、产生管理费用、占用仓库空间。因此，为了完成仓储管理的基本任务，仓储活动中的各项作业必须有质量标准，并严格按照这些标准进行作业。

2．效率原则

仓储生产管理的核心是效率管理，即实现以最少的劳动量投入，获得最大的产品产出。劳动量的投入包括生产工具及其须用时间、劳动力的数量及其作业时间。效率是仓储管理的基础，没有生产效率，就不会有经营效益，也就无法开展优质的服务。

3．效益原则

厂商生产经营的目的是获得最大利润。实现利润最大化则需要做到经营收入最大化和经营成本最小化。作为参与市场经济活动的主体之一的仓储业，也应围绕如何获得最大经济效益来进行组织和经营。但同时也需要承担部分社会责任，如履行保护环境、维护社会稳定、满足社会不断增长的需要等社会义务，实现生产经营的社会效益。

4．安全原则

仓储活动中的不安全因素有很多，有的来自仓储物，有的来自装卸搬运作业的过程，还有的来自人为破坏等。因此要加强安全教育，提高安全意识，制定安全制度，贯彻执行"安全第一，预防为主"的生产方针。

5．服务原则

服务是贯穿在仓储中的一条主线，如仓储的定位、仓储作业、对仓储货物的控制等都是围绕着服务进行的。仓储服务水平与仓储经营成本存在着"背反"的关系。服务好、成本高，收费就高。仓储服务管理就是要在降低成本和提高服务水平之间保持平衡。

（三）仓储管理的基本内容

仓储管理是服务于一切库存物品的经济技术方法和活动，很明显它的服务对象是"一切库存物资"，管理的手段既有经济的又有纯技术的，主要包括以下九个方面的内容。

1．仓储的规划与组织

仓储的规划与组织包括构建现代仓储体系、仓储系统的布局与规划、仓库的选址原则、建筑面积的确定、仓库的布置等。

2．仓储设施设备的选择与配置

仓储设施设备的选择与配置根据各类仓库的作业特点和储存物资的种类及特性，选择和配置合适数量的机械装备，并对这些机械进行现代化管理等。

3．仓库的业务管理

仓库的业务管理包括入库作业、保管养护作业和出库作业的组织工作等。

4．仓库的库存控制

库存控制根据企业、市场的需求，采用合理的采购方式，储存合适数量的货物，既不至于因为储存过少引起生产、市场的中断而造成缺货损失，又不至于因为储存过多而占用过多流动资金等。

5．仓储经营管理

仓储经营管理是指企业运用先进的管理方式和科学的管理方法，对企业的经营活动进行计划、组织、指挥、协调和控制，其目的是获得最大的经营效益。

6．仓库安全与特殊货物管理

仓库安全与特殊货物管理包括仓库安全消防管理、特殊货物管理等。

7．仓储管理信息技术

仓储管理信息技术包括仓储管理信息系统、条形码技术、RFID 技术、EDI、EOS 与 POS 技术等。

8．人力资源管理

人力资源管理包括仓储人员的招聘与后期培训、建立健全各岗位职责、各岗位人员的配置与优化、人机系统的高效组合等。

9．仓储成本核算与绩效分析

仓储成本核算与绩效分析包括仓储成本分析、仓储绩效

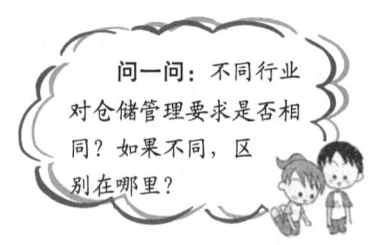

问一问：不同行业对仓储管理要求是否相同？如果不同，区别在哪里？

评价量化指标体系和仓储绩效考核指标的分析等。

### 三、仓库的概念、功能及类型

#### （一）仓库的概念

自从人类社会生产有了剩余产品以来，就产生了储存活动，储存物品的建筑物或场所，一般称为仓库。国家标准《物流术语》中将仓库定义为：保管、储存物品的建筑物和场所的总称。仓库是一个历史范畴，是随着物资储备的产生而产生的。

在人类发展的历史长河中，有相当长的时间内是没有仓库的。原始社会中，人类的生产力水平非常低，依靠集体劳动获得有限的生产资料、生活资料，仅仅能够维持最简单的生活需求，没有什么剩余，更谈不上"储备"和"仓库"。随着社会生产水平的提高及社会化生产方式的出现，社会分工越来越细，专业化程度不断提高，产品空前丰富，商品经济占有重要地位，从而出现了为商品流通服务的仓库。

现代仓库作为物流服务的据点，在物流作业中发挥着重要的作用，从一个储存场所，逐渐发展为配送中心、物流中心，不但建筑场所的外貌焕然一新，而且内部的空间、设施和货物也发生了根本的变化，更有功能和管理的进化。现代仓储和物流中心已经形成了围绕货物的以存储空间、储存设施设备、人员和作业及管理系统组成的仓储系统，功能也延伸到包括运输、仓储、包装、配送、流通加工和信息等一整套的物流环节。

#### （二）仓库的功能

一般来说，仓库应具有以下功能。

##### 1．储存保管的功能

仓库具有储存保管货物的作用，这是仓库最传统、最基本的功能。仓库具有一定的空间，用于储存物品，根据物品的特性，仓库内还配有相应的设备，以保持储存物品的完好性。

##### 2．调节供需的功能

创造物资的时间效用是物流的两大基本职能之一，物流的这一职能是由现代物流系统中的仓库来完成的。在由供应商、企业以及顾客组成的物流供应链中，下一道环节对物资的需求和上一道环节的供应时间往往是不同步的，这就需要仓库进行调节。

##### 3．配送加工的功能

随着经济社会的发展，仓库的功能逐渐发生着变化，已处在由保管型向流通型转变的过程中，即仓库由储存、保管的中心向销售、流通的中心转变。现代物流仓库不仅仅具有整理、检验、配货、分拣、发送等对应于多品种、小批量、多批次的物流方式的货物发送功能，还具有重新包装、定量化小包装、贴标签等对应于零售业顾客要求的流通加工功能，这样既扩大了仓库经营范围，又提高了服务质量。

##### 4．信息处理的功能

随着现代物流的发展，促进了仓库对信息传递、处理需求的增加。现代物流仓库通常通过计算机对仓库信息进行处理，比如仓库利用水平、进出口频率、仓库的地理位置、仓库的运输情况、顾客需求状况和仓库人员的配置等，这对一个仓库管理能否取得成功至关重要。

5．展示、交易的功能

仓库作为商品的储存场所，企业不需要另行建设展示厅，只要通过对某些货架稍加改动，便可使仓库的特定区域同时发挥商品展示的作用，一些实行仓储式销售的零售商更是将仓库与销售店铺融为一体。

> 问一问：现代物流管理使仓库管理从静态管理转变为动态管理，仓库功能也随之改变，请问仓库功能都发生了哪些变化？

（三）仓库的类型

进行仓储活动的主体设施是仓库。物流中仓库功能已从单纯的物料储存保管功能，发展到具有物料的接收、分类、计量、包装、分拣、配送等多种功能。仓库是物流系统的基础设施，其种类很多，由于各种仓库所处的地位不同，所承担的储存任务不同，再加上储存物资的品种规格繁多，性能各异，根据不同的分类标准，按其营运形态、保管条件、建筑构造特点、库内形态等可划分为不同的类型。

1．按仓库保管条件分类

（1）普通仓库。普通仓库指用于存放无特殊保管要求的物品的仓库。普通仓库用来存储一般物品，即一般对存储条件要求不太严格的货物，如一般的机器零件、生产所用的原材料等，该类仓库设施比较简单，存储的物资种类也比较多。常见的普通仓库如图 1-1-4～图 1-1-6 所示。

图 1-1-4　混合型仓库

图 1-1-5　货架型仓库

图 1-1-6　平置库

（2）保温仓库（如图 1-1-7 所示）。保温仓库用于储存对温度、湿度等有特殊要求的货物。有的物品在保管期间要求恒温、恒湿以及冷藏处理，比如瓜果蔬菜、肉类食品的储存。

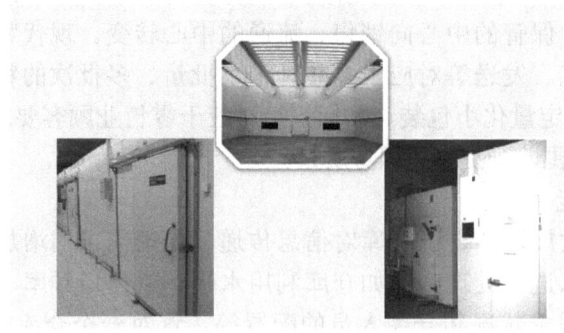
图 1-1-7　保温、冷藏、恒温仓库

（3）特种仓库（如图 1-1-8 所示）。特种仓库通常是指用于存放易燃、易爆、有毒、有腐蚀性或有辐射性的物品的仓库。特种仓库用来存储属性特殊的单一货种，包括危险品仓库，如油料、炸药、化学药品、天然气等易燃易爆的物资。另外，储备军用物资、武器弹药的仓库也属于该类仓库。

图 1-1-8　特种仓库

（4）气调仓库（如图 1-1-9 所示）。气调仓库指用于存放要求控制库内氧气和二氧化碳浓度的物品的仓库。

（5）高精密仪器仓库（如图 1-1-10 所示）。高精密仪器仓库是指库房有防尘、防震、防潮设备，并有恒温装置，用于存放高级精密仪器、仪表的仓库。

图 1-1-9　气调仓库　　　　　　　图 1-1-10　高精密仪器仓库

2．按库房建筑封闭程度分类

（1）封闭式仓库（如图 1-1-11 所示）。该结构的仓库封闭性强，便于对库存物进行维护保养，适宜存放保管条件要求比较高的物品。

（2）露天式仓库（如图 1-1-12 所示）。这种仓库俗称"货场"，其最大优点是装卸作业极其方便，适宜存放较大型的货物。

图 1-1-11　封闭式仓库　　　　　　图 1-1-12　露天式仓库

（3）半封闭式仓库（如图 1-1-13 所示）。这种仓库俗称"货棚"，其保管条件比库房差，但出入库作业比较方便，且建造成本较低，适宜存放那些对温度、湿度要求不高且出入库频繁的物品。

### 3．按结构和构造分类

（1）平房仓库（如图 1-1-14 所示）。平房仓库是指仓库建筑物是平房，结构简单，有效高度一般不超过 6m 的仓库。这种仓库建筑费用低，人工操作比较方便，可广泛使用。

（2）多层仓库（或楼房仓库）（如图 1-1-15 所示）。仓库为二层楼以上的建筑物，是钢筋混凝土建造的仓库。它可以减少土地占用面积，进出库作业可采用机械化或半机械化。

图 1-1-13　半封闭式仓库

图 1-1-14　平房仓库

图 1-1-15　楼房仓库

（3）高层货架仓库（或立体仓库）（如图 1-1-16 所示）。建筑物本身虽是平房结构，但是高层棚的顶比较高，内部设施层数很多，具有可以保管 10 层以上托盘的仓库棚。在作业方面，高层货架仓库主要使用电子计算机控制，能实现机械化和自动化操作。

（4）散装仓库（如图 1-1-17 所示）。散装仓库是指专门保管散粒状或者粉末物资的容器式仓库，如饲料、谷物、水泥等颗粒状、粉状货物。散装货物的进出率很高，可以配备空气传送等特殊装置。此仓库大多是混凝土结构，近来由钢板建造的也多起来了。

图 1-1-16　立体仓库

图 1-1-17　散装仓库

（5）罐式仓库（如图 1-1-18 所示）。罐式仓库的构造特殊，呈球形或柱形，主要是用来储存石油、天然气和液体化工品等。

### 4．按库内形态分类

（1）地面型仓库（如图 1-1-19 所示）。一般指单层地面库，多使用非货架型的保管设备。

图 1-1-18　罐式仓库

图 1-1-19　地面型仓库

（2）货架型仓库（如图 1-1-20 所示）。指采用多层货架保管的仓库。在货架上放存货物和托盘，并且货物和托盘可在货架上滑动。货架分为固定货架和移动货架。

图 1-1-20　货架型仓库

（3）自动化立体仓库（如图 1-1-21 所示）。指出、入库用运送机械存放、取出，用堆垛机等设备进行机械化、自动化作业的高层货架仓库。在作业方面，高层货架仓库主要使用电子计算机控制，能实现机械化和自动化操作。

5．按仓库选址分类

（1）港口仓库（如图 1-1-22 所示）。港口仓库是指为了保管进出口货物，在空港、海港附近建立的仓库。

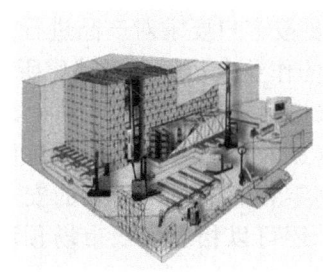
图 1-1-21　自动化立体仓库

图 1-1-22　港口仓库

（2）内陆仓库（如图 1-1-23 所示）。与港口仓库相对应，在内陆地区建造的仓库统称为内陆仓库。

（3）枢纽站仓库（如图 1-1-24 所示）。货物枢纽站是运输点到发据点，把货运枢纽站和仓库集中在一起，在流通业务集散地建造的仓库称为枢纽站仓库。

仓储管理实务

图 1-1-23 内陆仓库

图 1-1-24 枢纽站仓库

问一问：按照仓库建筑结果分类，可以分为哪几种仓库？将结果填入图 1-1-25 中。

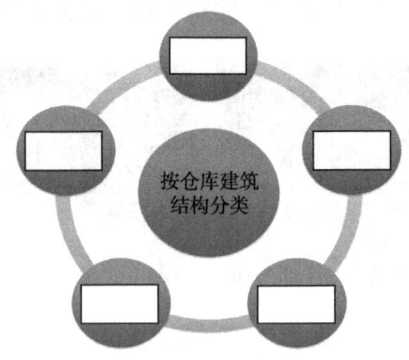

图 1-1-25 分类图

 **知识链接：仓储增值服务**

作为仓储业来讲，除了经济利益和服务利益外，还必须提供其他的增值服务，以保持其竞争能力。仓库增值服务主要集中在包装和温控上。

（1）包装增值服务。在通常情况下，产品往往是以散装形式或无标签形式装运到仓库来的。一旦收到顾客的订单，配送中心的仓库管理就要按客户要求对产品进行定制和发放，如制造商把未贴标志的电池发送到仓库中，向仓库的作业人员提供了销售所需带有的商标牌号的包装材料。接着订货仓库作业人员按要求将标志图案贴到电池上，然后用定制的盒子将其包装上。所以即使该产品在仓库里存放时没有区别，但零售商实际收到的却是已经定制化了的产品和包装。由于支持个别零售商需求所需要的安全储备量较少，所以该配送中心可以减少其存货。与此同时，还可以相应降低市场预测和配送计划的复杂性。

此外，配送中心仓库还可以通过优化包装来提高这种增值服务，以满足整个渠道的顾客需求。例如，仓库可以通过延伸包装和变换托盘来增值。这种做法可以使配送中心只处理一种统一的商品，与此同时，延期包装，以使包装需求专门化。另一个有关仓库增值的例子是在商品交付给零售商或顾客以前，解除保护性包装。在大型机械的情况下，这是一种有价值的服务，因为有时要零售商或顾客处理掉大量的包装是有困难的，因此解除或回收包装材料是提供的增值服务。

配送中心还可以通过改变包装特点来增值，诸如厂商将大批的防冻剂运到仓库，由配送中心对该商品进行瓶装，以满足各种牌号和包装尺寸的需要。这类延期包装使存货风险降到最低程度，能减少运输成本，并减少损坏（相对于玻璃瓶包装的产品而言）。

（2）温控增值服务，主要针对水果和蔬菜类的产品。配送中心可以依赖储存温度，提前或延迟香蕉的成熟过程。

提供增值的仓储服务，是配送中心经理对监督合同的履行承担的特别责任。尽管外部活动及其经营管理可以提高存货的有效性和作业的效率，但他们也要承担厂商控制范围外的责任。例如，仓库包装需要仓库经营人严格符合厂商内部所适应的质量标准。因此，仓库必须按相同的质量运行，并符合外部厂商的服务标准。

## 任务实施与评价

### 1. 任务实施：本地区仓储企业现状调研

（1）任务目的：让学生对现代物流仓储管理体系进行全面系统的认识，了解本地仓储企业发展现状，认识仓储作业系统、作业流程及操作，关注仓储行业的就业方向与就业岗位，使学生对所学课程产生切实的感性认识，激发其学习兴趣。

（2）任务完成方式：小组同学合作，通过网络或电话黄页查询 5 个以上本地仓储企业，与之取得联系，并确定一家仓储企业以进行参观调研。

（3）任务内容：了解本地仓储企业发展现状，明确现代仓储业的发展方向，了解仓储行业的就业方向与就业岗位。

### 2. 任务评价

任务评价表

| 考核标准 | 【资料丰富性 40%】 | | 【调研深入度 40%】 | | 【团队精神 20%】 | | |
|---|---|---|---|---|---|---|---|
| 评价方法 | 1. 考核内容：本地区仓储企业现状调研 | | | | | | |
| | 2. 考核方法 | | | | | | |
| | 评价主体 | 分值 | 小组平均得分 | 成员姓名 ____ | 成员姓名 ____ | 成员姓名 ____ | 成员姓名 ____ |
| | 学生自评 | 20 | | | | | |
| | 学生互评 | 30 | | | | | |
| | 教师评价 | 50 | | | | | |
| | 【学生本次任务成绩】_____ 教师：<br>日期： | | | | | | |

# 任务二　仓库的布局设计

在国家标准《物流术语》中将仓库布局（warehouse layout）定义为：在一定区域或库区内，对仓库的数量、规模、地理位置和仓库设施、道路等各要素进行科学规划和总体设计。

仓库布局就是按照一定的原则，把仓库的道路、建筑物等各种用地进行合理、协调的系统布置，使仓库的各种功能得到充分的发挥，包括确定仓库内货场、建筑物、货棚、运输系统、附属固定设备等平面位置和竖直高度，还有货棚、库房、辅助间的单体布置，以最大限度地提高仓库的作业和储存能量，并降低各项储存作业费用。仓库布局是仓库管理和储存业务的客观需要，其合理与否直接影响到仓库各项工作效率和储存货物的安全。

## 一、仓库总平面布局

仓库库区总平面布局是指在城市规划管理部门批准使用的范围内，按照一定的原则，把仓库的各种建筑物、道路等各种用地，如库房、货棚、货场、辅助建筑物、库内道路以及附属固定设备，进行合理协调的系统布置，将平面和立体进行全面合理安排，即仓库总平面布局，使仓库的各项功能得到充分发挥。

仓库总平面布局首先是进行功能分区。根据仓库各种建筑物性质、运输联系、使用要求和安全要求等，将功能相近、性质相同、联系密切、对环境要求一致的建筑物进行功能分区，分成若干区域，并在各个区域内布置相应的建筑物及设施。仓库总体布局简图如图 1-1-26 所示。

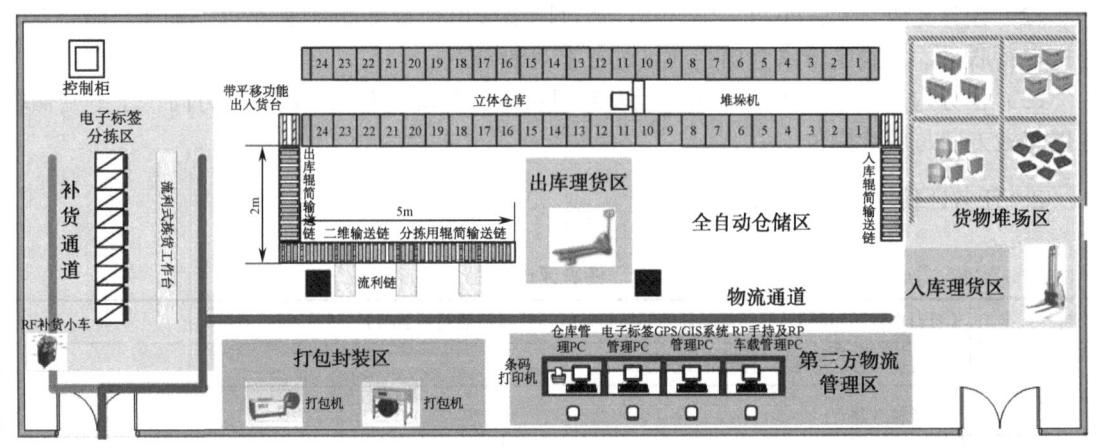

图 1-1-26　仓库总体布局简图

### （一）仓库区域的总体构成

仓库不仅仅是存放商品的库房，根据仓库中各区域的主要用途，可以将仓库分为生产作业区、辅助生产区和行政商务区三大部分。辅助生产区和行政商务区内主要进行计划、协调、监督、信息传递、维修等活动，与各储运生产区有作业上的关联性。

1. 生产作业区

生产作业区是仓库的主体，主要进行装卸货、入库、拣选、流通加工、出库等作业，这些作业一般具有流程性的前后关系。它是仓库的主体部分，是商品储运活动的场所。从功能上看，生产作业区主要包括储货区（堆垛区、货架区和高架区）、收货、拣货、发货区等。从结构上看，生产作业区主要包括储货区、铁路专用线、道路、装卸站台等。

（1）储货区。储货区具体可分为库房、货棚、货场。库房是储存货物的封闭式建筑，主要用来储存易受气候条件影响的商品或货物，如一般的消费品和大部分生产原材料等。货棚是储存货物的设施，只有顶棚，四周并不是封闭的，可以用来储存受气候条件影响不大的货物，如桶装液体货物、汽车及机械设备等。货场是用于储存货物的露天堆场，主要用于储存基本不受气候条件影响的货物，如大型钢材、水泥制品等。货场不仅可存放商品，同时还起着货位的周转和调剂作业的作用。

储货区是储存保管、收发整理商品或货物的场所，是储存作业区的主体区域。储货区主要由保管区和非保管区两大部分组成。保管区主要用于储存商品，非保管区主要包括各种装卸设备通道、待检区、收发作业区、集结区等。现代仓库已由传统的储备型仓库转变为以收发作业为主的流通型仓库，各个组成部分的构成比例通常为：合理储存区面积占总面积的 40%～50%；通道占总面积的 8%～12%；待检区及出入库收发作业区占总面积的 20%～30%；集结区占总面积的 10%～15%；待处理区和不合格品隔离区占总面积的 5%～10%。

（2）道路。合理规划运输及搬运道路，可以减少货物装卸、搬运的时间，并防止出现物资堵塞的现象。道路是仓库总体布局的重要组成部分，既是联系仓库各功能分区的最主要方式，又是保障仓储系统装卸、存储、转运各流程顺利进行的基础条件。可以说，合理的库区道路系统，是仓库进行正常物流仓储生产经营活动的必备条件。

库内道路的配置与仓库主要建筑设施的布置是相互影响、相互联系的。在进行库房、货场和其他作业场地布置的同时应该结合对库内运输路线的分析，制订不同的方案，通过调整道路和作业场地的配置，尽可能减少运输作业的交叉、混杂和迂回。另外，在布置时还应根据具体要求合理确定支、干线的配置，适当确定道路的宽度，以最大限度地减少道路的占地面积，使仓库储存面积相应扩大。库区道路按其功能不同，可以分为主干道、次干道、支道、步行道、消防通道等，各通道的性质、功能及其设计规划见表1-1-2。

表 1-1-2　库区道路不同类型对比

| 项目<br>道路分类 | 性质、功能 | 设计规划 |
| --- | --- | --- |
| 主干道 | 主干道是库区主要交通性道路，联系各功能区及主要生产作业场所，一般直接通过库区主要出入库与库区外城市交通性干道连接，是交通量最大、道路宽度最大的库区道路 | 一般采用双车道，路面宽度应在6～7m |
| 次干道 | 次干道也称干道，是连接库区各功能区域内部的生产、生活道路，是主干路的有效补充，主要用于仓库、货棚、货场之间的交通运输 | 一般为路面宽3～3.5m的单车道 |
| 支道 | 库区的辅助性道路，主要包括库房引道在内的与主次干道相连接的道路 | 路面宽度无具体要求，以方便适用为目的 |

续表

| 项目<br>道路分类 | 性质、功能 | 设计规划 |
| --- | --- | --- |
| 步行道 | 步行道为行人通行的专用道，与主要生产作业区和生活区有紧密联系，使行人方便到达各种设施，并充分考虑安全因素 | 路面宽度无具体要求，以方便适用为目的 |
| 消防通道 | 库区道路安全设计的重要内容，一般结合库区主、次干道网呈环形系统布置 | 为满足消防设备通过的需要，消防通道的宽度应不小于 4m，沿消防通道应布置消防栓，消防栓靠近十字路口，其间隔不超过 100m，距离墙壁不小于 5m |

（3）铁路专用线。铁路专用线是由国家铁路部门直接引入企业，专供一些物流、采矿、大型制造企业使用的铁路。通过铁路专用线路，运货的货车可以直接沿铁路将货物运到企业仓库内部。专用线应与库内道路相通，并保证其畅通。

（4）装卸站台。装卸站台是供货车或汽车装卸商品的平台，有单独站台和库边站台两种，其高度和宽度应根据运输工具和作业方式而定。

2．辅助生产区

辅助生产区是为商品储运保管工作服务的辅助车间或服务站，包括车库、变电室、油库、维修车间等。

3．行政商务区

行政商务区是仓库行政管理机构和生活区域。一般设在仓库入库口附近，便于业务接洽和管理，行政生活区与生产作业区应分开，并保持一定距离，以保证仓库的安全、行政办公及居民生活的安静。

（二）仓库总体布局的基本原则

在进行总体布局时应遵循以下基本原则。

（1）便于储存保管。仓库的基本功能是对库存进行储存保管。总体布局要为保管创造良好的环境，提供适宜的条件。

（2）利于作业优化。仓库作业优化指提高作业的连续性，实现一次性作业，减少装卸次数，缩短搬运距离，使仓库完成一定的任务所发生的装卸搬运量最少。同时，还要注意各作业场所和科室之间的业务联系和信息传递。

（3）保证仓库安全。仓库安全是一个重要的问题，包括防火、防洪、防盗、防爆等。总体布局必须符合安全部门规定的要求。

（4）节省建设投资。仓库中的延伸性设施——供电、供水、排水、供暖、通信等设施对基建投资和运行费用的影响都很大，所以应该尽可能集中布置。

（三）几种典型的区域设计方式

在仓库布局中要考虑货品的快速移动问题。货品在仓库内移动时，经过以下 4 个步骤：收货、批量存货、拣货和批量配货、出货。在规划仓库时必须尽量缩短每个步骤之间的移动距离，使货品在移动过程中尽可能通畅、连续。货物在仓库中的流动通常有三种方式：Ⅰ形（直线形）流动布局、U 形流动布局、S 形流动布局，其特点见表 1-1-3，具体布局形式如图 1-1-27～图 1-1-29 所示。

表1-1-3 直线形流动、U形流动、T形流动特点比较

| 布局形式 | 适用情况 | 特 点 |
|---|---|---|
| I形（直线型）流动 | 此种方式适合于出入口在库房两侧，作业流程简单，规模较小的仓库，无论订单大小和拣货品项多少，均要通过库房全程 | 可以应对进出货高峰同时发生的情况；<br>常用于接收相邻加工厂的货物，或用不同类型的车辆来出货和发货 |
| U形流动布局 | 适合出入口在库房同侧的仓库，可根据进出频率大小安排靠近进出口端的储存区，缩短拣货搬运路线，这是目前仓库较常采用的动线形式 | 码头资源的最佳运用；<br>适合越库作业的进行；<br>使用同一通道供车辆出入；<br>易于控制和安全防范；<br>可以在建筑物三个方向进行空间扩张 |
| S形（锯齿形）流动布局 | 适用于多排并列的库存货架区内 | 可以满足多种流通加工等处理工序的需要，且在宽度不足的仓库中作业；可与 I 形流动线结合在一起使用 |

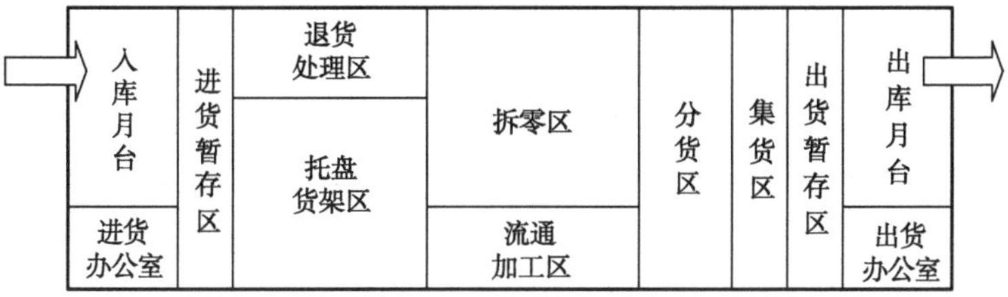

图 1-1-27 I形流动布局

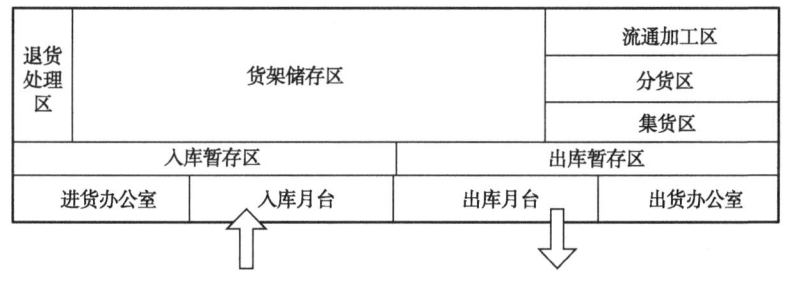

图 1-1-28 U形流动布局

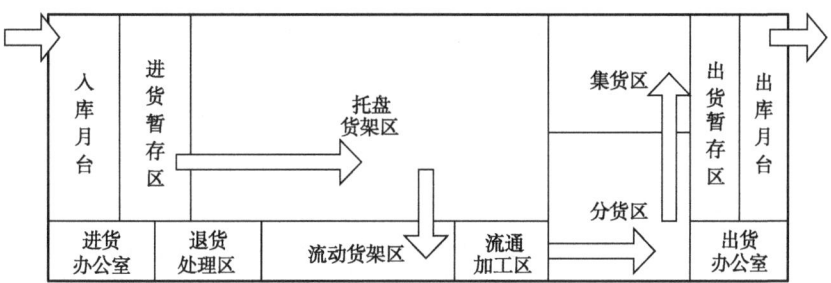

图 1-1-29 S形流动布局

问一问：下图属于哪种布局类型？这种布局对仓储作业实施有什么好处？

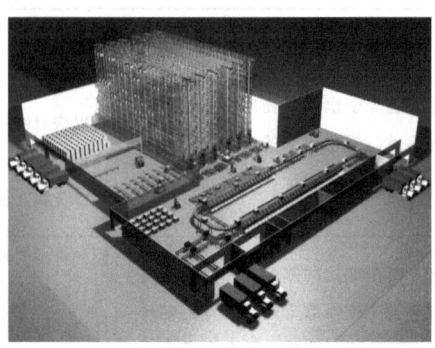

## 二、库房内部布局

仓储的内部布局是仓储内部资源配置与优化组合的行为，合理的仓储内部布局与结构设计不但可以节约资源，还可以为较好地实现仓储功能提供支撑。仓储内部布局与结构设计不但要从建筑学的角度去思考，还要从仓储作业与功能的角度去优化。通过本项目的实施，应使学员对仓储内部布局与结构设计的原则要求有较好的了解，并能够从仓储管理的角度去优化仓储内部布局与结构。库房内部布局简图如图1-1-30所示。

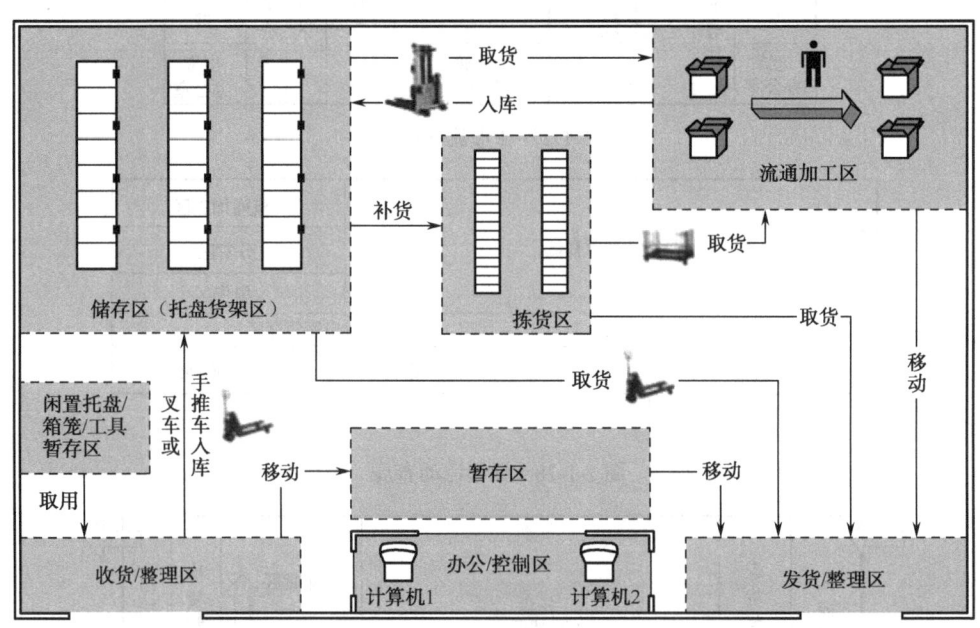

图1-1-30  库房内部布局简图

（一）库房内部区域功能分析

规划出仓库的有效使用面积后，仓库管理人员还需要根据仓库作业的需要，按照仓储作业的功能特点及 ISO9000 国际质量体系认证要求，将仓库可存储商品的区域划分为待检区、待处理区、合格商品储存区及不合格商品隔离区，以放置处于不同状态的商品，各存储区域的作用见表1-1-4。

模块一 仓储认知

表 1-1-4　库房内部区域划分

| 库房区域 | 标志颜色 | 作　用 | 位置要求 |
|---|---|---|---|
| 待检区 | 黄色标志 | 暂时存放处于检验过程中的商品 | 在仓库入库附近，便于商品的卸载及检验 |
| 待处理区 | 白色标志 | 暂时存放不具备验收条件或质量暂时不能够确认的商品 | 在仓库入口和待检区附近，以方便对其进行检验 |
| 合格商品储存区 | 绿色标志 | 保存合格的商品 | 仓库的主要存储区域 |
| 不合格商品隔离区 | 红色标志 | 暂时存放质量不合格的商品 | 在仓库的出口附近，便于商品的搬运 |

仓库内除设置上述基本区域外，还应根据仓储业务的需要，设置卸货作业区、流通加工区和出库备货区等。

除了这种按照物品质量进行分区外，还可以按照物品特殊属性、物品自然属性或物品流向对库房内部储位进行分区见表 1-1-5。

表 1-1-5　库房内部储位分区

| 分区依据 | 特　　点 |
|---|---|
| 按物品特殊属性分区 | 这种方法主要适用于特种仓库，是根据危险品本身具有不同程度的易燃、易爆、毒害等特性进行分区分类储存，以免相互接触发生燃烧、爆炸等 |
| 按物品自然属性分区 | 这是普通仓库采用的分区分类方法，把性质相似、性能相互不影响的商品，在仓库划定的同一区域内集中储存。此分区方法适应性强，且便于管理，有的也应以不同包装等属性细分，再划分若干小区储存，以提高效率 |
| 按物品流向分区 | 这种方法普遍应用在以物流运输为主的仓库中，具体做法是：货物按运输方式划分为水路、公路、铁路、航空等类别，同类别集中储存，不同类别相互分开，减少中间环节，以加快提货、备货效率等 |

(二) 库房内部布置要求

库房内部布局的主要目的是在保证商品安全储存的前提下，充分协调作业和储存的不同需要，提高仓储作业的灵活性，合理地利用库房内部空间。按照库房作业的主要内容，可以分为流通型库房和储备型库房。这两类库房由于主要作业内容不同，对于库房的布置要求也就不同。

1. 流通型库房的布局

流通型仓库以商品收发为主，例如，批发和零售仓库、中转仓库等，在这类仓库中，储存商品一般周转较快，频繁地进行出入库作业。为了适应库房内大量商品经常性的收发作业的需要，在进行规划布置时必须充分考虑提高作业效率的要求。

在流通型库房中，商品经过验收后首先进入储存区，在储存区，按一定要求进行密集的堆码，随着商品的出库，检货区的商品不断减少，储存区向检货区不断进行补充。通过设置一个检货区和出库准备区，能较好地协调储存与检货作业的需要。商品在储存区集中保管，然后经检货区及出库准备区出库，以提高作业的效率及灵活性。

对流通型仓库规划来说，库房布置不是以提高面积利用率为主，而是综合考虑各种需要。实际上，库房储存的商品周转越快，储存面积相对也越小。这是促使库房向空间发展，以争取储存空间的主要原因之一。确定检货以及出库准备区面积的大小，主要考虑商品出库作业的复杂程度和作业量的大小，作业量越大、作业越复杂，作业区域也应不断扩大，以避免作业过程中作业场地过于拥挤，相互干扰，降低作业效率。

2. 储备型库房的布局

储备型库房的布局以商品保管为主，周转缓慢，并且以整进整出为主。该类型库房布置的重点是尽可能地增加库内储存面积的比例以增加商品的储存量。

在储备型库房内，除需要划出一定的商品检验区、商品集结区以及在储存区内留有必要的作业通道外，库房的主要面积应用于储存商品。检验区是为了满足对入库商品进行验收作业的需要而设置的。集结区是为了满足对商品出库时进行备货作业的需要而设置的。根据库房内货位的布置以及商品出入库的作业线路，在储存区内还需要规划出必要的作业通道。

储备型库房的布局必须严格核定各种非储存区域商品出入库作业场地的占用面积。库房内非储存面积一般包括商品出入库作业通道、作业场地、墙距和堆距。在核定作业场地时，要清楚地了解库房平时出入库的商品数量。一般来说，作业区范围的大小随库房出入库作业的量而定，这样既能保证及时、有效地组织商品出入库作业，又能避免库房面积的浪费。核定作业通道所需面积时，一方面应注意在合理安排出入库路线的基础上，适当减少作业通道的长度和数量，另一方面应合理确定作业通道的宽度，并应主要考虑使用机械设备的尺寸、类型、灵活性以及操作人员的熟练程度等。

（三）货位布置

货位布置的目的，一方面是提高仓库平面和空间利用率，另一方面是提高物品保管质量，方便进出库作业，从而降低物品的仓储处置成本。

1. 货位布置基本要求

（1）根据物品特性分区分类储存，将特性相近的物品集中存放。

（2）将单位体积大、单位重量大的物品存放在货架底层，并且靠近出库区和通道。

（3）将周转率高的物品存放在进出库装卸搬运最便捷的位置。

（4）将同一供应商或者同一客户的物品集中存放，以便进行分拣配货作业。

2. 货位布置的形式

为了提高仓库的运转效率，在仓库中规划出放置商品的区域后，仓库管理人员还需要根据存放商品的特点，为其确定具体的货位。在布置货位时，要留适当堆距。堆距是为了区分不同品种规格或不同批次的货物而划定的分界道，又是货物进出的通道及管理、检查货物的行道。仓库货位的布置方法主要有垂直式和倾斜式两种。

（1）垂直式布局。垂直式布局是指货垛或货架的排列与仓库的侧墙互相垂直或平行，具体包括横列式布局、纵列式布局和纵横式布局。

① 横列式布局，是指货垛或货架的长度方向与仓库的侧墙互相垂直，如图 1-1-31 所示。

② 纵列式布局，是指货垛或货架的长度方向与仓库侧墙平行，如图 1-1-32 所示。

③ 纵横式布局，是指在同一保管场所内，横列式布局和纵列式布局兼而有之，可以综合利用两种布局的优点，如图 1-1-33 所示。

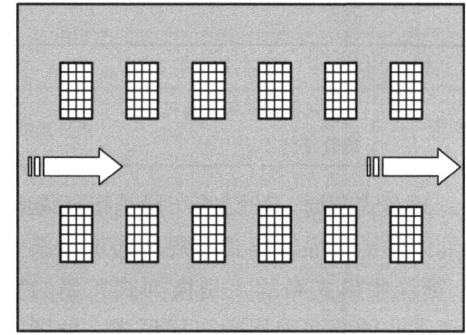

图 1-1-31 横列式布局

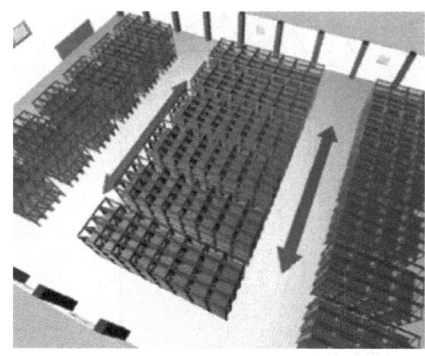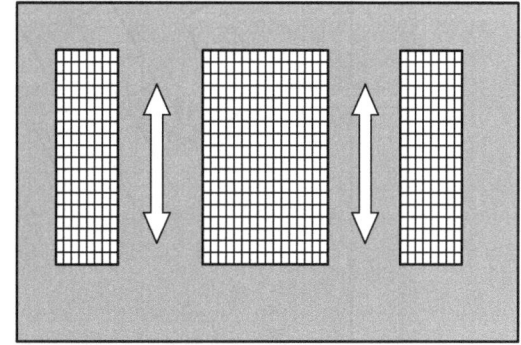

图 1-1-32 纵列式布局

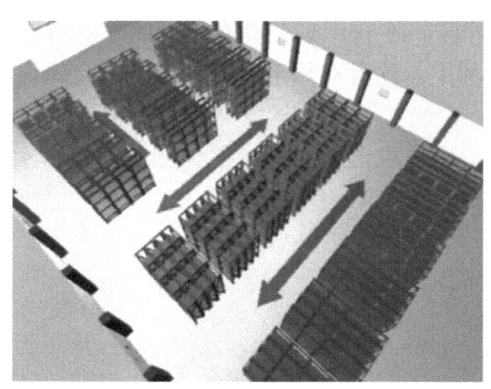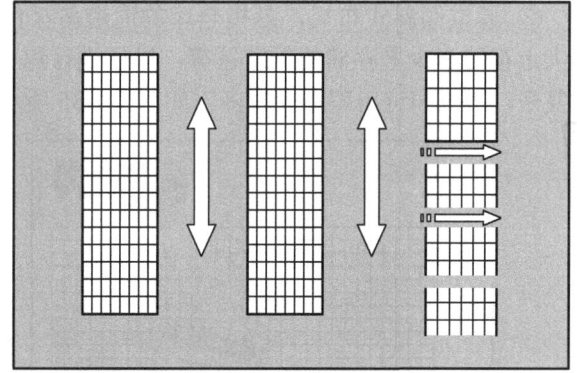

图 1-1-33 纵横式布局

三种货区布局形式的主要特点及优缺点见表 1-1-6。

表 1-1-6 货位布局形式的主要特点及优缺点

| 形 式 | 特 点 | 优 点 | 缺 点 |
| --- | --- | --- | --- |
| 横列式 | 货位的长度与堆场的长度方向互相垂直 | 主要通道长且宽,副通道短,有利于货物的取存、检查;通风和采光条件好;有利于机械化作业 | 主通道占用面积多,货场面积的利用率会受到影响 |
| 纵列式 | 货位的长度与货场的长度方向相同 | 仓库平面利用率较高 | 存取货物不方便,对于通风采光不利 |

续表

| 形　式 | 特　点 | 优　点 | 缺　点 |
|---|---|---|---|
| 纵横式 | 货场横列式和纵列式布局兼而有之 | 兼有上述两种布局形式的特点 | |

（2）倾斜式布局。倾斜式布局是指货垛或货架与仓库侧墙或主通道呈 60°、45°或 30°夹角。具体包括货垛倾斜式布局和通道倾斜式布局。

① 货垛倾斜式布局，是横列式布局的变形，是为了便于叉车作业、缩小叉车的回转角度、提高作业效率而采用的布局形式，如图 1-1-34 所示。

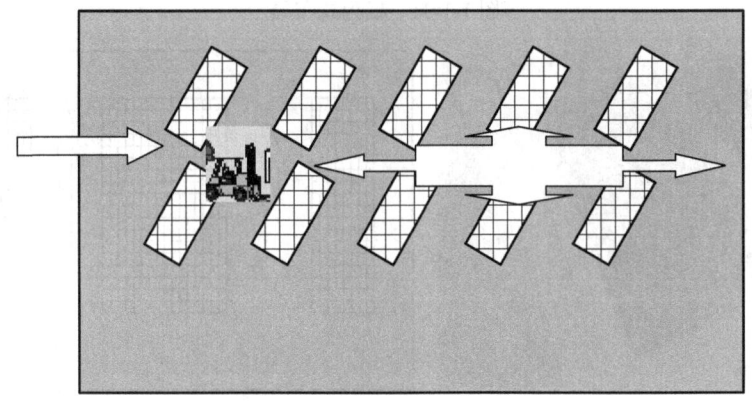

图 1-1-34　货垛倾斜式布局

② 通道倾斜式布局，是指仓库的通道斜穿保管区，使仓库划分具有不同的作业特点，如大量存储和少量存储的保管区等，以便进行综合利用。这种布局形式的特点是，仓库内形式复杂，货位和进出库路径较多，如图 1-1-35 所示。

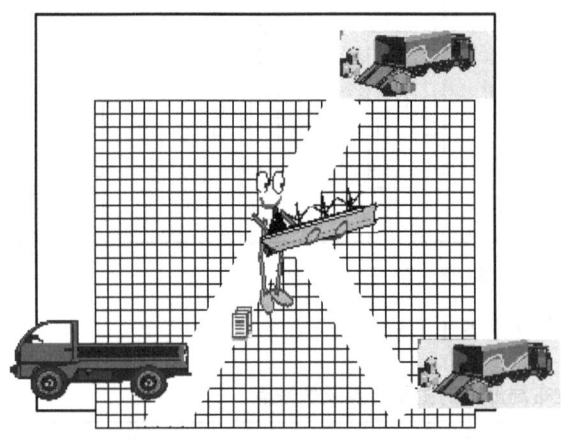

图 1-1-35　通道倾斜式布局

露天货场的货位布置，一般与物品的主要作业通道呈垂直方向排列货垛。应当注意的是，库房、货场布置应留出合适的墙距和堆距。

问一问：垂直式布局中三种货区布局形式的主要特点，每种布局形式对实际作业有什么影响？

模块一 仓储认知

 **知识链接：IE方法在物料仓库布局中的应用**

工业工程（IE）是研究由人、物料、设备、能源等组成的整体系统予以设计、改组和组合配置的科学。它的核心是降低成本、提高质量和生产率。工作研究是工业工程体系中的最重要的基础技术，而方法研究则是工作研究中最重要的技术之一。

IE方法是对现有的或拟议的工作（加工、制造、装配、操作）方法进行系统的记录和严格的考查，作为开发和应用更容易、更有效的工作方法以及降低成本的一种手段。它能达到以下目的：改进工艺和程序；改进工厂、车间和工作场所的平面布局；改进整个工厂和设备的设计；经济地利用人力，减少不必要的疲劳；改进物料、机器和人力的利用，提高生产率；改善实际工作环境，实现文明生产；降低劳动强度；等。

IE方法在工场物料仓库布局的研究流程，用PDCA（plan-do-check-act）方法进行分析。

一个良好的仓库布局，需要充分考虑各种物料规格、仓库设备的大小高低（如货架每一层的高低、长宽、卡板的大小等）、生产计划的制订和备料区、收料区的面积，各个仓库设备的数量，物料运输路线及消防设施等。对每个仓库设备利用率进行统计，随时对生产计划的变更（包括产品的变更）做出反应。IE方法的应用可以使物料仓库的布局趋于合理，空间的使用率得以提高；能够应对生产计划的变动，即使生产量变动，物料供应也能灵活跟进；优化了送料、收料工序；合理地调整了物料搬运路线，缩短了物料搬运时间，明显提高了企业效率。

 **任务实施与评价**

**1. 任务实施：仓储企业平面布局设计**

（1）任务目的：能够根据库区场地条件、仓库的业务性质和规模、商品储存要求以及技术设备和使用特点等因素，对储存空间、作业区域、站台以及通道布置进行合理安排和配置。了解一般仓库包括哪些分区，各个分区如何布局，以及各个分区的功能，为理解仓储作业打下基础。

（2）任务完成方式：提供实训背景案例，请学生对该仓储配送中心布局给予评价，并提出修改方案。仓库布局设计的基本步骤如下。

**第一步，决定仓库空间大小**

① 对公司业务量做出预测。

这一部分内容可以利用前一项目任务的资料，并做适当的发展预测。

② 决定各类产品的数量。

不同产品要求不同的仓储布局，要对每一品类产品的储存量及流通状况进行了解。

③ 计算各部分所占的体积。

依据以上内容进行仓库容量的确定。

**第二步，进行仓储内部布局设计**

进行设计的注意事项如下。

① 与运输的接口，即收货与运货接口，关注收发货物的体积和频率。

② 按订单进行分拣的空间。

③ 存储空间。

④ 其他类空间。

回收区域、办公区域、后勤区域。

（3）任务主要内容：熟悉仓储企业的种类，掌握仓库总平面布局的构成，作业流程与布局要求。

### 2. 任务评价

任务评价表

| 考核标准 | 【完整性40%】 | 【正确性40%】 | 【规范性10%】 | 【团队精神20%】 | |
|---|---|---|---|---|---|
| 评价方法 | 1. 考核内容：仓储企业平面布局设计 | | | | |
| | 2. 考核方法 | | | | |
| | 评价主体 | 分值 | 小组平均得分 | 成员姓名____ | 成员姓名____ | 成员姓名____ | 成员姓名____ |
| | 学生自评 | 20 | | | | | |
| | 学生互评 | 30 | | | | | |
| | 教师评价 | 50 | | | | | |
| | 【学生本次任务成绩】____  教师：  日期： | | | | | |

## 任务三　仓储企业的岗位设置及职责

仓储企业是集中反映物流物资活动状况的综合场所，是连接生产、供应、销售的中转站，对促进物资流通起着重要的辅助作用。仓储企业又称仓储物流企业，是利用自建或租赁库房、场地，储存、保管、装卸搬运、配送货物的企业。

仓储型物流企业应同时符合以下要求：①以从事仓储业务为主，为客户提供货物储存、保管、中转等仓储服务，具备一定规模；②企业能为客户提供配送服务以及商品经销、流通加工等其他服务；③企业自有一定规模的仓储设施、设备，自有或租用必要的货运车辆；④具备网络化信息服务功能，应用信息系统可对货物进行状态查询、监控。

## 一、仓储企业组织结构

### （一）中小型仓储物流企业组织结构示例（见图 1-1-36）

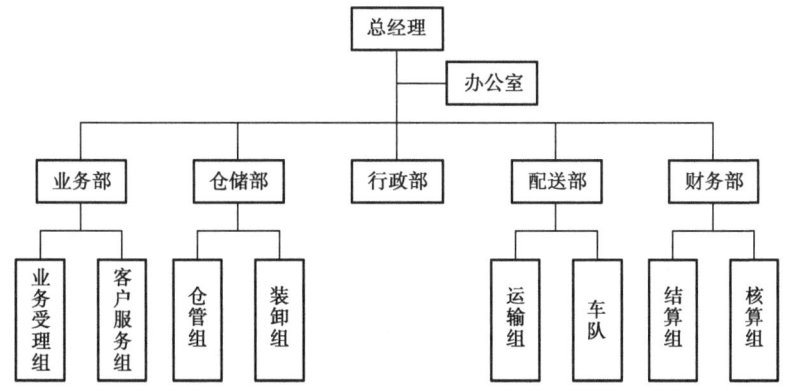

图 1-1-36　中小型仓储物流企业组织结构示例

### （二）大中型仓储物流企业组织结构示例（见图 1-1-37）

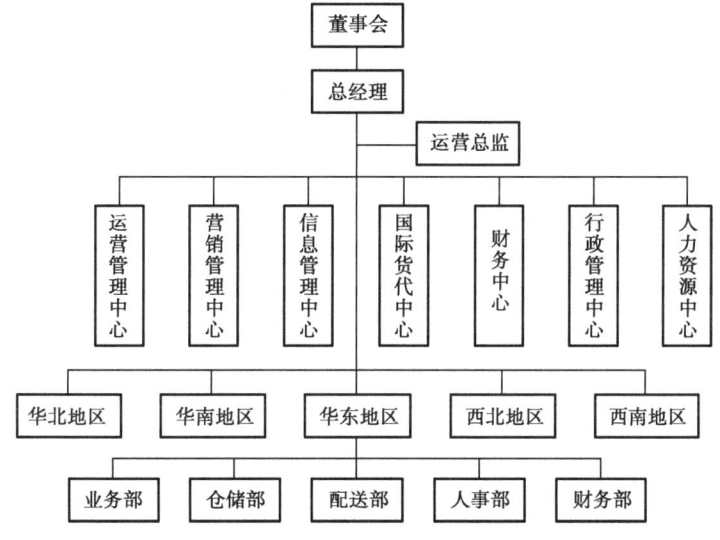

图 1-1-37　大中型仓储物流企业组织结构示例

## 二、仓储企业主要职能部门及岗位设置

随着现代物流的发展和客户需求的差异化，仓储企业也呈现多样化的趋势，仓储物流企业组织会根据企业业务流程的需要，并结合自身业务特点的业务流程，对企业的职能部门设置进行适当的调整和改造。我们以一般仓储物流企业为例，说明业务部、仓储部、配送部 3 个主要职能部门的组织结构形式及岗位设置供参考。

### （一）业务部组织结构及岗位设置

一般仓储物流企业业务部组织结构如图 1-1-38 所示。业务部门设业务受理科和客户服务科。3 个业务岗位分别是业务专员、开单员和客服专员。

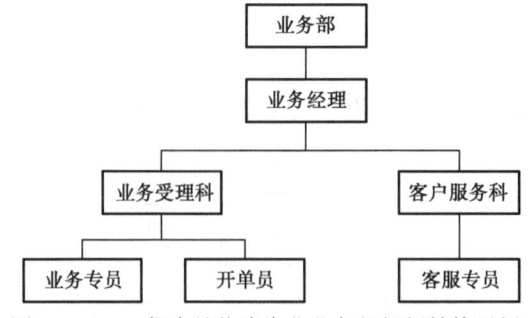

图 1-1-38　一般仓储物流企业业务部组织结构示例

**（二）仓储部组织结构及岗位设置**

仓储部主要负责管理企业各类原材料、辅料、产成品、零部件、设备等物资的入库、保管、库存控制、出库、配送等活动，为企业的生产经营活动提供保障，为企业的发展提供服务，具体职能包括物资检验、物资出入库管理、物资存储保管、物资定期盘点、库存控制、物资装卸、搬运等。

按大型仓库的不同职能设计的仓储部组织结构示例如图 1-1-39 所示

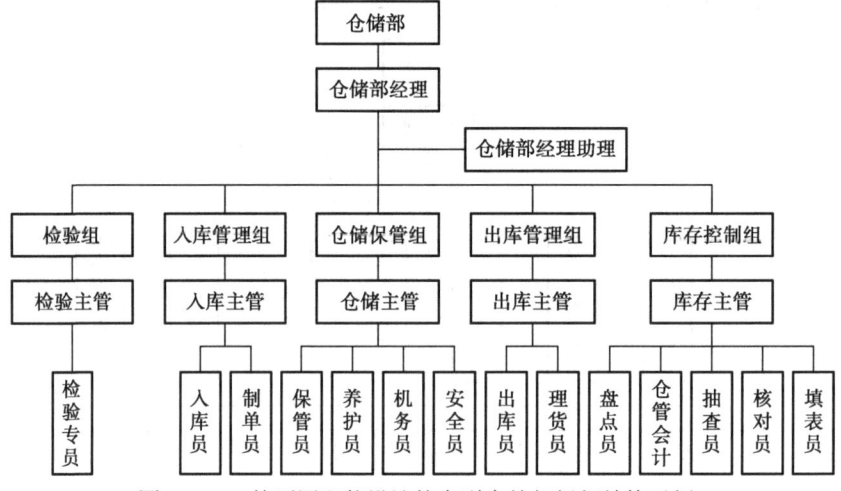

图 1-1-39　按不同职能设计的大型仓储部组织结构示例

**（三）配送部组织结构及岗位设置**

一般仓储物流企业配送部组织结构示例如图 1-1-40 所示。该公司配送部设运输调度科和车队两个部门，下设运输调度员、装卸工、车辆管理员、驾驶员 4 个岗位。

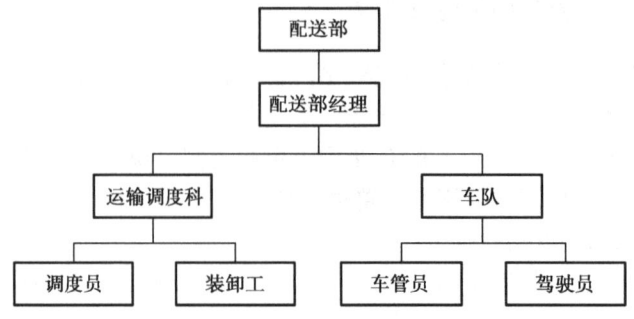

图 1-1-40　一般仓储物流企业配送部组织结构示例

一般来讲，仓储物流企业除了上述介绍的主要职能部门外，还应有财务部、行政部、人力资源部、安保部门等辅助职能部门，以保证企业正常协调运行。

问一问：你能够说出下面3个图分别对应哪种组织结构吗？

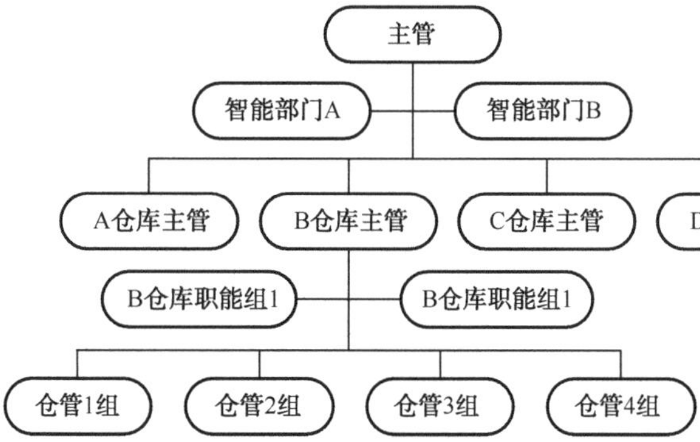

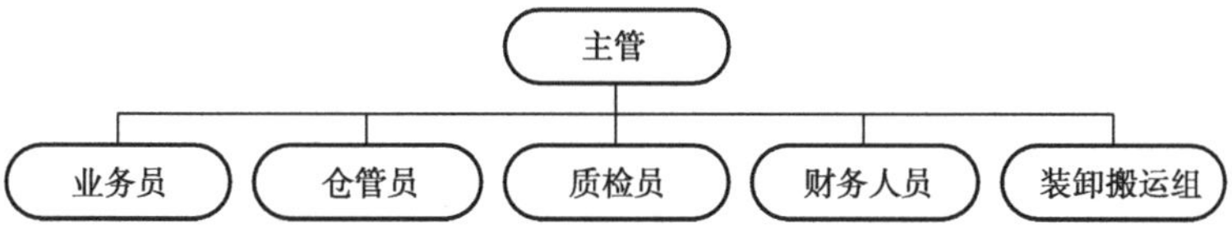

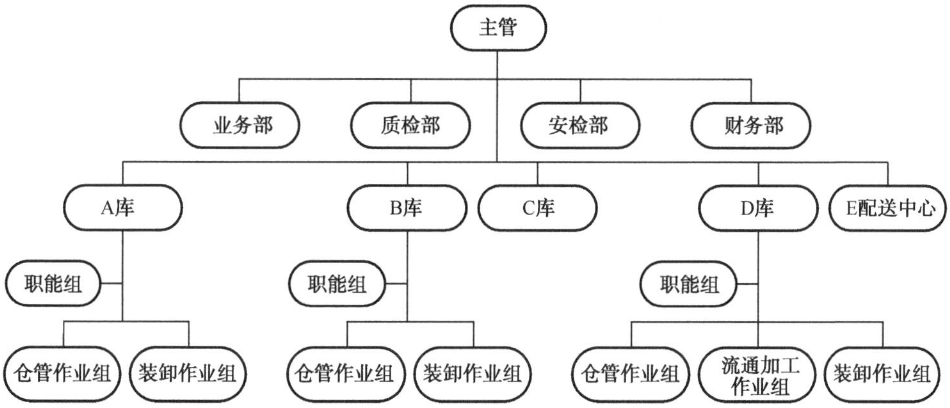

## 三、仓储企业主要岗位职责

### （一）仓储企业主要职能部门岗位列表（见表1-1-7）

表1-1-7 仓储企业主要职能部门岗位列表

| 部　　门 | 部门负责人 | 主　要　岗　位 | 主要操作岗位名称 |
|---|---|---|---|
| 业务部 | 业务部经理 | 业务受理岗位 | 业务员 |
| | | 客户服务岗位 | 客户服务员 |
| 仓储部 | 仓储部经理 | 物资验收岗位 | 入库验收员 |
| | | 物资入库岗位 | 入库员 |
| | | | 入库制单员 |

续表

| 部　门 | 部门负责人 | 主　要　岗　位 | 主要操作岗位名称 |
|---|---|---|---|
| 仓储部 | 仓储部经理 | 物资储存保管岗位 | 保管员 |
| | | | 机务员 |
| | | | 安全管理员 |
| | | 物资盘点岗位 | 仓库管理会计 |
| | | | 盘点员 |
| | | 物资库存控制岗位 | 库存控制员 |
| | | 物资出库管理岗位 | 出库员 |
| | | | 拣货员 |
| | | | 理货员 |
| | | | 发货员 |
| 配送部 | 配送部经理 | 物资运输配送岗位 | 运输调度员 |
| | | | 装卸专员 |
| | | | 配送员（驾驶员） |

（二）业务部门主要操作岗位职责说明

1．业务员岗位职责

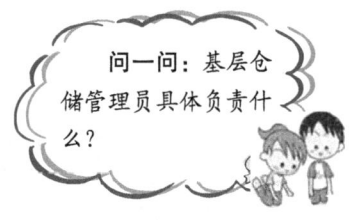

业务员在业务主管领导下，根据公司的销售政策，建立、维护、扩大客户资源，完成公司下达的销售计划，实现公司销售目标。在业务能力上，业务员需要了解国内仓储行业相关政策、法规，熟悉仓储业经营发展趋势以及公司的运作方式、运作流程等相关业务知识。其职责范围如下。

职责一：寻找潜在客户，积累客户资源；不断挖掘老客户需求，扩大合作领域。

职责二：与客户日常接洽，包括预约、拜访客户；与客户签订合同；回访客户及与客户关系维护合作过程中各事项的有效沟通。

职责三：客户资料存档管理：记录每位客户的详细资料，并整理归档，以方便公司查询、业务交接和售后服务。

职责四：客户意见反馈：定期、不定期地拜访重点客户，接受客户意见，整理客户信息反馈单，并反馈到相关部门。

2．客户服务员岗位职责

客户服务员的主要工作是组织搜集整理客户信息；建立和维护良好的客户关系；为客户提供周到、满意的服务等。在任职条件上，此岗位人员需要了解国家有关物流行业的法律、法规，熟悉公司的业务情况，掌握与客户的沟通方法，特别是电话沟通技巧。其职责范围如下。

职责一：建立客户档案数据库。按照公司和客户需求对客户档案进行分类和管理，建立客户档案数据库。

职责二：客户信息调查。通过对客户进行电话访问，以及资料收集等方法，调查客户服务满意度、经营状况等信息。

职责三：客户关系管理。根据公司客户档案，定期与新、老客户联系，了解客户需求，及时向相关部门反馈客户信息；妥善处理客户提出的有关问题，维护与客户的良好关系。

职责四：客户投诉处理。接听客户投诉电话，做好记录并及时处理；超出权限范围时及时上报领导处理。

（三）仓储部门主要操作岗位职责说明

1．入库验收员岗位职责

货物验收员主要负责商品出入库的验收检验工作，对不符合验收要求的货物按公司的有关规定进行处理。在此岗位上，货物验收员需要熟悉仓库管理业务流程、全面掌握商品质量验收相关知识以及商品出入库验收程序等相关专业知识。入库验收员主要职责范围如下。

职责一：协助主管制定物资验收作业规范，并严格参照执行。

职责二：负责所有物资的出入库验收工作，并如实填写相应的出入库验收单据。

职责三：识别和记录物资的质量问题，对客户的包装、运输及其他方面提出改进建议。

职责四：拒收物资中不合格产品，退回客户处；对包装有残损的，进行单独处理。

职责五：做好物资验收记录，对物资的验收情况进行统计、分析、上报。

职责六：完成上级领导交办的相关事宜。

2．入库员岗位职责

入库员的主要职责是协助入库主管核对相关入库凭证，按时完成物资入库工作。其具体工作职责如下。

职责一：负责对拟入库的物资进行入库登记，与验收人员办理入库交接手续。

职责二：根据库房规划，合理安排货物的存放地点，做好相关入库报表的编制、单据整理和货位编号工作。

职责三：负责核对成品或物料的入库凭证，并核查相关入库手续、单证。

职责四：协助入库主管进行仓库规划与布置工作。

3．入库制单员岗位职责

入库制单员的主要职责是协助入库主管制作各类入库单据，协助完成物资入库工作。其具体工作职责如下。

职责一：根据质检人员确认的合格品规格、型号及数量，填制"采购入库单"，并根据物料适用范围选择相应的仓库。

职责二：核对采购物料的单价是否有较大浮动，发现问题及时更改并重新填制"采购入库单"。

职责三：根据外协件的不同状态进行仓库调拨，暂估价格并录入。

职责四：根据"产成品检验结果通知单"上所载型号、数量、所属仓库，填制"产成品入库单"。

职责五：负责其他入库单的制作。

4．保管员岗位职责

货物保管员的主要工作是确保在库货物安全，商品质量完好和数量准确无误；定期巡

查，发现异常问题及时处理。在业务能力上，货物保管员要熟悉物流仓储管理业务流程，掌握仓储物资的储存、保管要求，其职责范围如下。

职责一：协助货物的出入库管理，即协助仓库管理员进行货物的进出仓，协助相关部门对出入库货物进行检验。

职责二：负责其保管区域内物资的保管工作。

职责三：定期清扫保管区，保证保管区内清洁卫生，无虫害、鼠害。

职责四：定期检查仓库的温湿度，做好相关记录并控制和调节仓库温湿度。

职责五：定期检查所保管的货物品种、数量、质量状况。

职责六：负责保管物资的安全管理工作，协助安全管理员进行安全消防管理。

职责七：对管辖区内的物资及时登记实物登记卡。

职责八：完成仓储主管交办的其他工作。

5. 机务员岗位职责

机务员主要负责对仓库使用的各类仓储设施和设备、搬运装卸设施和设备、养护设施和设备、运送车辆等进行维护和保养，保证仓库设施设备处于正常使用状态。其主要职责如下。

职责一：制订合理的设备和车辆的使用和维护保养计划，执行设备的预防保养制度。

职责二：负责仓储设施设备的管理。

职责三：定期检查各种在用的仓储设施设备，及时发现设施设备的各种事故隐患。

职责四：加强技术改造，节约设备的运营费用，降低仓储成本。

职责五：对设备操作人员进行定期的技术培训。

职责六：完成仓储主管交办的其他工作。

6. 安全管理员岗位职责

安全管理员主要负责仓库的消防安全管理工作，主要职责如下。

职责一：负责购置和配备仓库安全作业所需的各种设施和设备，如消防器材、安全指示标牌等。

职责二：组织贯彻实施消防安全计划和防范措施。

职责三：定期进行安全检查，消除安全隐患。

职责四：对仓库管理各环节进行安全检查和监督，确保仓库储存货物的安全。

职责五：完成部门领导交办的其他工作。

7. 仓库管理会计岗位职责

仓库管理会计主要负责仓储部及仓库库存管理的财务工作，其具体职责如下。

职责一：协助制订库存计划、财务预算及其他相关财务计划，并监督各项计划的贯彻实施情况。

职责二：负责仓库财务核算，各种仓储业务的财务结算。

职责三：负责仓储部的费用报销审核、凭证的编制和入账，负责相关财务报表的编制及上报。

职责四：对仓储经营进行财务分析和成本预测，为仓储部经理决策提供财务依据。

职责五：对已审核的原始凭证及时填制记账凭证并记账。

职责六：拟订仓储成本核算办法，建立健全成本核算工作程序，编制仓储部成本费用工作计划。

职责七：监控公司仓储部成本费用的发生状况，发现异常情况及时向主管领导汇报。

职责八：完成上级交办的其他工作。

8．盘点员岗位职责

盘点员主要负责仓储盘点工作，具体职责如下。

职责一：根据盘点计划对库存物资进行现场盘点。

职责二：检查盘存表，并在盘存表上签名。

职责三：协助人力资源部对参与盘点的人员进行针对性的盘点培训。

职责四：盘点中遇到库存物资信息不符时，应在盘点表中注明，寻找原因，并报相关领导。

职责五：记录盘点结果，汇总盘点报告。

职责六：完成领导交办的其他工作。

9．库存控制专员

库存控制专员在库存控制主管领导下，具体执行各项库存管理制度和流程，搜集、统计、跟踪库存状况，提出合理库存管理方法，降低库存费用。库存控制专员需要熟悉仓储管理业务流程，掌握库存控制的方法，了解仓储出入库台账等相关专业知识以更好地完成本职工作。其职责如下。

职责一：分析跟踪每日库存状态，并根据分析的结果采取合理的库存控制方法。

职责二：协助库存控制主管不断优化库存控制系统，降低库存控制成本。

职责三：协同生产、物控、质检等各部门分析物料损耗，并提出相关处理意见。

职责四：分析和改进库存控制系统，协助库存控制主管降低库存和提高库存周转率。

职责五：负责库存数据录入和库存报表列示工作。

职责六：完成上级交办的相关任务。

10．出库员岗位职责

出库员主要是在出库主管的带领下，完成各类存储物资的出库检验、手续办理、数据统计等，保证出库工作及时、准确，其具体职责如下。

职责一：协助出库主管制定仓储部出库管理制度，并根据实际工作需要提出合理化建议。

职责二：负责检验待出库物资的质量、包装情况，清点数量或过磅。

职责三：协助审核物资出库手续、凭证等的完整性，确保出库工作准确无误。

职责四：严格按照出库凭证发放物料，做到账、卡、物相符。

职责五：负责物料出库过程中人员的安排，指导物资的搬运操作，防止发生意外。

职责六：负责出库单的收集、汇总、统计及保管。

职责七：负责登记物资出库台账，做好出库物资数量统计，数据提交出库主管。

职责八：完成领导交付的其他工作。

11．拣货员岗位职责

拣货员的首要工作任务就是做好拣货工作，能够正确而迅速地把客户所需要的商品集中起来，对拣货作业中的失误负责。在岗位要求上，拣货员一般需要熟悉拣货业务流程知识，掌握拣货作业流程，有较强的拣货设备的操作与检查能力。拣货员岗位主要职责如下。

职责一：根据客户的订单要求，从存储的商品中将用户所需要的商品分拣出来，放到发货场制定的位置，以备发货。

职责二：熟练操作拣货作业，认真完成每日的拣货作业任务。

职责三：做出拣货出库实绩总结和报告。

职责四：做好拣货设备的定期检查，对设备出现的不良状况及时向维修人员报告。

12．理货员岗位职责

仓库理货员的主要职责是根据物资的出库凭单做好提货、拼装、包装等出库准备工作，其职责范围如下。

职责一：核对拟出库物资的品种、数量、规格、等级、型号等。

职责二：按照凭单提取物资，并进行复核。

职责三：检验物资的包装、标志，对出库待运物资进行包装、拼装、改装或加固包装。

职责四：对经拼装、改装和换装的物资填写装箱单，并在物资外包装上写好收货人。

职责五：按物资的运输方式、流向和收货地点将出库物资分类集中。

职责六：鉴定物资运输质量，分析货物残损原因，划分事故责任。

职责七：完成领导交付的其他工作。

13．发货员岗位职责

仓库发货员主要负责拟出库物资的发放等相关工作，其具体职责如下。

职责一：接收仓库管理人员传递的发货单据、货物对照单据，清点货物品名、数量是否准确。

职责二：将货物进行打包包装，注意防震、防压、防潮。

职责三：通知指定的货运公司取货并办理移交手续。

职责四：货物发出第二天将货运公司反馈回的货运单号进行登记后交销售部传真至相关单位。

职责五：登记并保管"发货登记表"。

职责六：完成领导交付的其他工作。

（四）配送部门主要操作岗位职责说明

1．运输调度员岗位职责

运输调度员主要负责运输规章制度的草拟、车辆的调度、运输费用处理等工作事项，保障货物的及时运送和在装车过程中的完好，其具体职责如下。

职责一：协助运输主管，制定运输规章制度和安全管理制度，组织执行并监督。

职责二：合理进行车辆和人员调度，确保运输效率。

职责三：制定月度运输计划并监督执行。

职责四：审核运输、保险费用，并在相关单据上签字。

职责五：处理运输事故，并负责善后工作。

职责六：审核发运要求，合理选择运输线路和方式。

职责七：负责组织实施专项运输方案制定与监督执行。

职责八：完成领导交办的其他工作。

## 2．装卸员岗位职责

装卸员的主要工作目标是利用装卸搬运工具，合理地对货物进行装卸、堆码、拆垛、分拣、搬运等工作，实现货物按照物流业务流程进行转移，保证配送、仓储、包装等业务顺利完成。此岗位需要了解物流业务流程，熟悉装卸搬运工具及其使用。其职责范围如下。

职责一：做好装卸人员的制度、流程建设。

职责二：负责组织装卸人员进行货物装卸作业，保证按时按量装卸。

职责三：负责货物装载后加固防护工作。

职责四：负责作业后场地清扫和物资清理工作。

职责五：负责装卸人员的业务、劳动纪律、现场管理等日常的检查、督导、考核工作。

职责六：完成领导交办的其他工作。

## 3．配送员岗位职责

在配送部主管的领导下，配送员要完成公司的配送工作及后勤保障服务。其主要职责如下。

职责一：负责及时、准确、快捷、安全地配送公司商品到销售网络终端，做好货款的回收，做到账、货、钱一致。

职责二：严于律己，及时上缴货款，做到日清日缴，不拖延和过日。

职责三：从商品出库到送达客户收货签字，从配送员收款返回营业室交款到回执仓库，各环节做到单据和货款清楚、准确。

职责四：配送前认真核对配送单和商品是否相符、包装是否完好，认真填写配送记录。对一次性未送齐的商品及时通知订单员，做好账目处理，并汇报给客户经理，尽量给客户提供满意的解决方法。

职责五：在运送货物中，如丢失货物，数目不清，造成一定的损失，照价赔偿。

职责六：确保配送、财务、仓库的单据数量一致性，发现问题及时清查。确保账货相符，接到配送通知，应携带齐相关单据。

职责七：熟悉片区路段和客户分布情况，保证配送及时、准确、到位。

**知识链接**：洛姆＆哈斯公司的组织结构

洛姆＆哈斯公司（Rohm and Haas Company）在世界 25 个国家拥有业务，是一家资产为 67 亿美元的专业化学品制造商（公司详细信息请见 http://www.rohmhass.com）。大约 40%的销售来自北美以外。1999 年，公司收购了 LeaRonal（电子化学）和莫顿国际（Morton International）（专业化学）。图 1-1-41 体现了它的物流活动，这是 1996 年为了将全部分销职能合并在一个供应链和物流主管下而重新组建的。公司在物流领域拥有 16 个生产点、30 个仓库和 400 名员工。洛姆＆哈斯公司 1997 年的物流预算是 1.2 亿美元，它采用所有运输方式将其化学产品运送到世界各地分销中心。

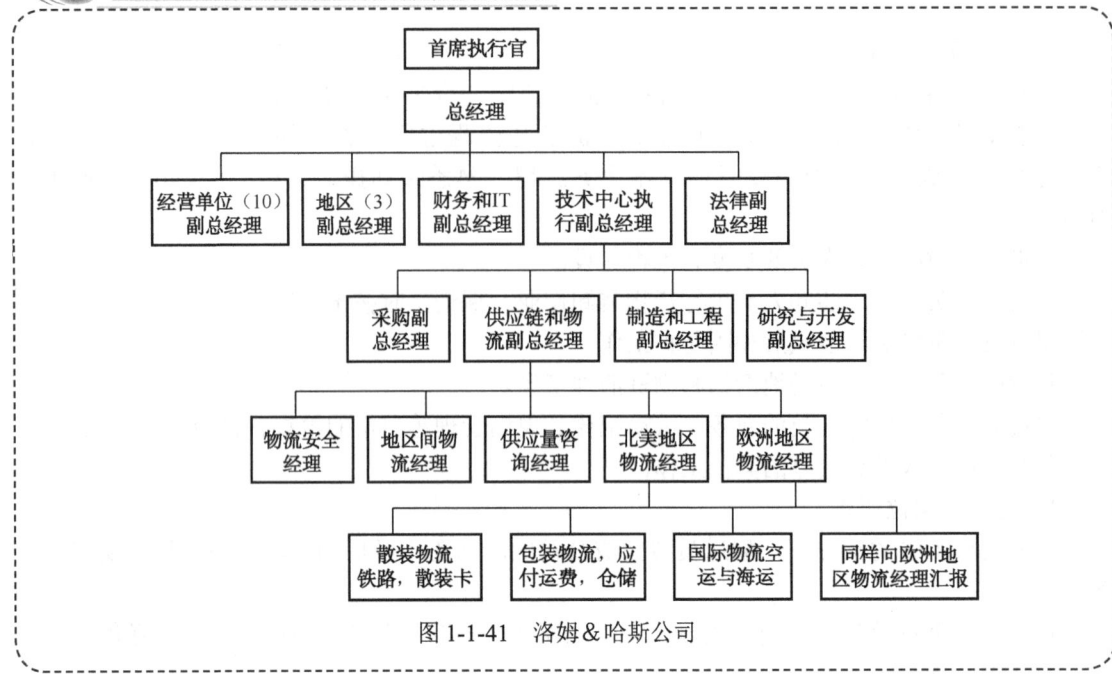

图1-1-41　洛姆&哈斯公司

## 任务实施与评价

**1. 任务实施：仓储企业岗位人员招聘**

（1）任务目的：通过模拟招聘会，使学生了解仓储企业主要操作岗位及岗位职责范围。

（2）任务完成方式：模拟仓储企业招聘会。

（3）任务主要内容：了解仓储企业主要职能岗位以及主要操作岗位，掌握具体操作岗位的任职条件与岗位职责。

**2. 任务评价**

| 考核标准 | 【完整性40%】 | 【正确性40%】 | 【规范性10%】 | 【团队精神10%】 | | |
|---|---|---|---|---|---|---|
| 评价方法 | 1. 考核内容：仓储企业平面布局设计 | | | | | |
| | 2. 考核方法 | | | | | |
| | 评价主体 | 分值 | 小组平均得分 | 成员姓名_____ | 成员姓名_____ | 成员姓名_____ | 成员姓名_____ |
| | 学生自评 | 20 | | | | | |
| | 学生互评 | 30 | | | | | |
| | 教师评价 | 50 | | | | | |
| | 【学生本次任务成绩】_____　　教师：　　日期： | | | | | |

# 练习与自测

## 一、单选题

1. 为保管、储存物品的建筑物和场所的总称是（　　）。
   A．仓储　　　　　B．仓库　　　　　C．库存　　　　　D．储备
2. 仓储最基础的功能是（　　）。
   A．堆存　　　　　B．整合　　　　　C．加工或延期　　D．储存和保管
3. 仓储的（　　）服务是现代物流发展的结晶。
   A．流通加工　　　B．配送　　　　　C．增值　　　　　D．配载
4. 下列不属于仓储的逆向作用的是（　　）。
   A．降低运输成本，提高运输效率　　B．固定费用和可变费用支出
   C．机会损失　　　　　　　　　　　D．保险费支出
5. 仓储管理的最基本原则是（　　）。
   A．质量原则　　　B．效率原则　　　C．安全原则　　　D．服务原则
6. 仓库的主体是（　　）。
   A．生产作业区　　B．辅助生产区　　C．行政商务区　　D．道路
7. 库房布局以提高面积利用率的仓库是（　　）。
   A．流通型库房　　B．储备型库房　　C．露天货场　　　D．货棚
8. 通风和采光条件好，有利于机械化作业，但是货场面积利用率受影响的货位布局形式是（　　）。
   A．纵列式　　　　B．横列式　　　　C．混合式　　　　D．倾斜式
9. 合理储存区的面积占总面积的（　　）。
   A．20%～30%　　B．10%～15%　　C．8%～12%　　　D．40%～50%
10. 目前仓库较常采用的动线形式是（　　）。
    A．I形（直线型）流动布局　　　　B．V形流动布局
    C．U形流动布局　　　　　　　　　D．S形流动布局

## 二、多选题

1. 仓储的功能主要有（　　）。
   A．基本功能　　　B．增值功能　　　C．社会功能　　　D．服务功能
2. 仓储的基本功能包括（　　）。
   A．堆存　　　　　　　　　　　　　B．整合
   C．分类和转运站台　　　　　　　　D．加工或延期
3. 仓储的增值功能主要有（　　）。
   A．流通加工　　　B．配送　　　　　C．配载　　　　　D．交易中介
4. 仓储的社会功能主要有（　　）。

A．保管功能 B．时间调整功能
C．价格调整功能 D．衔接商品流通的功能

5．仓储管理的原则有（　　）。
A．质量原则　　B．效率原则　　C．效益原则　　D．安全原则　　E．服务原则

6．仓库按保管条件分为（　　）。
A．普通仓库　　B．恒温仓库　　C．特种仓库
D．气调仓库　　E．高精密仪器仓库

7．仓库按库房建筑封闭程度分为（　　）。
A．普通仓库　　B．封闭式仓库　　C．露天式仓库　　D．半封闭式仓库

8．仓库按结构和构造分为（　　）。
A．平房仓库　　B．多层仓库（或楼房仓库）
C．罐式仓库　　D．散装仓库　　E．高层货架仓库（或立体仓库）

9．仓库区域的总体构成包括（　　）。
A．储存区　　B．生产作业区　　C．辅助生产区　　D．行政商务区

10．货品在仓库移动时，经过（　　）4个步骤。
A．收货　　B．批量存货　　C．拣货和批量配货　　D．送货　　E．出货

11．通常货物在仓库中的流动有（　　）3种方式。
A．I形（直线形）流动布局　　B．V形流动布局
C．U形流动布局　　D．S形流动布局

三、判断题

1．仓库是"对物品进行保存并对其数量、质量进行管理控制的活动"。（　　）

2．整合仓库可以接收来自一系列制造商指定送往某一特定地点的产品或原材料，然后把它们整合成单一的一票装运。（　　）

3．交叉站台的经济利益包括从制造商到仓库的拖车的满载运输，以及从仓库到顾客的满载运输。（　　）

4．仓储增值服务是现代物流发展的结晶。（　　）

5．仓储可以提高运输成本，降低运输效率。（　　）

6．仓储生产管理的核心是质量管理。（　　）

7．瓜果蔬菜、肉类食品的储存应放在特种仓库。（　　）

8．对温度、湿度要求不高且出入库频繁的物品应放在露天货场。（　　）

9．饲料、谷物、水泥等颗粒状、粉状货物应放在散装仓库。（　　）

10．储货区主要由非保管区和保管区两大部分组成。非保管区是主要用于储存商品的区域，保管区主要包括各种装卸设备通道、待检区、收发作业区、集结区等。（　　）

11．库区的主干道一般采用双车道，路面宽度应为6～7m。（　　）

12．车库、变电室、油库、维修车间等属于行政商务区。（　　）

13．S形（锯齿型）流动布局适用于多排并列的库存货架区内。（　　）

14．流通型库房的布局以商品保管为主，周转缓慢，并且以整进整出为主。（　　）

15．纵列式布局，是指货垛或货架的长度方向与仓库的侧墙互相垂直。（　　）

16．配送部下设运输调度员、驾驶员、车辆管理员、装卸工4个岗位。（    ）

四、简答题

1．简述仓储的含义及其功能。
2．仓储在企业物流系统中有哪些作用？
3．如何区分传统仓储业与现代仓储业？
4．仓储管理的原则是什么？实际操作中应如何依据这些原则展开？
5．简述现代仓储业发展方向。
6．简述仓储管理的概念
7．仓库有哪些功能？其主要类型有哪些？
8．在进行仓库总体布局时应遵循哪些基本原则？
9．货位布局有哪几种形式？每种布局形式各有什么优缺点？
10．仓储企业有哪些主要操作岗位？请列举4～8个。

**综合案例分析**

扫描下方二维码阅读案例，之后讨论：该配送中心是如何加强管理的？

# 模块二 仓储设施设备

## 项目一 仓储设施、设备认知

**情景导入**：某公司是一家新成立的仓储公司,主要经营各种日用消费品。其产品主要包括洗化用品、饮料、电池等。现有一空置的仓库,请根据该公司经营的产品配置相关设备。

**学习目标**

【能力目标】
1. 能够认识仓储设施类型。
2. 能够认识仓储设备类型。
3. 能够熟悉仓储设备管理的相关内容。

【知识目标】
1. 掌握仓储设施的构成内容。
2. 掌握仓储设备的具体分类。
3. 熟悉仓储设备管理的工作内容。

【工作任务】
能够根据所学知识针对不同仓储企业的要求配置合适的仓储设备。

**案例导入**

中国仓储协会于 2000 年 3—4 月组织了第二次全国范围内的物流供求状况调查。回收了 146 份有效问卷。回收问卷的构成比例:生产企业 90 家、商业企业 20 家、物流企业 36 家。其中,生产企业中三资企业 43 家,外商独资企业 14 家;从事电信、电子与家电的企业 35 家;物流企业中亦有三资企业 7 家。物流设施现状:生产企业中 53%的企业拥有汽车车队,59%的企业拥有仓库,34%的企业拥有机械化的装卸设施;商业企业中 39%的企业拥有汽车车队,44%的企业拥有仓库,14%的企业拥有机械化的装卸设施。在拥有库房和搬运设施的物流企业中,各类仓库和各类搬运设施情况是,普通平房库、简易仓库和普通楼房库为主要库种。搬运车保有量最多。未来 1~3 年内,物流企业的设施平均需求量最高。

**思考：**
仓储的设施设备具体包括哪些？

# 任务一　认识仓储设施设备

## 一、仓储设施

仓储设施主要是指用于仓储的库场建筑物，由仓库的主体建筑、辅助建筑和辅助设施构成。

### （一）仓库主体建筑

仓库的主体建筑分为库房、货棚和露天货场三种。

**1．库房**

库房是仓库中用于存储货物的主要建筑，多采用封闭方式。库房主要由以下建筑结构组成：库房基础、地坪、墙壁、库门、库窗、柱、库顶、站台和雨棚，如图2-1-1所示。

**2．货棚**

货棚是一种简易的仓库，比库房结构简单，为半封闭式建筑，主要用于存放对自然环境要求不高、受自然温湿度影响较小的笨重商品及经得起风雨或日晒的商品，如图 2-1-2 所示。货棚可以分成敞棚和半敞棚。

图 2-1-1　库房　　　　　　图 2-1-2　货棚

**3．露天货场**

露天货场用于堆存不怕雨淋、风吹的货物，采用油布覆盖时，则可堆存短期存放的、对环境要求不太高的货物。露天货场的地面材料可根据堆存货物对地面承载要求，采用压实泥地、铺沙地、块石地和钢筋水泥地等方式铺设，如图2-1-3所示。

### （二）仓库辅助建筑

仓库辅助建筑是指办公室、车库、修理间、装卸工人休息间、装卸工具储存间等建筑物。这些建筑一般设在生活区，并与存货区保持一定的安全间隔。其中，办公室、车库的布置要求如下。

图 2-1-3　露天货场

（1）办公室。办公室可建在仓库大门附近，考虑到安全要求，办公室应与库房和货场的距离大于 20m。

（2）车库。车库是使停驶车辆不受雨雪、气候等影响的建筑。车库面积根据车型和停车数量来确定，每个车位一般可取 $4×9m^2$。

（三）仓库辅助设施

仓库除了以上设施外，还有一些辅助性设施，主要有通风设施、照明设施、取暖设施、提升设施（电梯等）、地磅（车辆衡、轨道衡）以及避雷设施等。

## 二、仓储设备

仓储设备是指仓储业务所需的所有技术装置与机具，即仓库进行生产作业或辅助生产以及保证仓库及作业安全所必需的各种设备的总称。仓储设备的配置是仓储系统规划的重要内容，直接影响仓库的利用率、仓库的作业效率、运营成本、服务质量和经济效益。

（一）仓储设备的分类

1．仓储设备按功能要求的分类（见表 2-1-1）

表 2-1-1　仓储设备按功能要求的分类

| 功 能 要 求 | 设 备 类 型 |
| --- | --- |
| 存货、取货 | 货架、叉车、堆垛机械、起重运输机械等 |
| 分拣、配货 | 分拣机、托盘、搬运车、传输机械等 |
| 验货、养护 | 检验仪器、工具、养护设施等 |
| 防火、防盗 | 温度监视器、防火报警器、监视器、防盗报警设施等 |
| 流通加工 | 所需的作业机械、工具等 |
| 控制、管理 | 计算机及辅助设备等 |
| 配套设施 | 站台、轨道、道路、场地等 |

2．仓库设备按其用途和特征的分类

仓库设备按其用途和特征可以分成装卸搬运设备、保管设备、计量设备、养护检验设备、通风保暖照明设备、消防安全设备、劳动防护设备以及其他用途设备和工具等。在仓库设备的具体管理中，应根据仓库规模的大小进行恰当的分类。

（1）装卸搬运设备。装卸搬运设备是用于商品的出入库、库内堆码以及翻垛作业。这类设备对改进仓储管理，减轻劳动强度，提高收发货效率具有重要作用。

目前，我国仓库中所使用的装卸搬运设备通常可以分成三类。

① 装卸堆垛设备。包括桥式起重机、轮胎式起重机、门式起重机、叉车、堆垛机、滑车、跳板以及滑板等。

② 搬运传送设备。包括电瓶搬运车、皮带输送机、电梯以及手推车等。

③ 成组搬运工具。包括托盘、网络等。

（2）保管设备。保管设备是用于保护仓储商品质量的设备，主要有以下几种。

① 苫垫用品。起遮挡雨水和隔潮、通风等作用。包括苫布（油布、塑料布等）、苫席、

枕木、石条等。苫布、苫席用于露天堆场。

② 存货用具。包括各种类型的货架、货橱。货架是指存放货物的敞开式格架。根据仓库内的布置方式不同，货架可采用组合式或整体焊接式两种。其中，整体式的制造成本较高，不便于货架的组合变化，因此较少采用。货架在批发、零售量大的仓库，特别是立体仓库中起很大的作用。它便于货物的进出，又能提高仓库容积利用率；货橱是指存放货物的封闭式格架，主要用于存放比较贵重的或需要特别养护的商品。

（3）计量设备。计量设备是用于商品进出时的计量、点数，以及存货期间的盘点、检查等。如地磅、轨道秤、电子秤、电子计数器、流量仪、皮带秤、天平仪以及较原始的磅秤、卷尺等。随着仓储管理现代化水平的提高，现代化的自动计量设备将会得到更多应用。

（4）养护检验设备。养护检验设备是指商品进入仓库验收和在库内保管测试、化验以及防止商品变质、失效的机具、仪器。如温度仪、测潮仪、吸潮器、烘干箱、风幕（设在库门处，以隔内外温差）、空气调节器、商品质量化验仪器等。这类设备在规模较大的仓库使用较多。

（5）通风保暖照明设备。通风保暖照明设备根据商品保管和仓储作业的需要而设。

（6）消防安全设备。消防安全设备是仓库必不可少的设备，包括报警器、消防车、手动抽水器、水枪、消防水源、砂土箱、消防云梯等。

问一问：托盘是保管设备还是装卸搬运设备？

（7）劳动防护用品。劳动保护用品主要用于确保仓库职工在作业中的人身安全。

（8）其他用品和用具。

（二）仓储设备的特点

仓储设备是完成货物进库、出库和储存的设备。从仓储机械的作业过程看，仓储机械具有起重、装卸、搬运、储存和堆码的功能。尽管仓储机械从外形到功能差别很大，但由于它是为在特定的作业环境完成特定的物料搬运作业而设计的，因而具有一些共性。

（1）搬运要求较高，但对速度的考虑较低。由于仓储机械主要作用于货物的移动和起升，因此其作业范围相对较小，对货物的搬运要求高，但对速度上的考虑较低。

（2）运动线路较固定。由于作业场所的限制，且作业场所较固定，因此仓储机械的运动线路也比较固定。

（3）专业化程度高。仓储作业由一系列实现特定功能的作业环节或工序组成，但各工序的功能较单一，而工序间的功能差别一般较大，为提高工作效率，使得仓储机械的专业化程度越来越高。

（4）标准化程度高。一方面，商品流通各环节对商品的外观和包装提出了标准化要求；另一方面，商品包装的标准化促进了物流设备（包括仓储机械设备）的标准化。

（5）机械化、自动化程度高。随着条码技术、光学字符识别技术、磁编码识别技术、无线电射频识别技术、自动认证技术、自动称重技术及计数技术的广泛应用，现代仓储设备的自动化程度大大提高。

（6）节能性和经济性要求高。仓储过程作为流通领域或企业物流必不可少的环节，为实现商品的价值起到了极其重要的作用，因此为控制仓储成本，在设计和选用仓储机械时，必须考虑其节能性和经济性。

（7）环保性要求。仓储机械由于作业环境的特殊性，必须严格控制其对环境的污染程度。

（8）安全性要求。在仓储作业过程中，要在复杂的环境和有限的空间中保证人员、设备和货物的安全，对仓储机械的安全性要求很高。

 **知识链接：现代仓库设备配置的原则**

（1）适应性。仓储机械设备的型号应与仓库的作业量、出入库作业频率相适应。在进行各类设备配置时，还要注意处理好各类设备之间的衔接问题，以最大限度地发挥设备的作用。

（2）同步性。在进行仓储作业操作仓储设备时，计量和搬运作业应同时完成，以减少作业环节，降低仓储作业成本。

（3）先进性。随着现代技术的发展，各类新设备不断涌现，在配置仓库设备时，要适应现代仓库作业的需要，选用自动化程度高的机械设备，以提高仓储企业的生产能力和生产效率。

（4）经济性。仓库设备的配置必须从仓库自身经营需要出发，在满足经营规模需要的情况下，注意仓储机械设备的经济性，以最少的资金占用来配置相对全面的设备，以实现仓库的最大经济效益。

 **任务实施与评价**

### 1. 任务实施

（1）任务准备：仓储设施设备的识别。

学生分组到实训室参观了解仓库中各种设备的结构、特点、使用及管理方法。

（2）任务要求：快速指出各种仓储设施设备，并正确说出其名称。

### 2. 任务评价

**任务评价表**

| 考核标准 | 【完整性40%】 | | 【结果正确性45%】 | | 【名称规范性15%】 | | | |
|---|---|---|---|---|---|---|---|---|
| 评价方法 | 1. 考核内容：仓库设施设备识别的正确性、完整性、规范性 | | | | | | | |
| | 2. 考核方法 | | | | | | | |
| | 评价主体 | 分值 | 小组平均得分 | 成员姓名_____ | 成员姓名_____ | 成员姓名_____ | 成员姓名_____ | 成员姓名_____ |
| | 学生自评 | 20 | | | | | | |
| | 学生互评 | 30 | | | | | | |
| | 教师评价 | 50 | | | | | | |
| | 【学生本次任务成绩】_____ 教师： 日期： | | | | | | | |

## 任务二　仓储设备管理

仓储设备管理是指根据仓库的经营方针，对设备的选购配置、投入使用、维修保养、改造更新全过程的控制管理。

### 一、仓储设备管理的任务

仓储设备管理的任务，就是要保证为仓储业务活动提供最优的技术设备，使商业仓储业务建立在最佳的物质技术基础上，选好、管好、用好、修好各种设备，使设备能保持良好的技术状态，充分发挥设备的效能，保证商业仓储任务的全面完成。

1. 选好设备

就是根据仓储业务的需要，正确地选购配置设备，为仓库提供优良的技术装备。

2. 管好设备

对购入的设备要做好验收、保管、发放工作，建立领用、回收制度。即使因商品储存任务发生变化等原因造成设备停用时，也要保持设备的完整、齐全，保证设备经常处于最佳的技术状态。

3. 用好和修好设备

掌握设备的技术性能，按操作规程正确使用设备，保证设备正常运转；对重要的机械运输设备，平时要做好使用登记和技术资料的统计工作；按照维修计划安排设备的小修、中修和大修。

4. 做好现有设备的革新和改造工作

我国商业仓储物质技术装备水平较低，设备落后，在管好、用好和修好设备的同时，大力对现有设备进行革新改造，减轻仓储职工的劳动强度，提高仓储劳动效率，促进商业仓储设备的现代化。

### 二、仓储设备管理的工作内容

仓储设备管理工作包括以下几个方面的内容。

1. 设备的技术管理

进行仓储设备技术管理时，必须遵循仓储设备的运动特性与技术状况的变化规律，科学地组织好仓储设备管理各项内容中的技术工作，不断提高作业人员的技术素质，保证设备状况完好，使设备能充分发挥效能，完成生产作业任务，为企业创造良好的经济效益。

设备的技术管理主要包括：设备的规划、选购、自制与安装调试；设备的合理使用和维护保养管理；设备的计划检修；设备的状态诊断；设备安全技术管理和事故处理；设备备件管理；设备的技术资料管理；设备技术改造；设备技术档案管理等。

2. 设备的经济管理

进行仓储设备的经济管理时，必须遵循价值规律和寿命周期变化规律，对仓储设备管理的各项内容进行经济论证、经济核算、经济分析和成本控制等活动，开展多种形式的节支经营活动，使企业取得最佳经济效益。

设备的经济管理主要包括：设备投资效益分析；资金筹措和使用；设备移交验收、分类编号、登记卡片和台账管理、库存保管、调拨调动、年终清查等资产管理；折旧的提取与管理；费用的收支核算；设备更新等。

3．设备的组织管理

进行仓储设备的组织管理时，必须遵循仓储使用与损耗的客观规律，运用行政手段，科学地把仓储设备技术管理和经济管理结合起来，全面完成仓储设备管理任务。

设备的组织管理主要包括：人员教育和培训；设备管理制度和规范的制定；设备使用的监督、检查和评比等。

### 三、仓储设备管理的特点

（1）经济性。仓储设备活动是大生产的重要组成部分，并且仓储设备活动也是生产性的仓储设备活动，和其他物质生产活动一样可以创造商品的价值，从而博取利润。

（2）技术性。仓储设备作业的机械化、仓储设备管理的信息化及各种新技术的运用等都充分体现了仓储设备管理技术的特点。

（3）综合性。物流作为跨行业、跨产业的服务，其功能与各行业的运作特点紧密联系在一起，在整个仓储设备管理过程中要综合利用各学科理论进行商品管理及库存控制，保证商品的正常生产和流通，降低成本。

### 四、仓储设备的使用管理

（一）设备的管理方式

由于仓储设施设备比较繁杂，且功能各异，所以大部分设备都分散使用。因此，设备的管理通常在统一的基础上，实行分级管理，专人操作，专门管理部门负责的方式。当然，因为企业的情况各不相同，比如仓库规模、设备数量、设备集中与分散、固定与流动等不同，造成设备管理方式的不同。所以，企业应根据自身的情况选择合适的设备管理方式。

问一问：为什么每个企业设备管理的方式不同？

（二）设备的技术管理

对于仓库中的设备必须建立管理、使用、维修、保养制度。这是仓储管理工作中的一个重要环节，尤其是一些大型仓库机械设备较多，更应加强管理。其中，装卸搬运机械管理工作有以下4个要点。

（1）制定必要的规章制度、操作规程，并认真贯彻执行。

（2）加强对操作、维修人员的安全教育和技术培训，实行使用、维修相结合的方法，不断提高其技术水平。

（3）加强技术资料的管理工作，建立设备技术档案。

（4）及时总结并推广先进经验，努力节约原材料、燃料，降低搬运成本。

扫描右侧二维码，自学《仓储机械设备管理办法》。

问一问：如何有效合理地对仓库机械设备进行管理？

**知识链接：搬运设备与距离、物流量之间的关系**

搬运设备与距离、物流量之间的关系如图 2-1-4 所示。

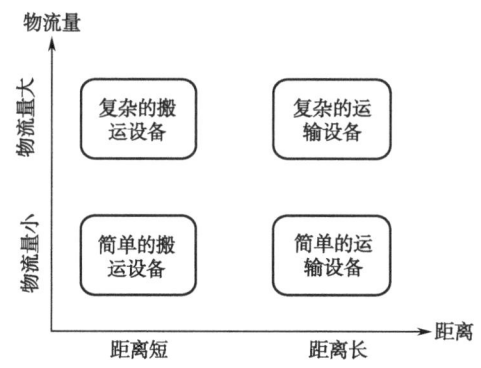

图 2-1-4　搬运设备与距离、物流量之间的关系图

 任务实施与评价

**1. 任务实施**

（1）任务准备：仓库外有一批 30 箱，包装尺寸为 460mm×260mm×230mm 的货物需要入库，贴商品条码标签、包装、称重并记录，最后上架。

（2）任务要求：请合理选用工具设备，按照规范动作完成该任务。

**2. 任务评价**

任务评价表

| 考核标准 | 【过程完整性30%】 | | 【结果正确性45%】 | | 【动作规范性15%】 | | 【作业时间10%】 | |
|---|---|---|---|---|---|---|---|---|
| 评价方法 | 1. 考核内容：仓库设施设备的合理选用 ||||||||
| | 2. 考核方法 ||||||||
| | 评价主体 | 分值 | 小组平均得分 | 成员姓名 _____ | 成员姓名 _____ | 成员姓名 _____ | 成员姓名 _____ | 成员姓名 _____ |
| | 学生自评 | 20 | | | | | | |
| | 学生互评 | 30 | | | | | | |
| | 教师评价 | 50 | | | | | | |
| | 【学生本次任务成绩】 _____ 　　　　　　　　　　　　教师：<br>日期： ||||||||

# 项目二　存货、取货设备

**情景导入**：王明是新入职的仓库管理员，今天有一批 30 整托的货物和 5 箱量具，为了充分提高仓容利用率，要求将两种货物放到相应的货架上。请问：王明应选择哪种货架和叉车合适？

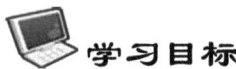**学习目标**

【能力目标】
1．能够熟练区分各种货架。
2．能够正确说出各种货架的特点和适用范围。
3．能够熟悉各种叉车及适用范围。

【知识目标】
1．掌握货架的分类、特点和适用范围。
2．掌握叉车的种类及适用范围。
3．了解起重机和堆垛机的相关内容。

【工作任务】
1．能够根据货物的信息选择合适的货架。
2．能够掌握叉车的基本操作技能，以便熟练地进行叉车作业。

**案例导入**

货物包装箱规格是 70cm×45cm×35cm，故可以根据国际标准，选择 L1200*W600*H2000 的轻型货架。每两排货架为一组，每组有大概 20 个货格，每个货格尺寸为 80cm×50cm×40cm，正好货格比包装箱大一圈，实现最小浪费。请回答除了轻型货架外，还有什么规格的货架？

## 任务一　货架

为了达到节约仓储成本、提高工作效率的目的，如何有效地利用仓库空间、有效提高仓库的使用面积越来越被重视。而货架在仓库中占有着非常重要的地位，仓储管理要实现现代化与货架的种类、功能有着直接的关系。

### 一、货架的作用与功能

在仓储设备中，货架是专门用来存放成件物品的保管设备。货架在现代物流活动中，起着相当重要的作用，货架不仅要具备多种功能，而且要实现机械化、自动化的要求。

货架的作用及功能有如下几方面。

（1）货架是一种架式结构物，可充分利用仓库空间，提高库容利用率，扩大仓库储存能力。

（2）存入货架中的货物，互不挤压，物资损耗小，可完整保证物资本身的功能，减少货物的损失。

（3）货架中的货物，存取方便，便于清点及计量，可做到先进先出。

（4）保证存储货物的质量，可以采取防潮、防尘、防盗、防破坏等措施，以提高物资存储质量。

（5）很多新型货架的结构及功能有利于实现仓库的机械化及自动化管理。

## 二、货架的优缺点

（一）货架的优点

货架是一种架式结构物，其优点主要有以下几方面。

（1）可充分利用仓库空间，提高库容利用率，扩大仓库储存能力；

（2）存入货架中的货物，互不挤压，物资损耗小，可完整保证商品的功能，减少货物的损失；

（3）货架中的货物可以任意存取，货物种类的可拣选率达 100%，便于清点及计量；

（4）便于机械化和自动化操作；

（5）便于实行"定位储存"和计算机管理；

（6）保证存储货物的质量，可以采取防潮、防尘、防盗、防破坏等措施，以提高物资存储质量。

（二）货架的缺点

货架的缺点主要表现在以下几方面。

（1）购买货架设备的费用较高；

（2）必须配备相应的装卸搬运设施和托盘等集装单元器具；

（3）货架设备的位置相对固定，机动灵活性差；

（4）货架之间需预留通道，有时可能会对仓容率产生一定的负面影响。

## 三、货架的分类

货架的分类方法很多。按货架的结构分为整体式货架和分体式货架；按货架的承载量分为轻型货架、中型货架和重型货架；按货架高度分为低层货架、中层货架和高层货架；按货架形式分为通道式货架（如货柜式、托盘式、悬臂式、贯穿式等）、密集型货架（如移动式、重力式等）、旋转式货架（如水平旋转式和垂直旋转式）。下面介绍几种常用的货架。

（一）层架

层架由立柱、横梁、层板构成，层间用于存放货物，具有结构简单、适应性强、有利于提高空间利用率、方便作业存取等特点。层架的应用非常广泛。层架如果按存放货物的重量级分类，通常分为轻型、中型和重型。还可以根据需要制作成层格架、抽屉式或橱柜式等形式，以便于存放规格复杂多样的小件货物或较贵重、怕尘土、怕潮湿的小件物品。

1．轻型货架

轻型货架主要适用于人工存取作业，每层载重量在 150kg 以下，其规格尺寸及承载能力都与人工搬运能力相适应，高度通常在 2.4m 以下，厚度在 0.5m 以下，如图 2-2-1 所示。

2．中型货架

中型货架每层的承重在 200～400kg 之间，单元货架长度通常不大于 2m，宽度不大于 1m，高度一般在 3m 以内。分为有梁式和无梁式，中型货架层承重量大，配合叉车等工具储存大件物品，如图 2-2-2 所示。

图 2-2-1 轻型货架

图 2-2-2 中型货架

3．重型货架

重型货架每层载重量在 500kg 以上，采用优质冷轧钢板经辊压成型，立柱可高达 6m 而中间无接缝，防腐防锈，外形美观，适用于大型仓库，如图 2-2-3 所示。

4．层格式货架

层格式货架主要用于存放数量不多，而规格繁多又必须互相隔开存放才不致造成混杂的小件货物，如图 2-2-4 所示。

图 2-2-3 重型货架

图 2-2-4 层格式货架

5．抽屉式货架

抽屉式货架是封闭式，具有防尘、防潮、避光的作用。主要用于较贵重的小件物品的存放，如刀具、量具、精密仪器、药品等。如图 2-2-5 所示为抽屉式模具货架。

（二）托盘货架

托盘货架专门用于存放堆码在托盘上的货物，其基本形式与层架相似。其结构多采用杆件组合，不仅拆迁容易，层间距可依码货高度调整；通常总高度在 6m 以下，架底撑脚需要装叉车防撞装置。托盘货架结构简单，可调整组合，安装简易，费用经济；储物态为托盘装货物，配合升降式叉车存取。托盘货架是使用最普遍的一种货架，提供 100%的存取性，并且有很好的拣取效率，如图 2-2-6 所示。

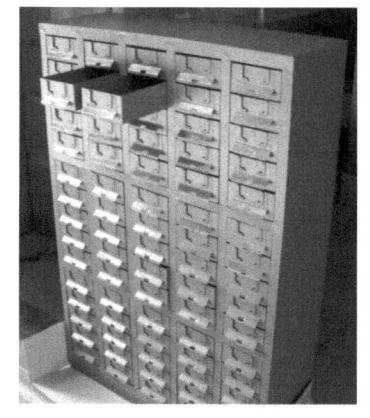

图 2-2-5　抽屉式模具货架

图 2-2-6　托盘货架

（三）阁楼式货架

阁楼式货架是一种充分利用空间的简易货架。在货架或工作场地上建造一个中间阁楼以增加储存面积。

阁楼楼板上一般可放重量较轻及中小件货物或储存期长的货物，可用叉车、提升机、输送带或升降台提升货物。阁楼上一般采用轻型小车或托盘牵引小车作业，如图 2-2-7 所示。

（四）悬臂式货架

悬臂式货架是在立柱上装设杆臂构成的，悬臂常用金属材料制造，其尺寸一般根据所存放物料尺寸的大小确定。为防止物料损伤，常在悬臂上加垫木质衬垫或橡胶带以起保护作用。一般高度在 6m 以下，空间利用率较低，为 35%～50%。悬臂式货架在储存长形货物的仓库中被广泛运用，如图 2-2-8 所示。

图 2-2-7　阁楼式货架

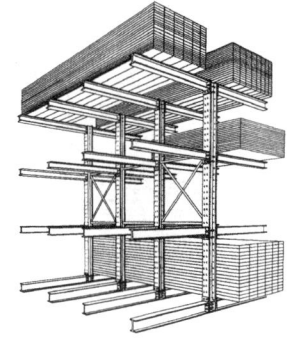

图 2-2-8　悬臂式货架

## （五）移动式货架

移动式货架的货架底部装有滚轮，开启控制装置，滑轮可以沿轨道滑动。

移动式货架平时可以密集相连排列，存取货物时通过手动或电动控制装置驱动货架沿轨道滑动，形成通道，从而大幅度减少通道面积。作业完毕，再将货架移回原来位置。这样，就克服了普通货架每列都必须留出通道的弊病，减少了仓库作业的通道数。

用这种货架，在同等仓库条件下，可使仓库空间利用率成倍提高，而且货物存取方便，易于控制，安全性能好，主要适用于小件、轻体货物的存取。但由于成本较高，所以，主要在档案管理等重要或贵重商品的保管中使用，如图2-2-9所示。

图 2-2-9　移动式货架

## （六）重力式货架

重力式货架主要用于储存整批纸箱包装商品和托盘货物。储存纸箱包装货物的重力式货架比较简单，基本结构与普通层架类似，不同之处在于层板变为重力滚轮或滚筒输送装置，并与水平面呈一定角度，高端作为入库端，低端作为出库端，货物上架和取出多采用人力。储存托盘货物的重力式货架一般为2～4层，每个货架内设置重力滚道两条，滚道由左右两组滚轮、导轨和缓冲装置组成。

重力式货架具有如下优点：保证货物先进先出；货物密集配置，有效节约仓库空间；货物进出库作业时，叉车或堆垛机的行程最短；货架的货位空缺得到有效控制；货架密集排列，有利于仓库的现场管理，有效防止货物丢失；减少装卸搬运设备的投入。但是，货架的投资成本高，一般重力式货架的成本是普通托盘货架成本的5～7倍。而且货架对托盘及货架的加工技术要求高，否则容易造成滑道阻塞，货架的日常维护保养要求也高，如图2-2-10所示。

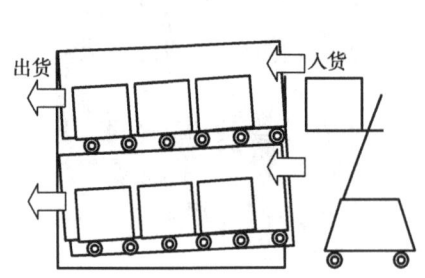  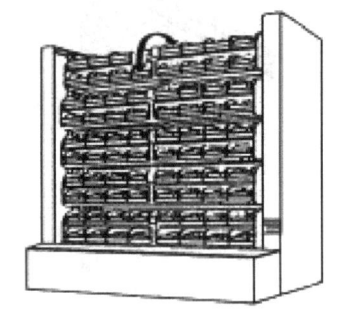

图 2-2-10　重力式货架

模块二 仓储设施设备

（七）驶入/驶出式货架

驶入/驶出式货架采用钢结构，钢柱上有向外伸出的水平突出构件或悬轨，叉车将托盘货物送入，由货架两边的构件托住托盘。驶入式货架只有一端可供叉车进出，而驶入/驶出式货架可供叉车从中通过，非常便于叉车作业。这种类型的货架通常都是密集布置，高度最大可达10m，库容利用率可达90%，适用于在大批量、少品种的配送中心使用。

该货架仓库的特点是作为托盘单元货物的储存货位与叉车的作业通道是合一的、共同的，大大提高了仓库的面积利用率。适用于大批量、少品种配送中心使用，但不太适合太长或太重物品，驶入式货架存取时受先后顺序的限制，如图2-2-11所示。

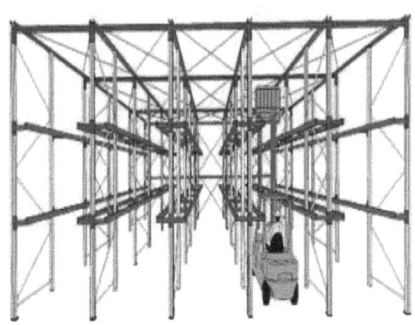

图 2-1-11 驶入/驶出式货架

（八）旋转式货架

旋转式货架设有电力驱动装置，货架可以沿着设定的轨道运行。存取货物时，把货物所在货格编号由控制按钮输入，该货格则以最近的距离自动旋转至拣货点停止。旋转式货架操作简单，空间利用率高，拣货路径短，拣货效率高，适用于电子元件、精密机械等少批量、多品种小物品的储存及管理。通过计算机控制可实现自动存取和自动管理。旋转式货架的旋转方式可以分为整体旋转式和分层旋转式，其中，整体旋转式又可以分为水平旋转式和垂直旋转式，如图2-2-12所示。

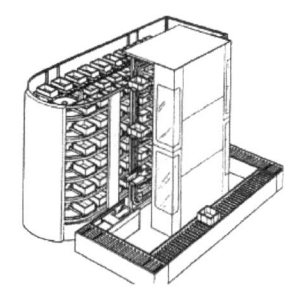
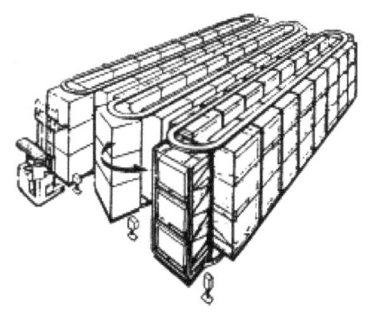
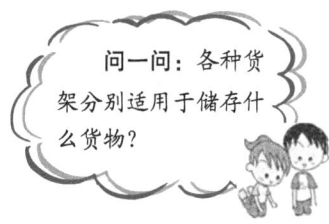

图 2-2-12 旋转式货架

**知识链接：货架的选择**

仓库在选择和配置货架时，必须综合分析库存货物的性质、单元装载和库存量，以及库房结构、配套的装卸搬运设备等因素，如图2-2-13所示。

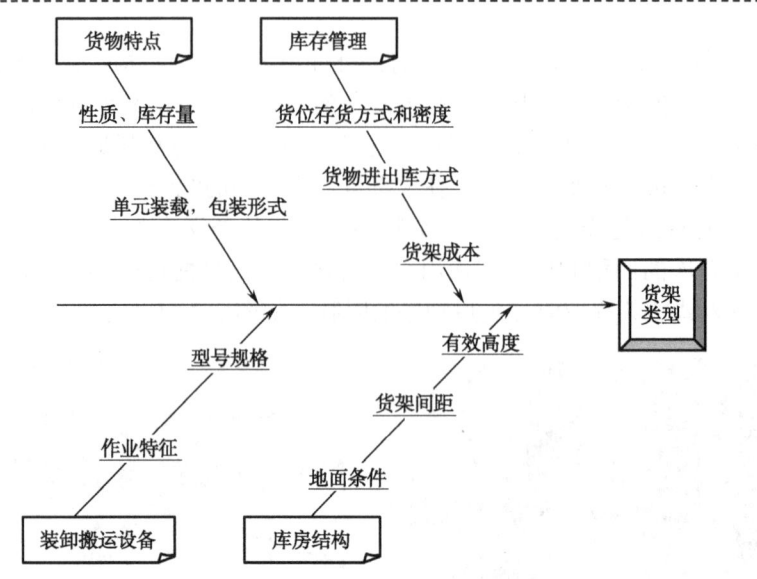

图 2-2-13 选择货架应该考虑的因素

除此之外，货架的选择要考虑的因素有物品特性、存取性、出入库量、搬运设备、厂房架构等，最主要的就是依据储区的功能做出适当的选择。例如，保管储区的主要功能是供应补货，且可选用一些高容量的货架；而动态储区的主要功能是提供拣货，且可选用一些方便拣货的流动架等，以达到作业方便的目的。

## 任务实施与评价

### 1. 任务实施

（1）任务准备：

#### 各种仓储货架方式的比较与分析

某仓库长和宽是 48m×27m，该仓库托盘单元货物尺寸为 1000mm（宽）×1200mm（深）×1300mm（高），重量为 1t。仓库若采用窄通道（VNA）系统，可堆垛 6 层，仓库有效高度可达 10m；而其他货架方式只能堆垛 4 层，有效高度为 7m。

下面比较几种不同的货架和叉车、堆垛机系统方案及货仓容量、叉车类型和最佳性价比。

① VNA 窄通道系统。

该系统货物可先进先出，取货方便，适用于仓库屋架下弦较高（如 10m 左右）的库房。因采用高架叉车，采购价为 58 万元，地面需要加装侧向导轨。叉车通道宽为 1760mm。总存货量为 2088 个货位。货架总造价为 41.76 万元，仓库总造价为 129.6 万元，工程总投资为 229.36 万元，系统平均造价为 1098 元/货位。

② 驶入式货架系统。

货物可先进后出且单独取货困难；但存货密度高，用于面积小、高度适中的仓库。该系统适用于货品单一、成批量进出货的仓库。系统采用平衡重式电动叉车，采购价为 22.5 万元，叉车直角堆垛通道宽度为 3200mm，总存货量为 1812 个货位，货架总造价为 43.5 万元。仓库建筑总造价为 123.12 万元，工程总投资为 189.12 万元，系统平均造价为 1044 元/货位。

③ 选取式货架系统。

货物可先进先出，取货方便。该系统对货物无特殊要求，适用于各种类型货物，但属于传统型仓库系统，货仓容量较小。系统采用电动前移式叉车，采购价为 26 万元，叉车直角堆垛通道宽度为 2800mm，总存货量为 1244 个货位，货架总造价为 16.2 万元，仓库建筑总造价为 123.12 万元，工程总投资为 165.32 万元，系统平均造价为 1329 元/货位。

④ 双深式货架系统。

货物可先进后出，取货难度适中。该系统货仓容量较大，可与通廊式货架媲美；且对货物和货仓无特殊要求，适应面广。系统采用站驾式堆高车和伸缩叉，采购价为 25 万元，叉车直角堆垛通道宽度为 2800mm，总存货量为 1716 个货位，货架总造价为 24 万元，仓库建筑总造价为 123.12 万元，工程总投资为 172.12 万元，系统平均造价为 1003 元/货位。

通过以上比较可以看出，除了投资成本的不同外，4 种不同的货架仓储方式都有各自的特点。

① VNA 窄通道系统既能有效利用仓库的空间（通道最小），同时又能保证很好的存取货速度和拣选条件（每个托盘都能自由存取和拣选）。该类仓库系统，每台设备的存取货速度为 30～35 个托盘。适合于各种行业，特别是种类比较多或进出速度较快的情况；仓库越大、仓库的进出量越大，使用该系统的设备数量增加不会很多，成本反而更低。近年来，这种系统的仓库已越来越多，特别是大型仓库。

② 驶入式系统可以有效利用仓库的空间（货架排布密度大），但不能满足拣选的要求。每个托盘不能自由存取，适合于种类比较单一、大批量进出状况的作业。该系统的出货速度不快，每小时只有 10～12 个托盘。该系统一般在较少的行业使用。

③ 选取式货架系统是使用最广泛的一种，不能非常有效地利用仓库的空间，但能保证有很好的存取速度和拣选条件（每个托盘都能自由存取和拣选）。该类仓库系统，每台设备的存取速度为每小时 15～18 个托盘，适用于各种行业。随着仓库增大，仓库的进出量越大，使用该系统的设备数量增加会较多，所以成本会增加；但它的灵活性非常好，第三方物流的仓库大都采用这种形式。

④ 双深式货架系统是选取式和驶入式货架系统的结合体，可以非常有效地利用仓库的空间（货架排布密度较大），又能保证有很好的存取货速度和拣选条件（每两个托盘都能自由存取和拣选）。该类仓库系统，每台设备的存取速度为每小时 12～15 个托盘；它的灵活性也较好，随着仓库增大，仓库的进出量也越大，使用该系统的设备数量增加不会较多，所以成本基本保持不变。近年来，这种系统的仓库使用量已逐步增多，没有行业限制，但货物种类不能太多。

综合来看，每种仓库系统各有特色，每个公司要按照自己的行业特点来选择最适合的、性价最好的系统。当然，每个系统并不是独立的，可以结合起来使用，并可根据不同的物流方式、进出速度、货物品种、进出量来选择。

（2）任务要求：

① 本案例中涉及的货架有哪些？

② 这些货架各有什么特点？适用范围如何？

## 2. 任务评价

**任务评价表**

| 考核标准 | 【分析完整性 40%】 | 【选择正确性 45%】 | | 【名称规范性 15%】 | | | |
|---|---|---|---|---|---|---|---|
| 评价方法 | 1. 考核内容：仓库货架识别配置的正确性、完整性、规范性 | | | | | | |
| | 2. 考核方法 | | | | | | |
| | 评价主体 | 分值 | 小组平均得分 | 成员姓名 | 成员姓名 | 成员姓名 | 成员姓名 | 成员姓名 |
| | 学生自评 | 20 | | | | | | |
| | 学生互评 | 30 | | | | | | |
| | 教师评价 | 50 | | | | | | |
| | 【学生本次任务成绩】_____ 教师： 日期： | | | | | | |

# 任务二　叉车和起重机

叉车在企业的物流系统中扮演着非常重要的角色，是物料搬运设备中的主力军。叉车广泛应用于车站、港口、机场、工厂、仓库等，是机械化装卸、堆垛和短距离的高效设备。

## 一、叉车的概述

叉车是指对成件托盘货物进行装卸、堆垛和短距离运输、重物搬运作业的各种轮式搬运车辆。国际标准化组织 ISO/TC110 称为工业车辆，属于物料搬运机械。广泛应用于港口、车站、机场、货场、工厂车间、仓库、流通中心和配送中心等，并可进入船舱、车厢和集装箱内进行托盘货物的装卸、搬运作业，是托盘运输、集装箱运输中必不可少的设备。

叉车出现于 1917 年，第二次世界大战期间，叉车得到快速发展。中国从 20 世纪 50 年代初开始制造叉车。特别是随着中国经济的快速发展，大部分企业的物料搬运已经脱离了原始的人工搬运，取而代之的是以叉车为主的机械化搬运。叉车具备了以下特点。

（1）机械化程度高。在使用各种自动的取物装置或在货叉与货板配合使用的情况下，可以实现装卸工作的完全机械化，不需要工人的辅助体力劳动。

（2）机动灵活性好。叉车外形尺寸小，重量轻，能在作业区域内任意调动，适应货物数量及货流方向的改变，可机动地与其他起重运输机械配合工作，提高机械的使用率。

（3）可以"一机多用"。在配备与使用各种工作属具如货叉、铲斗、臂架、串杆、货夹、抓取器、倾翻叉等时，可以适应各种品种、形状和大小货物的装卸作业，扩大对特定物料的装卸范围，并提高其装卸效率。

（4）能提高仓库容积的利用率，堆码高度一般可达 3.5m。

（5）有利于开展托盘成组运输和集装箱运输。

（6）与大型起重机械比较，它的成本低、投资少，能获得较好的经济效果。

## 二、叉车的分类

叉车的种类繁多，分类方法也很多。叉车按照动力装置的不同，可分为内燃机式叉车和电瓶式叉车；按照其结构和用途的不同，可分为平衡重式、前移式、侧面式、插腿式以及其他特种叉车等；按照用途不同，可分为通用叉车和专用叉车，如堆垛式叉车、集装箱叉车、箱内作业叉车等。下面介绍按照结构和用途进行的分类。

1．平衡重式叉车

平衡重式叉车（简称叉车）是工业搬运车辆中应用最广泛，数量最多的产品。它可由司机单独操纵完成货物的装卸、运送和堆垛作业，同时也可借助属具扩大使用范围和提高作业效率。叉车机动灵活，动力性好，适应性强，能在狭小的场地高效地工作，广泛用于港口、车站、仓库、工厂等。平衡重式叉车用内燃机或电池作为动力，叉车的前轮为驱动轮，后轮为转向轮。其特点在于车体自身较重，依靠自身重量与货叉上的重量相平衡，防止叉车装货后向前倾翻。平衡式叉车由于适应性强而成为叉车中应用最广泛的一种，占叉车总数的 80%以上，具有操作简单、机动性强、效率高等特点，如图 2-2-14 所示。

电瓶式

内燃式

图 2-2-14　平衡重式叉车

2．前移式叉车

前移式叉车是其门架（或货叉）可以前后移动的叉车。运行时门架使货物重心位于前后轮之间，运行稳定，不需要平衡重，自重轻，降低直角通道宽和直角堆垛宽，适用于车间、仓库内工作。按操作可分为站驾式和座驾式；按作业场所可分为普通型、防爆型、冷藏型。

前移式叉车是在车间或仓库内作业时使用最广泛的一种叉车。这种叉车采用蓄电池为动力，不会污染周围的空气。由于在库内作业，地面条件好，故一般采用实心轮胎，车轮直径也比较小。在取货或卸货时，货叉随着门架前移到前轮以外。但运行时，门架缩回到车体内，使叉车整体平衡。这种叉车的蓄电池起一定的平衡作用，不需配备专门的平衡重。车体尺寸较小，转弯半径也小。在巷道内作业时，巷道宽度比平衡重式叉车小得多，从而可提高仓库面积利用率，如图 2-2-15 所示。

图 2-2-15　前移式叉车

### 3. 侧面式叉车

图 2-2-16　侧面式叉车

侧面式叉车主要用于长料货物的搬运，如图 2-2-16 所示。侧面式叉车的门架、起升机构和货叉位于叉车的中部，可以沿着横向导轨移动。货叉位于叉车的侧面，且侧面还有一货物平台。当货叉沿着门架上升到大于货物平台高度时，门架沿着导轨缩回，降下货叉，货物便被放在叉车的货物平台上。由于侧面式叉车的门架和货叉在车体一侧，所以车体进入通道时，货叉面向货架或货垛，装卸作业不必先转弯再作业。叉车行驶时稳定性好，速度快，视野好。侧面式叉车适合于窄通道作业。

### 4. 插腿式叉车

插腿式叉车的结构非常紧凑。货叉在两个支腿之间，因此无论是取货或卸货，还是在运行过程中，都不会失去稳定性。由于尺寸小，转弯半径小，在库内作业比较方便。但是货架或货箱的底部必须留有一定高度的空间，使叉车的两个支腿插入。由于支腿的高度会影响仓库的空间利用率，必须使其尽量低，故前轮的直径也比较小，对地面平整度的要求比较高。其起升机构包括手摇机械式、手动液压式和电动液压式三种，适用于厂车间、仓库内效率要求不高但需要有一定堆垛、装卸高度的场合，如图 2-2-17 所示。

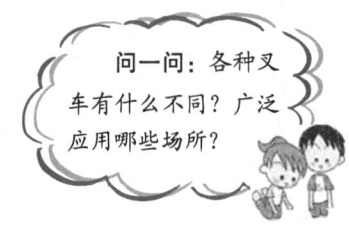

图 2-2-17　插腿式叉车

## 三、起重机

起重机械是一种以间歇作业方式对物品进行起升、下降和水平移动的搬运设备。起重机械完成货物垂直升降作业为其主要功能，兼有一定水平运输作业，工作对象主要为笨重大件物品。起重机械至少具有完成物品上、下升降功能的起升机构。常用的起重机有桥式起重机、门式起重机和回转类起重机。

1．桥式起重机

桥式起重机又称"桥式行车"，俗称"桥塔"或"天车"。其桥梁由主梁和端梁构成。小车在主梁横向运行，一般用于库房内部，如图 2-2-18 所示。

2．门式起重机

门式起重机俗称"门吊"，其桥架（大车）由主梁和支腿构成门架，沿地面轨道行走。起重机构（小车）在桥梁主梁上沿小车轨道横向运行，一般用于露天货场，如图 2-2-19 所示。

图 2-2-18　桥式起重机

图 2-2-19　门式起重机

3．回转类起重机

这种起重机是利用臂架或整个起重机的回转来搬运物品，臂架的吊钩幅度可以改变，起重机的工作范围是一个圆柱或扇形立体空间，如图 2-2-20 所示。回转类起重机分为两大类：固定回转起重机和移动回转起重机。前者装在固定地点工作，后者安装在有轨或无轨的运行车体上，随着工作需要可以改变其工作地点。

固定回转起重机

移动回转起重机

图 2-2-20　回转类起重机

问一问：各种起重机有什么区别？

## 四、堆垛机

堆垛机是仓库机械设备，是专门用来堆码货垛或提升物品的机械。普通仓库使用的堆垛机（又称"上架机"）是一种构造简单、用于辅助人工堆垛、可移动小型物品垂直提升的设备，也是立体仓库中最重要的起重运输设备，是代表立体仓库特征的标志。运用这种设备的仓库最高可达 40m。大多数在 10～25m 之间。堆垛机的特点是：构造轻巧，人力推移方便，能在很窄的走道内操作，减轻了堆垛工人的劳动强度，且堆码或提升高度较高，仓库的库容利用率较高，作业灵活。

堆垛机有不同标准的分类。

（1）按照有无导轨可分为有轨堆垛机和无轨堆垛机，如图 2-2-21 所示。

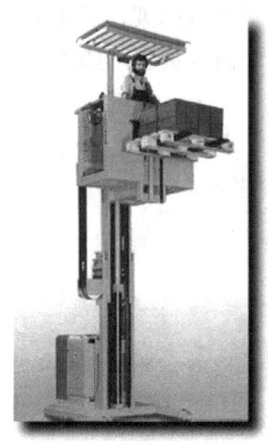

无轨巷道堆垛机　　　　　　　　有轨巷道堆垛机

图 2-2-21　无轨巷道堆垛机和有轨巷道堆垛机

（2）按照高度不同可分为低层型、中层型和高层型。低层型堆垛机是指起升高度在 5m 以下，主要用于分体式高层货架仓库及简易立体仓库中；中层型堆垛机是指起升高度在 5～15m 之间；高层型堆垛机是指起升高度在 15m 以上，主要用于一体式的高层货架仓库中。

（3）按照自动化程度不同可分为手动、半自动和自动堆垛机。手动和半自动堆垛机上带有司机室，自动堆垛机不带有司机室，采用自动控制装置进行控制，可以进行自动寻址、自动装卸货物。

（4）按照用途不同可分为桥式堆垛机和巷道堆垛机。

---

**知识链接：叉车的技术参数**

叉车的技术参数是用来表明叉车的结构特征和工作性能的。

（1）额定起重量。叉车的额定起重量是指货物重心至货叉前壁的距离不大于载荷中心距时，允许起升的货物的最大重量，以 t（吨）表示。

（2）载荷中心距。载荷中心距是指在货叉上放置标准的货物时，其重心到货叉垂直段前壁的水平距离，以 mm（毫米）表示。

（3）最大起升高度。最大起升高度是指在平坦坚实的地面上，叉车满载，货物升至最高位置时，货叉水平段的上表面离地面的垂直距离。

（4）门架倾角。门架倾角是指无载的叉车在平坦坚实的地面上，门架相对其垂直位置向前或向后的最大倾角。

（5）最大起升速度。叉车最大起升速度通常是指叉车满载时，货物起升的最大速度，以 m/min（米/分）表示。

（6）最高行驶速度。提高行驶速度对提高叉车的作业效率有很大影响。

（7）最小转弯半径。当叉车在无载低速行驶、打满方向盘转弯时，车体最外侧和最内侧至转弯中心的最小距离，分别称为最小外侧转弯半径 $R_{min外}$ 和最小内侧转弯半径 $r_{min内}$。

（8）最小离地间隙。最小离地间隙是指车轮以外，车体上固定的最低点至地面的距离，它表示叉车无碰撞地越过地面凸起障碍物的能力。

（9）轴距及轮距。叉车轴距是指叉车前后桥中心线的水平距离。轮距是指同一轴上左右轮中心的距离。

## 任务实施与评价

### 1. 任务实施

（1）任务准备：在实训室叉车场地画出"8"字路线和"工"字路线叉货桩位进行平衡重式叉车的操作练习和叉货练习。

（2）任务要求：分别在规定的 5 分钟内完成"8"字路线和叉货、搬货过桩动作。按照规定的路线熟练完成叉车的起步、取货、停车、调头、会车、转弯和倒车等的操作。

### 2. 任务评价

**任务评价表**

| 考核标准 | 【"工"字路线30%】 | 【"8"字路线45%】 | 【规定时间内10%】 | 【方法正确性15%】 |
|---|---|---|---|---|
| 评价方法 | 1. 考核内容：叉车规定线路、规定时间内的实际操作 ||||
| | 2. 考核方法 ||||
| | <table><tr><td>评价主体</td><td>分值</td><td>小组平均得分</td><td>成员姓名_____</td><td>成员姓名_____</td><td>成员姓名_____</td><td>成员姓名_____</td><td>成员姓名_____</td></tr><tr><td>学生自评</td><td>20</td><td></td><td></td><td></td><td></td><td></td><td></td></tr><tr><td>学生互评</td><td>30</td><td></td><td></td><td></td><td></td><td></td><td></td></tr><tr><td>教师评价</td><td>50</td><td></td><td></td><td></td><td></td><td></td><td></td></tr></table> ||||
| | 【学生本次任务成绩】_____<br>教师：<br>日期： ||||

# 项目三　分拣、配货设备

**情景导入**：公司接到一份订单,经理交给王明完成,订单的内容是将 600 箱饮料运送到客户所在地,要求快速且不能损坏货物。王明说:"没问题,但是需要和设备管理部门打好招呼,需要一些托盘和薄膜捆包机。"经理问:"需要什么样的托盘?多少个?"王明说:"一般的木制平托盘就可以了,托盘的规格和数量要看罐头箱的尺寸计算一下。薄膜捆包机的作用是可以防止箱体塌垛且防水。"经理说:"好的,通知设备部门给你配备。"
请思考:王明怎样来计算需要的托盘数量?

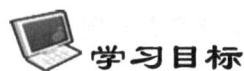

**【能力目标】**
1. 能够根据货物的不同合理选择托盘。
2. 能够根据包装箱的大小选择正确的组托方式。
3. 能够采用正确的方式紧固托盘货体。
4. 能够熟悉各种输送机和搬运车。

**【知识目标】**
1. 掌握托盘的类型和特点。
2. 掌握托盘货体码放的方式。
3. 掌握托盘货体紧固的方式。

**【工作任务】**
1. 画组托图。
2. 四种组托方式的实际操作。
3. 叉车和托盘的配套操作。

## 任务一　托盘

托盘作为物流运作过程中重要的装卸、储存和运输设备,与叉车配套使用在现代物流中发挥着巨大的作用。托盘可以实现物品包装的单元化、规范化和标准化,保护物品,方便物流和商流,给现代物流业带来了效益。作为一种集装设备,托盘现已广泛应用于生产、运输、仓储和流通等领域,托盘已成为与集装箱一样重要的集装方式,形成了集装系统的两大支柱。

### 一、托盘的概念和特点

1. 托盘的概念

中国国家标准《物流术语》对托盘(pallet)的定义是:用于集装、堆放、搬运、运输和放置作为单元负荷的货物和制品的水平平台装置。也就是说,托盘是为了使物品能有效地装卸、运输、保管,将其按一定数量组合放置于一定形状的台面上,这种台面有供叉车从下部叉入并将台板托起的叉入口。以这种结构为基本结构的平面台板和在这种基本结构基础上所形成的各种形式的集装器具可以统称为托盘。

2. 托盘的特点

(1) 自重量小,因而用于装卸、运输托盘本身所消耗的劳动较少。

(2) 返空容易,返空时占用动力很少。

(3) 装盘容易。装盘时,不需要像集装箱那样深入到箱体内部;装盘后可采用捆扎、紧包等技术处理,使用较为简便。

(4) 装载量适宜,组合量大,便于点数。托盘装载量虽较集装箱小,但以托盘为运输单位时,货运件数变少、体积重量变大,而且每个托盘所装数量相等,便于点数、理货交接,又可以减少货差事故。

(5) 保护性比集装箱差,露天存放困难,需要有仓库等配套设施。

## 二、托盘的种类

(一) 按托盘的结构分类

托盘按结构不同可以分为平托盘、箱式托盘、柱式托盘、轮式托盘及特种专用托盘。

1. 平托盘

平托盘是由双层板或单层板另加底脚支撑,无上层装置,在承载面和支撑面间夹以纵梁,构成可集装物料,并可使用叉车或搬运车等进行作业的托盘,如图 2-1-26 所示。

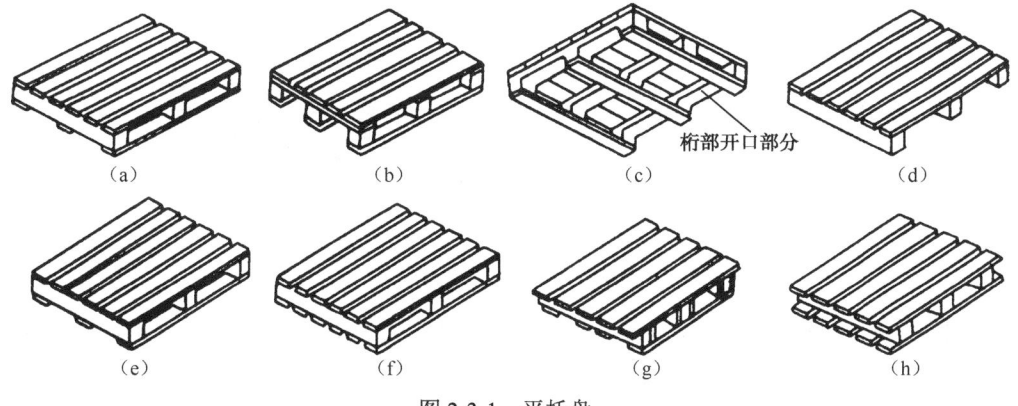

图 2-3-1 平托盘

2. 箱式托盘

箱式托盘是在一个平托盘上部安装平板状、网状等构造制成的箱形设备,可将形式不规则的物品集装,多用于散件或散状物品的集装。箱式托盘有固定式、可卸式和折叠式 3 种,一般下部可叉装,上部可吊装,并可进行堆码,如图 2-3-2 所示。

3. 柱式托盘

柱式托盘是在平托盘的 4 个角安装 4 根立柱后形成的,立柱可以是固定的,也可以是拆卸的。柱式托盘多用于包装件、桶装货物、棒料和管材等的集装,还可以作为可移动的货架、货位。柱式托盘的柱子部分用钢材制成,按柱子固定与否分为固定柱式和可卸柱式两种，如图 2-3-3 所示。

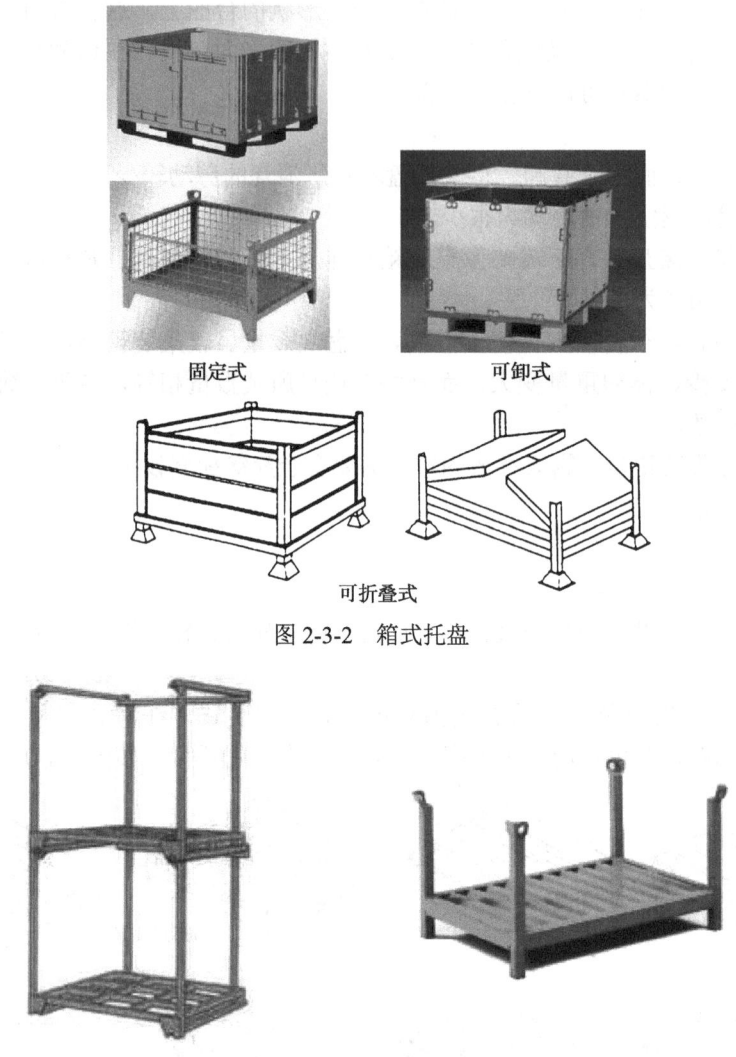

固定式　　可卸式

可折叠式

图 2-3-2　箱式托盘

图 2-3-3　柱式托盘

柱式托盘的主要作用，一是利用立柱支撑重量物，往高叠放；二是可防止托盘上放置的货物在运输和装卸过程中发生塌垛现象。

4．轮式托盘

轮式托盘的基本结构是在柱式、箱式托盘下部装有小型轮子，如图 2-3-4 所示。这种托盘也具有一般柱式、箱式托盘的优点，而且有很强的搬运性，常可利用轮子做小距离运动，而不需搬运机具。

5．特种专用托盘

由于托盘作业效率高、安全稳定，尤其在一些要求快速作业的场合，更突出托盘的重要性，所以除了上述具有通用性的、适合装多种中、小型及散包装货物以外，现在各国纷纷研制了多种多样的适合特殊要求的专用托盘，主要有：平板玻璃集装托盘，如图 2-3-5 所示；轮胎专用托盘，如图 2-3-6 所示；长尺寸货物储运托盘，如图 2-3-7 所示；油桶专用托盘；滑板托盘。

图 2-3-4　轮式托盘

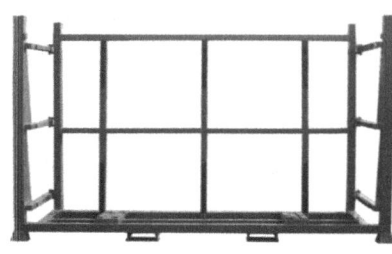

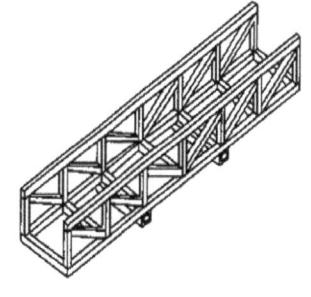

图 2-3-5　平板玻璃集装托盘　　图 2-3-6　汽车轮胎箱用托盘箱　　图 2-3-7　长件货物的储运托盘

（二）按托盘材质不同分类

按托盘材质不同，可以将托盘分为木托盘、塑料托盘、钢托盘、纸质托盘、铝托盘、胶合板托盘、冷冻托盘及复合托盘等多种。

问一问：各种托盘的区别有哪些？

（三）按托盘的适用性分类

托盘按适用性可以分为通用托盘和专用托盘。

三、托盘标准化

托盘标准化直接影响物流标准化进程和现代物流产业的运作成本，托盘标准是物流产业最为基础的标准。托盘标准化是实现托盘联运的前提，是实现物流机械和设施标准化的基础及产品包装标准化的依据。

在托盘的尺寸标准方面，现行托盘国际标准（ISO）有 1200mm×800mm、1200mm×1000mm、1140mm×1140mm、1016mm×1219mm、1100mm×1100mm、1067mm×1067mm 共 6 种尺寸。

目前，我国在《联运通用平托盘主要尺寸及公差》GB/T2934—2007 中，确定联运平托盘的两个外廓尺寸标准：1200mm×1000mm 和 1100mm×1100mm 两种。但 1200mm×1000mm 规格的托盘与集装箱、叉车以及货架的配合将会更好一些，所以优先推荐使用 1200mm×1000mm。

问一问：为什么要实行托盘标准化？

只要科学地选用托盘国际标准，就能保证各类企业最大限度地发挥现有物流设备的作业效率和存储空间,最大限度地发挥现有运载工具的载货效率,最大限度地节约物流器具、设备和设施的成本,不仅有利于降低物流成本,而且有利于调动大多数企业参与托盘标准化的积极性,有力地推动托盘标准化的进程。

### 四、托盘的使用

托盘的使用主要有以下三个方面。

#### (一)托盘的堆码

托盘堆码即将货物码放在托盘上。可以采取各种组合方式将同一形状的包装货物进行码垛,以保证有足够的稳定性。

1. 重叠式堆码

它是在托盘上将货物向一个方向并列、从最下层到最上层完全一致的堆码形式。其特点是货物的 4 个角上下对应,承载能力大,但由于各层货物之间未能啮合,使得货物间缺乏联系,容易引起垛间分离,货垛牢固性差。这种方式适用于货品底面积较大的情况,比较适合自动装盘操作,如图 2-3-8 所示。

2. 纵横交错堆码

该方式下相邻两层货物的摆放旋转 90°,一层横向放置,另一层纵向放置,层间纵横交错堆垛。与重叠式码放相似,该方式适合码放成方形垛,其特点是货物之间的相互交错增加了摩擦力,使得层间有一定的咬合性,货垛相对稳固,但咬合强度不高,比较适合自动装盘堆码操作,如图 2-3-9 所示。

3. 正反交错堆码

在同一层中,不同列的货物以 90°垂直码放,相邻两层货物码放形式旋转 180°,不同层间咬合强度较高,相邻层次之间不重逢,稳定性较高,但是操作比较麻烦,人工操作速度慢,如图 2-3-10 所示。

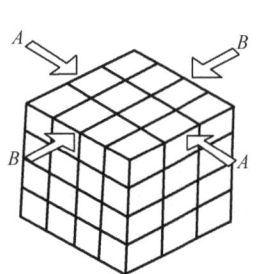

图 2-3-8 重叠式堆码

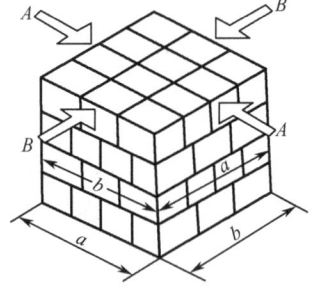

图 2-3-9 纵横交错堆码

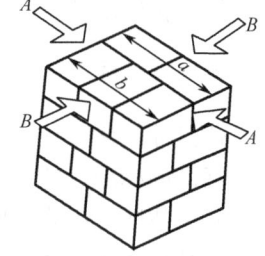

图 2-3-10 正反交错堆码

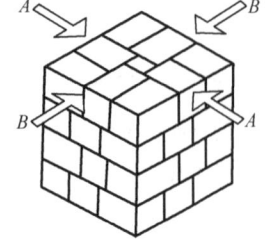

图 2-3-11 旋转交错堆码

4. 旋转交错堆码

在该方式下,第一层相邻的两个包装体都互为 90°,两层之间的堆码相差 180°。每层货物间的堆码总体上呈风车形,而层间货物互相咬合交叉。由于每两层货物间的交叉,使得货物便于码放成正方形垛,货垛更加稳固,托盘货体稳定性高;缺点是码放难度加大,且中间形成空穴,托盘表面积的利用率降低,托盘装载能力下降,如图 2-3-11 所示。

## （二）托盘的加固方法

对托盘上的货物进行加固是为了保证货物更加具有稳定性，防止塌垛。

### 1．捆扎

用绳索、打包带等对托盘货体进行捆扎以保证货体稳定，如图2-3-12所示。

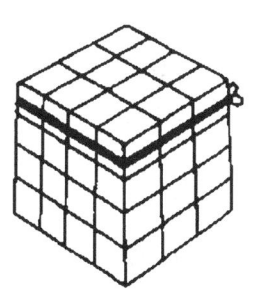
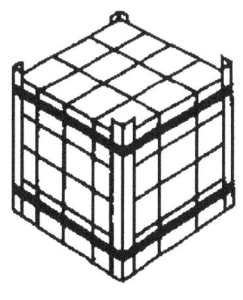

图2-3-12　捆扎

### 2．粘合加固

货垛层间用胶水或双面胶条粘合，防止层间滑动散垛，如图2-3-13所示。

### 3．框架加固

将框架加在托盘货物相对的两面或四面后进行捆扎，增大货体刚性和稳定性，如图2-3-14所示。

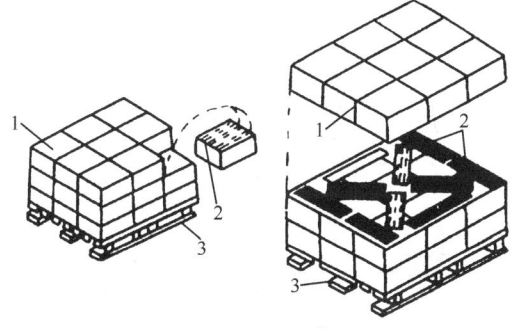
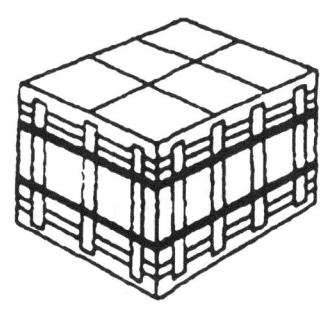

图2-3-13　粘合加固　　　　　　　　图2-3-14　框架加固

### 4．网罩加固

主要用于装有同类货物托盘的紧固，如图2-3-15所示。

### 5．专用金属卡固定

在货体上部用专用金属夹卡卡住包装物，防止散垛，如图2-3-16所示。

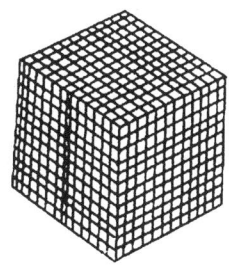
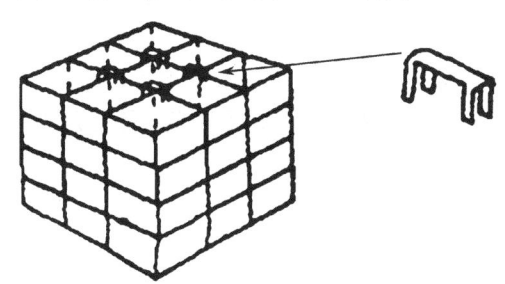

图2-3-15　网罩加固　　　　　　　　图2-3-16　专用金属卡固定

#### 6．中间夹摩擦材料紧固

将具有防滑性的纸板、纸片或软塑料片夹在各层货体间，增大摩擦力，防止货体散垛，如图 2-3-17 所示。

#### 7．收缩薄膜紧固

将热缩薄膜套在货体上，进行热缩处理收紧货体，如图 2-3-18 所示。

图 2-3-17　中间夹摩擦材料紧固

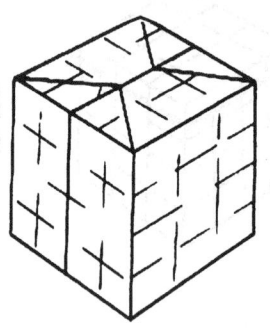

图 2-3-18　收缩薄膜紧固

#### 8．拉伸薄膜紧固

用拉伸薄膜将货物和托盘一起缠绕包裹紧固，如图 2-3-19 所示。

#### 9．平托盘周边垫高紧固

将平托盘四边稍垫高，货物向中心靠拢，如图 2-3-20 所示。

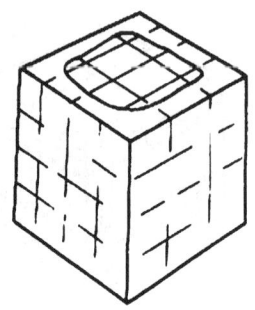

图 2-3-19　拉伸薄膜紧固

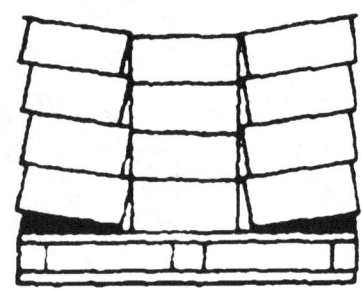

图 2-3-20　平托盘周边垫高紧固

### （三）使用托盘应注意的事项

（1）不是所有货物都可以用托盘运输。

（2）必须符合托盘积载的规定。

（3）每一托盘货载，必须捆扎牢固以具有足够的强度、稳定性和平衡性。

（4）货物以托盘运输时，必须在所有运输单证上注明"托盘运输"字样。

（5）叉车叉取托盘时，叉齿要保持水平，不应上下倾斜。

（6）叉车必须对准叉孔，垂直于托盘，不应斜着进出托盘。

（7）严禁甩扔空盘。

（8）不准用叉齿推移、拖拉托盘。

（9）空托盘应用叉车整齐叠放，避免碰撞和日晒雨淋。

（10）如用绳索捆扎货物，捆扎方向应与边板平行。

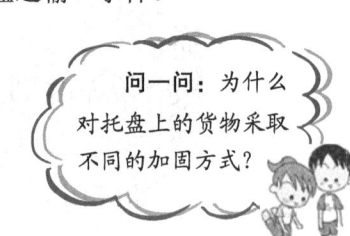

问一问：为什么对托盘上的货物采取不同的加固方式？

**知识链接：货物组托**

1. 组托过程的基本要求
（1）堆码整齐、货物堆码后4个角均可呈一条直线。
（2）生产厂家不混堆、生产批号不混堆。
（3）旋转交错、缺口留中，整齐牢固。
（4）不能超出货架规定高度。
2. 组托方式的计算
（1）计算托盘每层最大摆放数量。已知标准托盘尺寸 1000mm×1200mm；货物尺寸 Lmm×Wmm。
（2）计算托盘堆码的高度：货架高度 Hmm；货物高度 hmm。
（货架每层高度-货架横梁高度-托盘高度-叉车上架作业空间）=码放层数
（3）画出每层的摆放示意图。
（4）如果是整托，每层货物摆放数量一致；如果是散托，注意最后一层货物的摆放方式。
3. 示意图的绘制步骤
（1）计算（如前），包括所需托盘总数，整托每托货物数量，散托货物数量；每层货物摆放方式。
（2）用文档工具或专业绘图工具绘制示意图，托盘尺寸和货物尺寸按比例绘制，并在图中标识。
（3）为示意图配上合适的文字说明。

 **任务实施与评价**

1. 任务实施

（1）任务准备：

**某企业的商品入库单**

| 序号 | 商品条码 | 商品名称 | 包装规格（mm）（长×宽×高） | 重量（kg） | 入库数量（箱） | 限制堆码层数 |
|---|---|---|---|---|---|---|
| 1 | 6901584061237 | 冠军方便面 | 600*400*150 | 59 | 10 | 5 |
| 2 | 6932010061815 | 兴华苦杏仁 | 455*265*285 | 12 | 26 | 5 |
| 3 | 6920855784129 | 美心蜂蜜 | 395*245*180 | 19 | 25 | 2 |
| 4 | 6901584061237 | 张裕干红葡萄酒 | 415*315*250 | 17 | 18 | 3 |

托盘尺寸：标准托盘：塑料"川"字形托盘，1200mm×1000mm×150mm，150个。
货架：3层，2排，2×2货位（标准货位）货位参考尺寸：L2300mm×W900mm×H1230mm，5组。

71

（2）任务要求：

① 根据上述资料画组托图。

② 根据所画的组托图进行实际操作，掌握托盘货体的码放方式。

③ 知道在整个操作过程中需要准备哪些托盘作业配套设备。

④ 手动液压托盘搬运车的操作。

## 2. 任务评价

任务评价表

| 考核标准 | 【组托图30%】 | | 【托盘的码放45%】 | 【规定时间内10%】 | | 【正确性15%】 | |
|---|---|---|---|---|---|---|---|
| 评价方法 | 1．考核内容：组托图的画法和托盘码放的实际操作能力 ||||||||
| | 2．考核方法 |||||||
| | 评价主体 | 分值 | 小组平均得分 | 成员姓名_____ | 成员姓名_____ | 成员姓名_____ | 成员姓名_____ | 成员姓名_____ |
| | 学生自评 | 20 | | | | | | |
| | 学生互评 | 30 | | | | | | |
| | 教师评价 | 50 | | | | | | |
| | 【学生本次任务成绩】_____<br>教师：<br>日期： ||||||||

# 任务二 其他设备

## 一、输送机

输送机械是在一定的线路上连续不断地沿同一方向输送物料的物料搬运机械，装卸过程无须停车，因此生产率很高。皮带类型的输送机械常称为传送带，其他类型则称为连续输送机。输送机械以完成水平物品运输功能为主，兼有一定垂直运输作业，工作对象为小型件及散状物品居多。输送机械输送能力大，运距长，结构简单，还可在输送过程中同时完成若干工艺操作，所以应用范围十分广泛。输送机械既可进行倾斜输送，也可组成空间输送线路，输送线路一般是固定的。主要有以下几种。

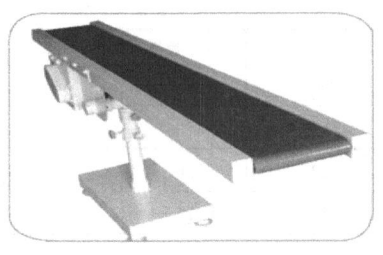

图 2-3-21　皮带输送机

（一）皮带输送机

皮带输送机常称为传送带，是用输送带作承载和牵引构件的输送机械，它利用物品与皮带之间的摩擦力来输送各种轻量或中量的规则或不规则形状的物品，如图 2-3-21 所示。

（二）链条式输送机

链条式输送机有许多种类型，最简单的链条式输送机由两根套筒辊子链条组成。链条由驱动链轮牵引，链条下面有导轨，支撑着链条上的套筒辊子。货物直接压在链条上，随着链条的运动向前移动，如图 2-3-22 所示。

图 2-3-22　链条式输送机

（三）辊子输送机

辊子输送机是一种使用最为广泛的输送机械，如图 2-3-23 所示。它由一系列以一定的间隔排列的辊子组成，用于输送成件货物或托盘货物，辊柱在动力驱动下带动其上置物料移动；也可在无动力情况下，由人力或依靠重力运送物料。辊子输送机是成件物料运输中最常用的一种输送机械。物料在辊子输送机搬运系统上可同时完成焊接、装配、测试、称量、包装、储运和分检等各类工艺作业。物料也可在某些区段短暂停留积放，不影响输送线中其他部分的正常工作。

辊子输送机结构简单，运行可靠，维修量少，布置灵活，营运经济，适应性强，成本低，承载能力大，因而搬运大而重的物件较为容易，常用于搬运托盘集装货物和包装货物。

（四）悬挂式输送机

悬挂式输送机的结构是一种由牵引链形成的空间封闭运输线路，用于车间内部或各个车间之间，工件物品的流水连续输送，在流水连续输送过程中，可以进行工件的各种顺序工艺作业，如图 2-3-24 所示。

图 2-3-23　辊子输送机　　图 2-3-24　悬挂式输送机

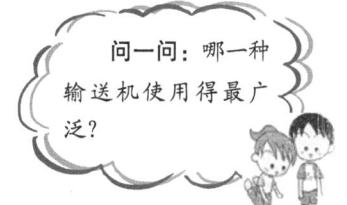

问一问：哪一种输送机使用得最广泛？

## 二、搬运车辆

（一）手推车

手推车是一种以人力为主，在路面上水平输送物料的搬运车。其特点是价廉、轻巧、易操作、回转半径小，适于短距离搬运轻型物料。因运输物料的种类、性质、重量、形状、行走线路条件及作业内容不同，可选用不同类型的手推车。在选择和使用手推车时,首先应考虑物料的形状及性质。当搬运多品种货物时,应考虑采用通用型的手推车;当搬运单一品种货物时,则应尽量选用专用手推车,以提高作业效率。其次还要考虑输送量及运距,由于手推车是以人力为动力的搬运工具,运距和载重量不宜太大,主要用于仓库内外的物料装卸或车间内各工序间的搬运作业,如图2-3-25所示。

图 2-3-25　手推车

### (二)托盘搬运车

托盘搬运车是一种轻小型搬运设备,它有两个货叉似的插腿,可插入托盘自由叉孔内。插腿的前端有两个小直径的行走轮,用来支撑托盘货物的重量。货叉通过液压或机械传动可以抬起,使托盘或货箱离开地面,然后使之行走。这种托盘搬运车广泛应用于仓库内外的物料装卸或车间内各工序间的搬运作业。

**1．手动托盘搬运车**

在使用手动托盘搬运车时,将其承载的货叉插入托盘孔内,由人力驱动液系统来实现托盘货物的起升和下降,并由人力拉动完成搬运作业。它的费效比很高,是日常托盘运输中最常见的装卸搬运工具,如图2-3-26所示。

图 2-3-26　手动托盘搬运车

**2．电动托盘搬运车**

电动托盘搬运车由外伸在车体前方的、带脚轮的支腿来保持车体的稳定,在正上方可以做微起升,使托盘货物离地进行搬运作业。根据司机运行方式分为步行式电动托盘搬运车、站驾式电动托盘搬运车、座驾式电动托盘搬运车。由于它作业时安静、不起尘,所以被大量应用于库房内部或车间内的物料搬运,如图2-3-27所示。

**3．固定平台搬运车**

固定平台搬运车是电动搬运车中最普通、最常用、最主要的车种,是具有较大承载物料平台的搬运车。相对承载而言,承载平台离地低,装卸方便;结构简单、价格低;轴距、轮距较小,作业灵活等,一般用于库房内、库房与库房之间、车间与车间之间、车间与仓库之间的运输,根据动力不同可分为内燃型和电瓶型,如图2-3-28所示。

模块二 仓储设施设备

图 2-3-27 电动托盘搬运车

图 2-3-28 固定平台搬运车

问一问：日常托盘运输中最常见的装卸搬运工具是哪种？

### 三、分拣设备

分拣是指将一批相同或不同的物品，按照不同的要求（如物品的品种、发运目的地、客户等）分别拣出，进行配送或发运。随着经济的发展，流通趋于小批量、多品种和及时制，商品交易的"小批量、多批次"日趋明显，分拣系统成为配送中心一种重要的物流设施，如图 2-3-29 所示。

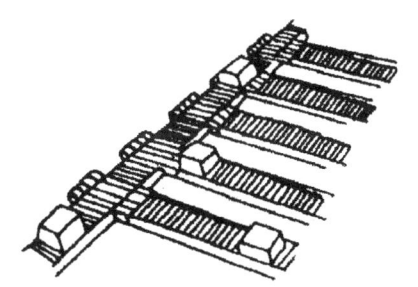

升降推出式分选机

自动拣选系统

电子标签拣选系统

图 2-3-29 分拣设备

问一问：如何安全高效环保地使用仓储设备？

知识链接：常用的分拣设备

| 设备各类 | 工作流程 |
|---|---|
| 侧推式分拣设备 | 货物分拣时由分拣装置直接去推、挡物品，强制物品离开主线进入分流输送线。 |
| 导向式分拣设备 | 利用浮起链条、传送带、滚筒或轮子等把被分流货物抬离主输送线，而引导流入分流输送系统中。 |
| 滑块式分拣设备 | 利用滑块在输送机的滑杆上前后滑动来推移分流货物，从而达到分流目的。 |
| 斜带式分拣设备 | 货物在倾斜带上输送前进，到分流位置时，倾倒盘倾斜打开，使物品滑离主输送线而实现分流作业。 |
| 倾倒板式分拣设备 | 当物品到达分流位置时，倾倒板突然向上转动，把物品倾倒出来。这种分拣方法效率高，每分钟可达200次左右，但是对物品冲击大，要求物品在分拣之后没有方位要求。 |
| 落入式倾斜分拣设备 | 当物品从主输送线来到分拣位置时，分拣设备突然抬起来，物品自然落入分流线的滑槽中。 |

任务实施与评价

### 1. 任务实施

（1）查阅相关资料，了解目前主要的仓储机械设备及功能；
（2）了解仓储设备的市场价格。

### 2. 任务评价

任务评价表

| 考核标准 | 【报告完整性70%】 | 【资料准确性20%】 | 【团队精神10%】 | | | | |
|---|---|---|---|---|---|---|---|
| 评价方法 | 1. 考核内容：组托图的画法和托盘码放的实际操作能力 | | | | | | |
| | 2. 考核方法 | | | | | | |
| | 评价主体 | 分值 | 小组平均得分 | 成员姓名_____ | 成员姓名_____ | 成员姓名_____ | 成员姓名_____ |
| | 学生自评 | 20 | | | | | |
| | 学生互评 | 30 | | | | | |
| | 教师评价 | 50 | | | | | |
| | 【学生本次任务成绩】_____ 教师： 日期： | | | | | | |

# 项目四　自动化立体仓库

**情景导入**：随着公司订单的不断增加，每天所需要挑拣、整理的货物很多，如果使用人工挑拣，需花费时间很多，无法及时将货物送至客户手中。现公司需要面积较大的仓库存货，经理对于自动化立体仓库并不是很了解，所以让新入职的王明介绍一下自动化立体仓库的作用和好处。请问：王明应该从哪些方面入手呢？

**学习目标**

【能力目标】
能够熟知自动化立体仓库各种设备的工作原理和工作流程。

【知识目标】
1．掌握自动化仓库的概念。
2．了解自动化立体仓库的优缺点。
3．熟悉自动化立体仓库的组成。

【工作任务】
能够在实训室熟练地进行模拟操作。

**案例导入**：海尔物流和立体库

海尔集团公司分析发现，在整个生产过程中，最受制约的就是仓储，即原材料和零部件的仓储和配送，所以海尔选择了以下突破口。

在青岛海尔信息园里建了一座机械化的立体库，在黄岛开发区建了一座全自动的立体库。立体库的效果在国内因人工成本低、地皮大而被质疑。

但海尔的事实是，黄岛立体库长 120m、宽 60m，仓储面积 5400m²，立体库有 9168 个标准托盘位，托盘是 1.2m×1m 的；立体库的建筑高度是 16m，放货的高度可到 12.8m，每天进出的托盘达到 1200 个，实际能力是 1600 个。海尔立体库的主要作用如下。

第一个作用是降低成本。5400m² 取代了原来 65000m² 的外租库，而且由于使用了计算机系统，管理人员从原来的 300 多人降为 48 人。通过减少外租库的租金、外租库到车间的来回费用，一年节省工人工资约 1200 万元。

第二个作用是降低了物料的库存。因为海尔在计算机系统中进行了设定，比如只允许存放 7 天的料，超过 7 天不进，从而使整个库存量下降。当时空调事业部就是一个典型的例子，大约 3 个月，从 9 月到 12 月降了 1.4 亿台。

第三个作用是深化了企业物流系统的规划。因为立体库使用后是两翼推动：一是海尔要求所有的分供方按照标准化的模式送货，所有的装卸、储存设备都是标准化的托盘和标准的周转箱——以往都是纸箱。纸箱的坏处在于，产品的零部件容易压坏，上线的时候还要倒箱，多次倒箱会增加人工拣选工序，无法保证产品质量。现在采用统一的产品包装后，从分供方的厂里到海尔的生产线整个过程不用倒箱。对车间也是一样，以往车间的效果是脏、乱、差，使用标准箱之后，全部是叉车作业标准化。立体库对两方都产生了有利的作用，对分供方有利，对海尔内部的整个物流的推进也很重要。二是立体库具有灵活性和扩展性。刚开始设计立体库的目的只是放空调，但是通过计算机系统管理以后，发现只占很少的库容，所以公司马上将冰箱、洗衣机、计算机全部放进去，立刻减少了这些厂的外租库，整体效果非常明显。

立体库虽有很多好处，但并不一定非要建立体库，如果在车间旁搭立体货架，也可以节约车间宝贵的生产面积，使每一寸土地都能得到充分利用。

**思考：**

1. 什么是自动化立体仓库？
2. 自动化立体仓库由哪些部分构成？
3. 自动化立体仓库有哪些优点？

# 任务一　认识自动化立体仓库

自动化立体仓库是仓储行业出现的新概念。随着技术的进步，企业应脱离人工运输的模式，利用机械设备高效存储运输，从而使企业更好地发展。

### 一、自动化立体仓库的概念

自动化高层货架仓库是指用高层货架储存货物，以巷道堆垛起重机配合周围其他装卸搬运系统进行存取出入库作业，并由计算机全面管理和控制的一种自动化仓库。自动化高层货架仓库又称自动化立体仓库。

1959年，第一座高层货架仓库出现于美国，高8.5m，使用由司机操纵的巷道堆垛起重机。1962年，联邦德国把计算机控制技术应用到高层货架，建成第一座自动化仓库。由于它有许多显著的优点，所以被工业发达国家竞相发展。特别是日本，在1965年建设第一座立体仓库后，平均每年以200座的速度大规模兴建，到1986年它已拥有大小立体仓库5800座，占世界总数一半以上。

我国从20世纪70年代中期起，也进行了高层货架仓库的试点工作。工业系统以郑州纺机厂和北京汽车制造厂为起点，在上海宝钢、石化等厂陆续设计建造了规模大小不等的高层货架仓库，多用于模具备件、零部件库和中间库。

自动化立体仓库已经进入智能储运阶段。目前，人们在人工智能及物料储运领域中的专家系统的技术方面正进行着大量的工作。例如，将专家系统应用于自动导引车和单轨系统，使它们具有确定线路和合理的运行决策。仓储设备的智能化和自动识别系统、多媒体技术和专家系统的应用提升了系统的整个仓储环节的效率和适应范围。

### 二、自动化立体仓库的分类

自动化立体仓库作为一种特定的仓库类别，可以按照不同的标准进行分类。

1. 按照立体仓库的高度分类

（1）低层立体仓库。低层立体仓库的高度在5m以下。

(2) 中层立体仓库。中层立体仓库的高度在 5~15m 之间。

(3) 高层立体仓库。高层立体仓库的高度在 15m 以上。

立体仓库的建筑高度最高可达 40m，常用的立体仓库高度在 7~25m 之间，如图 2-4-1 所示。

图 2-4-1　立体仓库

2．按照操作对象的不同分类

（1）托盘单元式自动仓库。是采用托盘集装单元方式来保管物料的自动仓库，也是目前自动仓库应用最广泛的形式之一。

（2）箱盒单元式自动仓库。采用箱盒单元方式来保管物料的自动仓库。箱盒单元货物要比托盘单元物料尺寸小，重量轻，适用于存放小型物料，以及一次入出库量较少的自动仓库。

（3）拣选式高层货架仓库。以拣选式巷道堆垛起重机和高层货架为主组成的仓库。拣选式巷道堆垛起重机没有货叉伸缩机构，而带有司机升降、拣选的司机室和作业平台。适用于多品种小件物品的零星入出库作业。

（4）单元—拣选式高层货架仓库。以同单元—拣选式巷道堆垛起重机和高层货架为主组成的高层货架仓库。堆垛起重机既有货叉的伸缩机构，又有随载货台一起升降的司机室，既能实现单元托盘货物的入出库作业，又能实现零星的拣选作业。

（5）高架叉车仓库。以高架叉车和高层货架为主组成的仓库。因为高架叉车向运行方向两侧进行堆垛作业时，车体无须直角转向，而使前部的门架或货叉做直角转向及侧移，从而使作业通道大大减少。此外，高架叉车的起升高度比普通叉车要高，从而大大提高了仓库面积和空间利用率。高架叉车又称无轨堆垛机，与有轨堆垛机相比，可多巷道共用一台，适用于巷道高度较短，入出库作业频率较低的仓库。

3．按照储存物品特性进行分类

（1）常温自动化立体仓库。温度一般限制在 5~40℃，相对湿度限制在 90% 以下。一般来说，为防止夏天产生高温导致仓储的物品变质，除了必须要有通风系统外，其屋顶、墙壁都需要覆盖隔热、防火材料。

（2）低温自动化立体仓库。它包括：

① 恒温自动化仓库。要求低温、低湿度，依据其存放物品对于温度的要求设计。除了

内部空气不与外界直接对流外,其余大致与常温立体仓库相当。

② 冷藏自动化立体仓库。低温温度必须在 0~5℃之间,主要用作蔬菜和水果的储存。与恒温空调仓库相类似,要求较高的相对湿度控制。

③ 冷冻自动化立体仓库。一般为-2~-35℃的急速冷冻。

(3) 防爆型自动化立体仓库。主要以存放具有挥发性或易于燃爆的物品为主,所以其系统中使用的电气照明设备等,必须考虑其功能按照不同的防爆等级设计,因此会有不同的造价。

(4) 无尘自动化立体仓库。主要用于计算机芯片、磁带、录像带等防尘要求较高物品的存取。

### 三、自动化立体仓库的优缺点

1. 优点

(1) 采用高层货架存储,提高了空间利用率及货物管理质量。

(2) 仓库作业全部实现机械化和自动化,一方面能大大节省人力,减少劳动力费用的支出,另一方面能大大提高作业效率。

(3) 采用计算机进行仓储管理,可以方便地做到"先进先出",并可防止货物自然老化、变质、生锈,也能避免货物的丢失。

(4) 货位集中,便于控制与管理,特别是使用电子计算机,不但能够实现作业的自动控制,而且能够进行信息处理。

(5) 能更好地适应黑暗、低温、有毒等特殊环境的要求。例如,胶片厂把胶片卷轴存放在自动化立体仓库里,在完全黑暗的条件下,通过计算机控制可以实现胶片卷轴的自动出入库。

(6) 采用托盘或货箱存储货物,货物的破损率显著降低。

2. 缺点

(1) 结构复杂,配套设备多,需要的基建和设备投资高。

(2) 货架安装精度要求高,施工比较困难,而且施工周期长。

(3) 储存货物的品种受到一定的限制,对于长、大、笨重货物以及要求特殊保管条件的货物必须单独设立储存系统。

(4) 在库管理和技术人员要求较高,必须经过专门培训才能胜任。

(5) 工艺要求高,包括建库前的工艺设计和投产使用中按工艺设计进行作业。

(6) 弹性较小,难以应对储存高峰的要求。

(7) 维护保养要求高。

(8) 必须与采购管理系统、配送管理系统以及销售管理系统等相结合,这些配套的系统建设和运行维护的成本太高。

问一问:自动化立体仓库的发展特点是怎样的?

### 四、自动化立体仓库的组成

自动化立体仓库的组成如图 2-4-2 所示。

1. 高层货架

高层货架是立体仓库的主要构筑物。货架的高度是自动化立体仓库的主要参数,直接决定了仓库的运营成本。高层货架仓库的主要特征是货架高密度,高度和长度较大,排列较多,巷道较窄。典型的高层货架仓库的高度多在 10~30m 之间,少数超过 30m,最高 40m,日本一些小型立体仓库的高度有的也在 20m 以下。按照高度可将仓库分为低层立体仓库(<5m)、中层立体仓库(5~10m)和高层立体仓库(≥15m)。国内现有高层货架的高度多在 10~20m 之间,一般认为这一高度是比较经济的,如图 2-4-3 所示。

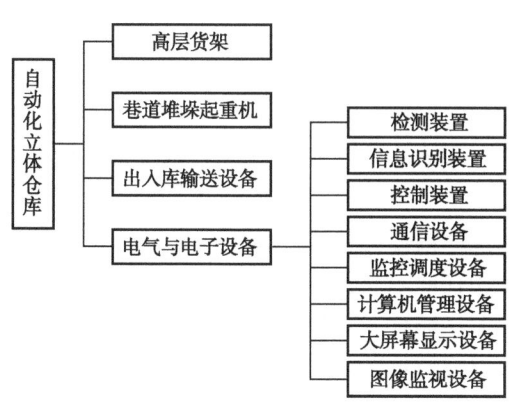

图 2-4-2 自动化立体仓库的组成

图 2-4-3 高层货架

2．巷道式堆垛机

巷道式堆垛机是立体仓库中最重要的运输设备,如图 2-4-4 所示。它是随着立体仓库的出现而发展起来的专用起重机,主要用途是在高层货架的巷道内来回穿梭运行,将位于巷道口的货物存入货格,或者相反,取出货格内的货物运送到巷道口。

 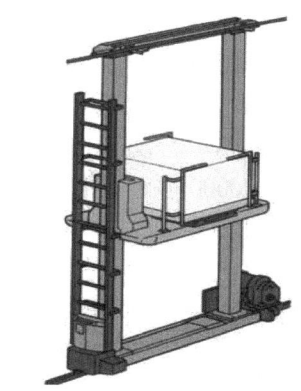

图 2-4-4 巷道式堆垛机

3．出入库输送设备

出入库输送设备可根据货物的特点采用传送带输送机、机动辊道、链传动输送机等,主要将货物输送机送到堆垛机上下料位置和货物出入库位置,一般由传送带输送机、机动辊道、链传动输送机或自动导引小车(AGV)等设备组成。

4．电气与电子设备

自动化仓库中的电气与电子设备主要指检测装置、信息识别装置、控制装置、通信设备、监控调度设备、计算机管理设备以及大屏幕显示、图像监视等设备。

此外,还有一些特殊要求的自动化仓库。例如,对于储存冷冻食品的立体仓库,要求对环境温度进行检测和控制；储存感光材料的立体仓库，要使整个仓库内部完全黑暗，以免感光材料失效而造成产品报废；储存某些药品的立体仓库，对仓库的温度、气压等均有一定要求，因此，需要进行特殊处理。

 **知识链接：自动化立体仓库的功能**

自动化立体仓库区别于其他普通仓库的功能是大量储存和自动存取。

（1）大量储存。一般一个自动化立体仓库的货架高度在 15m 左右，最高达 44m，拥有货位可达 30 万个，可储存 30 万个托盘，以平均每托盘货物重 1t 计算，则一个自动存取系统可同时储存 30 万吨货物。

（2）自动存取。自动化立体仓库的出入库及库内搬运作业全部实现由计算机控制的机电一体化，即自动化。仓库工作人员只负责货物存取系统的操作、监控、维护等，只要操作员给系统以出库拣选、入库分拣、包装、组配、储存等作业指令，该系统就会调用巷道堆垛机、自动分拣机、自动导向车及其配套的周边搬运设备协同动作，完全自动地完成各种作业，在这一系统中凝结着大量现代的信息技术。

 **任务实施与评价**

### 1. 任务实施

（1）任务准备：

#### 正泰集团采用自动化立体仓库提高物流速度

正泰集团是中国目前低压电器行业最大的销售企业之一，主要设计制造各种低压工业电器、部分中高压电器、电气成套设备、汽车电器、通信电器、仪器仪表等，其产品达 150 多个系列、5000 多个品种、20000 多种规格。"正泰"商标被国家认定为驰名商标。该公司 2008 年销售额达 180 亿元，集团综合实力被国家评定为全国民营企业 500 强第 5 位。在全国低压工业电器行业中，正泰首先在国内建立了 3 级分销网络体系，经销商达 1000 多家。同时，建立了原材料、零部件供应网络体系，协作厂家达 1200 多家。这对公司的物流系统提出了非常高的要求。考虑再三，正泰集团建设了自动化立体仓库，以解决越来越严峻的物流问题。

① 立体仓库的功能。

正泰集团自动化立体仓库是公司物流系统中的一个重要部分。它在计算机管理系统的高度指挥下，高效、合理地储存各种型号的低压电器成品。准确、实时、灵活地向各销售部门提供所需产成品，并为货物采购、生产调度、计划制订、产销衔接提供了准确信息。同时，它还具有节省用地、减轻劳动强度、提高物流效率、降低储运损耗、减少流动资金积压等功能。

② 立体仓库的工作流程。

正泰立体库占地面积达 1600m²（入库小车通道不占用库房面积），高度近 18m，3 个巷道（6 排货架）。作业方式为整盘入库，库外拣选。

③ 立体库主要设施。

● 托盘。所有货物均采用统一规格的钢制托盘，以提高互换性，降低备用量。此种托盘能满足堆垛机、叉车等设备装卸，又可在输送机上平衡运行。
- 高层货架。采用特制的组合式货架，横梁结构。该货架结构美观大方，省料实用，易安装施工，属于一种优化的设计结构。
- 巷道式堆垛机。根据本仓库的特点，堆垛机采用下部支承、下部驱动、双方柱形的结构。该机在高层货架的巷道内按 X、Y、Z 三个坐标方向运行，将位于各巷道口入库台的产品存入指定的货格，或将货格内产品运出并送到巷道口出库台。该堆垛机动性设计与制造严格按照国家标准进行，并对结构强度和刚性进行精密计算，以保证机构运行平稳、灵活、安全。堆垛机配备安全运行机构，以杜绝偶发事故。其运行速度为 4～80m/min（变频调速），升降速度为 3～16m/min（双速电机），货叉速度为 2～15m/min（变频调速），通信方式为红外线，供电方式为滑触导线方式。

在此基础上，正泰集团实现了对库存货物的优良管理，降低了货物库存周期，提高了资金的周转速度，减少了物流成本和管理费用。自动化立体仓库作为现代化的物流设施，对提高公司的仓储管理水平无疑具有重要的作用。

（2）任务要求：
① 现代化的物流设施对提高仓储管理水平具有怎样重要的作用？
② 正泰集团的仓库都有哪些物流设施和设备？为何如此配备？

## 2. 任务评价

**任务评价表**

| 考核标准 | 【内容完整性60%】 | | 【规定时间内10%】 | | 【积极发言30%】 | | | |
|---|---|---|---|---|---|---|---|---|
| 评价方法 | 1. 考核内容：自动化立体仓库各种设备的工作原理和工作流程 | | | | | | | |
| | 2. 考核方法 | | | | | | | |
| | 评价主体 | 分值 | 小组平均得分 | 成员姓名_____ | 成员姓名_____ | 成员姓名_____ | 成员姓名_____ | 成员姓名_____ |
| | 学生自评 | 20 | | | | | | |
| | 学生互评 | 30 | | | | | | |
| | 教师评价 | 50 | | | | | | |
| | 【学生本次任务成绩】_____ 教师： 日期： | | | | | | | |

## 练习与自测

### 一、单选题

1. 仓库中用于存储货物的主要建筑，多采用封闭方式的是（    ）。

A．库房 B．货棚 C．露天货场 D．普通仓库

2．用于堆存不怕雨淋、风吹货物的仓库是（　　）。
A．库房 B．货棚 C．露天货场 D．普通仓库

3．主要用于存放对自然环境要求不高、受自然温湿度影响较小的笨重商品及经得起风雨或日晒的商品的仓库是（　　）。
A．库房 B．货棚 C．露天货场 D．普通仓库

4．办公室、车库、修理间、装卸工人休息间、装卸工具储存间等建筑物属于（　　）。
A．仓库主体建筑 B．仓库辅助建筑 C．仓库辅助设施 D．仓库设备

5．叉车属于（　　）。
A．装卸堆垛设备 B．成组搬运工具 C．搬运传送设备 D．机器设备

6．托盘属于（　　）。
A．装卸堆垛设备 B．成组搬运工具 C．搬运传送设备 D．机器设备

7．各种类型的货架、货橱属于（　　）。
A．装卸搬运设备 B．保管设备 C．计量设备 D．养护检验设备

8．我国优先推荐使用的托盘的尺寸是（　　）。
A．1200mm×800mm B．1200mm×1000mm
C．1100mm×1100mm D．1067mm×1067mm

9．在托盘上将货物向一个方向并列、从最下层到最上层完全一致的堆码形式是（　　）。
A．重叠式堆码 B．纵横交错堆码 C．正反交错堆码 D．旋转交错堆码

10．相邻两层货物的摆放旋转90°，一层横向放置，另一层纵向放置，层间纵横交错堆垛的堆码形式是（　　）。
A．重叠式堆码 B．纵横交错堆码 C．正反交错堆码 D．旋转交错堆码

11．在同一层中，不同列的货物以90°垂直码放，相邻两层货物码放形式旋转180°的堆码形式是（　　）。
A．重叠式堆码 B．纵横交错堆码 C．正反交错堆码 D．旋转交错堆码

12．第一层相邻的两个包装体都互为90°，两层之间的堆码相差180°。每层货物间的堆码总体上呈风车形，而层间货物互相咬合交叉的堆码形式是（　　）。
A．重叠式堆码 B．纵横交错堆码 C．正反交错堆码 D．旋转交错堆码

13．下列可充分利用仓库空间，提高库容利用率，扩大仓库储存能力的是（　　）。
A．叉车 B．托盘 C．货架 D．起重机

14．适用于人工存取作业，每层载重量在150kg以下的是（　　）。
A．轻型货架 B．中型货架 C．重型货架 D．层格式货架

15．每层的承重在200～400kg之间的是（　　）。
A．轻型货架 B．中型货架 C．重型货架 D．层格式货架

16．每层载重量在500kg以上的是（　　）。
A．轻型货架 B．中型货架 C．重型货架 D．层格式货架

17．用来存放刀具、量具、精密仪器、药品的是（　　）。
A．轻型货架 B．中型货架 C．重型货架 D．抽屉式货架

18. 主要用于储存整批纸箱包装商品和托盘货物,能保证货物先进先出的是（　　）。
A．移动式货架　　　　　　　　　　　B．悬臂式货架
C．重力式货架　　　　　　　　　　　D．驶入/驶出式货架

19. 密集布置,高度最大可达10m,库容利用率可达90%。适用于在大批量、少品种的配送中心使用的是（　　）。
A．移动式货架　　　　　　　　　　　B．悬臂式货架
C．重力式货架　　　　　　　　　　　D．驶入/驶出式货架

20. 工业搬运车辆中应用最广泛、数量最多的是（　　）。
A．平衡重式叉车　　B．插腿式叉车　　C．前移式叉车　　D．侧面式叉车

21. 主要用于长料货物的搬运,适合于窄通道作业的是（　　）。
A．平衡重式叉车　　B．插腿式叉车　　C．前移式叉车　　D．侧面式叉车

22. 以间歇作业方式对物品进行起升、下降和水平移动的搬运设备是（　　）。
A．叉车　　　　　　B．托盘　　　　　C．货架　　　　　D．起重机

## 二、多选题

1. 仓库的主体建筑分为（　　）三种。
A．办公室　　　　　B．库房　　　　　C．货棚　　　　　D．货场

2. 仓储设备按其用途和特征可以分成（　　）,以及通风照明设备、消防安全设备、劳动防护设备及其他用途设备和工具等。
A．装卸搬运设备　　B．保管设备　　　C．计量设备　　　D．养护检验设备

3. 仓储设备管理工作包括的内容有（　　）。
A．设备的技术管理　　　　　　　　　B．设备的经济管理
C．设备的组织管理　　　　　　　　　D．设备的运输管理

4. 仓储设备管理的特点主要有（　　）。
A．合理性　　　　　B．综合性　　　　C．技术性　　　　D．经济性

5. 托盘按结构不同可以分为（　　）。
A．平托盘　　　　　B．箱式托盘　　　C．柱式托盘　　　D．轮式托盘

6. 托盘按适用性可以分为（　　）。
A．塑料托盘　　　　B．钢托盘　　　　C．通用托盘　　　D．专用托盘

7. 托盘堆码的堆码方式有（　　）。
A．重叠式堆码　　　B．纵横交错堆码　C．正反交错堆码　D．旋转交错堆码

8. 货架按结构可以分为（　　）。
A．整体式货架　　　B．分体式货架　　C．轻型货架　　　D．中型货架

9. 货架按承载量可以分为（　　）。
A．整体式货架　　　B．轻型货架　　　C．中型货架　　　D．重型货架

10. 货架按高度可以分为（　　）。
A．整体式货架　　　B．低层货架　　　C．中层货架　　　D．高层货架

11. 货架按形式可以分为（　　）。
A．通道式货架　　　B．密集型货架　　C．旋转式货架　　D．高层货架

12．叉车按照用途不同可分为（　　）。
A．通用叉车　　　　B．专用叉车　　　　C．平衡重式叉车　　D．插腿式叉车

### 三、判断题

1．货棚是仓库中用于存储货物的主要建筑，多采用封闭方式。（　　）
2．库房是一种简易的仓库，结构简单，为半封闭式建筑。（　　）
3．集装箱可以放在露天货场。（　　）
4．办公室应与库房和货场的距离大于30m。（　　）
5．托盘和集装箱形成了集装系统的两大支柱。（　　）
6．托盘标准化是实现托盘联运的前提，是实现物流机械和设施标准化的基础，也是产品包装标准化的依据。（　　）
7．我国优先推荐使用托盘的尺寸是1200mm×800mm。（　　）
8．货架中的货物，存取方便，便于清点及计量，可做到先进先出。（　　）
9．重型层架每层载重量在1500kg以上。（　　）
10．层格式货架主要用于较贵重的小件物品的存放。（　　）
11．平衡重式叉车（简称叉车）是工业搬运车辆中应用最广泛、数量最多的产品。（　　）
12．高层立体仓库的高度在25m以上。（　　）

### 四、简单题

1．仓库的设施主要有哪些？
2．仓库的设备按用途和性质可以分为几种？
3．仓储设备管理工作包括几个方面的内容？
4．托盘的特点和种类有哪些？托盘的标准是什么？
5．托盘上的货物如何堆码和加固？
6．货架的作用如何？有哪些优缺点？
7．选择货架时应考虑的因素有哪些？
8．叉车是如何分类的？
9．自动化仓库的优缺点有哪些？
10．自动化仓库的组成部分有哪些？

## 综合案例分析

**联华华商集团配送中心自动仓库操作规范**

扫描下方二维码阅读案例，之后讨论：联华华商集团配送中心自动仓库有哪些设施设备？

# 模块三 仓储业务组织作业

仓储业务组织作业主要包括商品的入库、在库、出库作业以及商品的库存控制。从商品的接运开始，经过验收、堆码存放、盘点、按出库单拣货备货，直到商品出库完成整个过程的作业，整个过程相应的信息处理。在保管过程中要加强库存控制，降低库存成本，提高企业的经济效益。

## 项目一 入库作业组织

**情景导入**：经理通知王明下周 A 客户的一批商品要入库，让王明根据入库通知单作一份入库作业计划，并做好相应的入库准备。请问：王明的入库作业计划应该怎么做？要做哪些准备？

**【能力目标】**
1. 能够根据实际情况编制入库作业计划。
2. 能够根据入库作业计划做好入库准备。
3. 能够设计商品入库作业流程、熟练组织物资入库。
4. 能够填制入库作业流程的全套单据。
5. 能够办理商品的入库交接手续。

**【知识目标】**
1. 掌握商品入库的概念及流程。
2. 掌握商品验收的基本方法。
3. 理解入库作业计划及其内容。
4. 掌握商品入库的接运方式。
5. 理解商品入库手续的办理。

**【工作任务】**
1. 能够根据实际情况设计入库作业组织的基本流程。
2. 掌握各种单据的填写和处理方法。
3. 能够正确处理入库过程中出现的各种问题，完成商品的入库作业。

仓储管理实务

**某仓库要入库的商品**

| 序 号 | 商品名称 | 包装规格（mm）（长×宽×高） | 单价（元/箱） | 重量（kg） | 入库数量（箱） |
|---|---|---|---|---|---|
| 1 | 雪梨水果罐头 | 595×325×330 | 160 | 3 | 12 |
| 2 | 蒂亚干红葡萄酒 | 460×260×230 | 300 | 16 | 18 |
| 3 | 李师傅方便面 | 395×295×275 | 260 | 16 | 20 |
| 4 | 利达板栗 | 330×235×240 | 240 | 35 | 30 |

请根据上述内容：① 编制入库作业计划。
② 画出入库作业流程图。

# 任务一　入库作业准备

## 一、入库作业的流程

商品入库是仓储业务活动的第一阶段，它是商品进入仓库储存时所进行的商品接收、卸货、搬运、清点数量、检查质量和办理入库商品手续等一系列活动的总称。它是仓储业务管理的开始，入库工作的好坏将直接影响物资的保管和销售。

入库作业包括入库前准备、接运、验收、入库四个环节。入库作业流程图如图 3-1-1 所示。

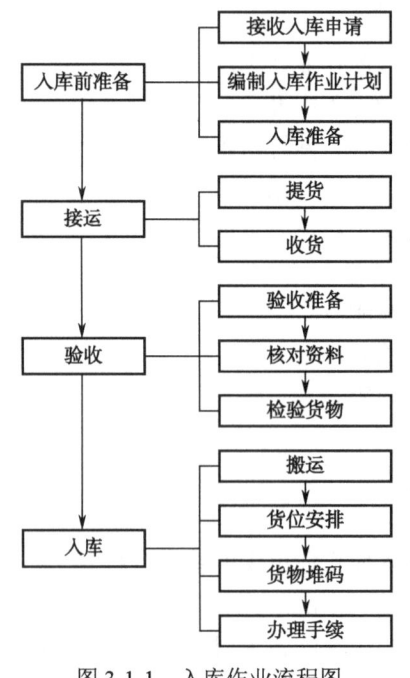

图 3-1-1　入库作业流程图

## 二、入库前准备

### （一）接收入库申请

**1. 入库申请**

入库申请是生成入库作业计划的基础和依据。入库申请是存货人对仓储服务产生需求，并向仓储企业发出需求通知。仓储企业接到申请之后，对此项业务进行评估并结合仓储企业自身业务状况做出反应，或拒绝该项业务，并做出合理解释，以求得客户的谅解；或接受此项业务，制订入库作业计划，并分别传递给存货人和仓库部门，做好各项准备工作。入库申请流程如图3-1-2所示。

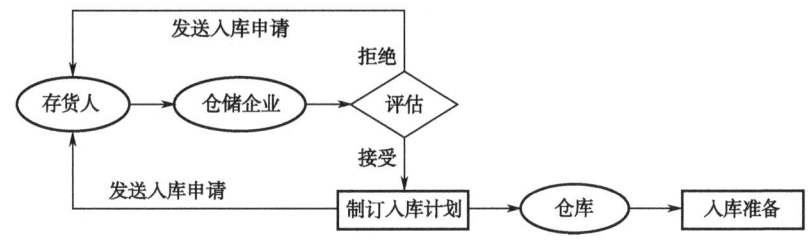

图3-1-2　入库申请流程图

**2. 入库通知单**

入库通知单是存货人给仓库的一个客户委托，即存货人向仓储企业提出入库申请的书面形式。一般入库通知单是货主或货主委托方为入库任务下达单位，根据仓储协议，在一批货物由司机送达仓库前下达给仓库，仅仅起到预报入库信息的作用。

入库通知单的内容一般根据用途不同，可包括编号、日期、订单号、供应商、存货人、物品编号、物品名称、物品属性、物品件数、物品重量、包装材质及规格、存放地点等信息。入库通知单范例如图3-1-3所示。

**入库通知单**

北京宇宙仓储有限公司：

根据贵我双方签署的仓储保管合同，我公司现有一批货物运送至贵公司储存，请安排接收。具体情况如下：

| 品　名 | 规　格 | 单　位 | 数　量 | 包　装 |
|---|---|---|---|---|
| 金龙鱼色拉油 | 1.8L | 桶 | 200桶 | 10桶/箱 |
| 汰渍洗衣粉 | 500g | 袋 | 360袋 | 24袋/箱 |
| 佳洁士牙膏 | 180g | 支 | 500 | 100支/箱 |

请在2015年7月26日前完成入库。联系人：张三，电话：010-68755629

北京广大百货有限公司

2016年7月20日

图3-1-3　入库通知单范例

当仓储企业业务部门收到存货人的入库通知单后，要对此业务进行分析评估，包括到货日期、物品属性、包装、数量、存货时间及本企业接卸货能力、存储空间、温湿度控制能力等方面。当分析评估后认为此业务难以承担时，业务部门可与存货人就存在的问题进行协商，如协商难以达成一致，则可拒绝此项业务；当分析评估后认为此业务完全符合本企业业务范畴时，则业务部门根据入库通知单制订入库作业计划，分别发给存货人和本企业仓库部门。发给存货人的入库作业计划作为存货人入库申请的确认，发给本企业仓库部门的入库作业计划作为生产计划，仓库部门依此计划进行生产准备。

（二）编制入库作业计划

1．入库作业计划的内容

物资入库作业计划是仓库业务计划的重要组成部分。仓库为了有计划地安排仓位，筹集各种器材，配备作业的劳动力，使仓库的仓储业务最大限度地做到有准备、有秩序地进行。

首先，仓库的业务、管理人员应该熟悉入库货物。通过查阅货物资料、询问存货人等途径了解入库物资的品种、规格、数量、包装状况、单件体积、重量、确切的到库时间、物资存期、物资的性质、保管的要求等具体情况；其次，仓库业务和管理人员要动态地掌握仓库库场情况。例如货位的使用情况、机械设备条件、劳动力状况等；最后，仓库业务部门要根据掌握的详细信息，制订仓储计划，并将各项具体任务下达到相关作业单位。

入库作业计划是根据仓储保管合同和商品供货合同来编制商品入库数量和入库时间进度的计划，是存货人发货和仓库部门进行入库前准备的依据。入库作业计划主要包括：到货时间，接运方式，包装单元与状态，存储时间及物品的名称、品种、规格、数量、单件体积与重量，物理、化学、生物特性等详细信息。仓库部门对入库作业计划的内容要进行分析，并根据物品在库时间，物理、化学、生物特性，单品体积、重量，包装物等，合理安排货位，仓库部门通过对入库作业计划做出测评与分析后，即可进行物品入库前的准备工作。

2．影响入库作业的因素

（1）供应商的送货方式。供应商的送货方式将直接影响入库作业的组织和计划。

① 每天平均送货的供应商数量及最大量。平均每天来送货的供应商数量的多少和一天中最多有多少供应商来送货对仓库入库作业的影响最大。

② 送货的车型及车辆台数。送货的车型主要影响卸货站台的合理安排与利用及卸货方式；车辆台数直接影响作业人员的配置和作业设备、作业方式的选择。

③ 每台车平均卸货的时间。每台车平均卸货的时间是用来衡量入库作业效率高低的重要指标。每台车平均卸货的时间越短，服务水平就越高，但设施设备的自动化、机械化的程度要求就越高。

④ 物品到达的高峰时间。物品到达的高峰时间是制定作业人员轮班轮岗的重要依据，因此应合理安排不同班次的作业人数，以求做到作业人员的作业量和劳动强度的均衡性，同时既可以降低成本又可以保证服务水平。

⑤ 物品的装车方式。物品的装车方式主要影响卸货的方式和方法。如果物品采用散货形式，则在卸车时要充分利用物品自身的重力；如果是以件杂货形式且经过配装的，卸车时主要以人工为主，则应尽可能消除物品自身的重力，采用不落地的装卸搬运方式，以降低作业强度；如果装车采用单元形式，则应尽可能选择机械作业方式。

⑥ 中转运输的转运方式。不同的转运方式入库作业量和作业方式有很大的不同，具体特点如表 3-1-1 所示。

表 3-1-1　中转运输的特点

| 送货方式 | 细　项 | 特　点 |
|---|---|---|
| 中转运输 | 1．直达转运 | 不卸车、不入库 |
| | 2．直通转运 | 卸车、不入库 |
| | 3．储存分拣转运 | 卸车入库；大进小出 |
| | 4．流通加工转运 | 分拣、加工、分拣 |
| | 5．投机转运 | 去向信息不明、待价而沽 |

（2）物品的种类、特性与数量。

① 每天平均送达的物品品种数。平均每天送达的物品品种越多，物品之间的理化性质差异就越大，对作业环节的影响也就越大。

② 单位物品的尺寸及重量。单位物品的尺寸及重量对装卸搬运、堆码上架、库区货位的确定等作业会产生影响。

③ 物品包装形态。物品包装形态的差异会对装卸搬运工具与方式、库区货位的确定、堆存状态产生影响。

④ 物品的保质期。物品保质期的长短直接影响物品的在库周期，保质期短的物品入库存储宜选用重力式货架，严格保证"先进先出"，以延长物品后续的销售周期和消费周期。

⑤ 装卸搬运方式。入库物品的形态决定物品入库时的装卸搬运作业方式，仓储企业在进行人员配置、装卸搬运设备的选择时应充分考虑仓储对象的形态，以形成经济合理、科学的决策。

（3）仓库设备及存储方式。仓库设备是影响入库作业的另一主要因素，因此应对叉车、传送带、货架储位的可用性，以及人工装卸、无货架堆码等加以综合考虑。设备简陋的仓库基本上依赖人工操作，现场一般比较杂乱，仓容利用率低，管理难度大；而设备先进的仓库其操作过程简单，现场仓干净整齐，仓容利用率高，便于管理。

问一问：提高入库作业效率要考虑哪些因素？

（三）入库准备

1．货位准备

仓库部门根据入库物资的类别、性能、数量、包装、存放时间等情况，结合仓库分区、分类、定位保管的要求，核算占用货位大小，根据货位的使用原则，妥善安排货位。仓库管理人员负责具体的货位准备工作，如腾仓、清洁货位、清理排水系统、消毒除虫等。

（1）选择货位的原则。

① 以周转率为基础法则。即将货品按周转率由大到小排序，再将此序分为若干段（通常分为 3~5 段），同属于一段中的货品列为同一级，依照定位或分类存储法的原则，指定存储区域给每一级货品，周转率越高，应离出入口越近。

② 产品相关性法则。根据此原则可以缩短提取路程，减缓工作人员疲劳，简化清点工作。产品的相关性大小可以利用历史订单数据做分析。

③ 产品同一性法则。所谓同一性的原则，是指把同一物品储放于同一保管位置的原则。根据此原则，作业人员对于货品保管位置能简单熟知，并且对同一物品的存取花费最少

搬运时间,是提高物流中心作业生产力的基本原则之一。否则,当同一货品散布于仓库内多个位置时,物品在存取等作业中不方便,影响盘点及作业人员对料架物品掌握的程度。

④ 产品互补性原则。互补性高的货品应存放于邻近位置,以便缺货时可迅速用另一品项替代。

⑤ 产品相容性法则。相容性低的产品不可放置在一起,以免损害品质。

⑥ 产品尺寸法则。在仓库布置时,要同时考虑物品单位大小及由于相同的一群物品造成的整批形状,以便能供应适当的空间满足某一特定要求。所以在存储物品时,必须要有不同位置的大小变化,用以容纳不同大小的物品和不同的容积。此法则可以使物品存储数量和位置适当,使得拨发迅速,减少搬运工作量,缩短工作时间。若不考虑存储物品单位大小,将可能造成因存储空间太大而浪费空间,或因存储空间太小而无法存放的状况;若不考虑存储物品整批形状亦可能造成因整批形状太大而无法同处存放的状况。

⑦ 重量特性法则。所谓重量特性的原则,是指按照物品重量不同来决定储放物品于货位的高低位置。一般而言,重物应保管于地面上或料架的下层位置,而重量轻的物品则应保管于料架的上层位置;若是以人手进行搬运作业时,人腰部以下的高度用于保管重物或大型物品,而腰部以上的高度则用来保管重量轻的物品或小型物品。

⑧ 产品特性法则。产品特性不仅涉及物品本身的危险及易腐蚀,同时也可能影响其他的物品,因此在物流中心布局时应进行考虑。

(2) 货位存货量计算。

① 确定库场货物单位面积定额,即单位仓容定额 $p$。单位仓容定额 $p$ 由库场单位面积技术定额 $p_{库}$ 和货物单位面积堆存定额 $p_{货}$ 两个指标来确定。

库场单位面积技术定额 $p_{库}$ 是指库场地面设计和建造所达到的强度,单位用 $t/m^2$ 表示,如某仓库标注 $3t/m^2$。该指标确定了该货位的最大允许存放货物数量。一般仓库的地面单位面积定额为 $2.5\sim3t/m^2$,楼层增高则相应减小。加强型地面为 $5\sim10t/m^2$。

货物单位面积堆存定额 $p_{货}$ 则是货物本身的包装及其本身强度所确定的堆高限定。如某电冰箱注明限高 4 层,每箱底面积为 $0.8m×0.8m$,每箱重 80kg,则该电冰箱的单位面积堆存定额为:

$$p_{货} = \frac{(80 \times 4)t}{(0.8 \times 0.8 \times 1000)m^2} = 0.5t/m^2$$

库场货物单位面积定额则由以上两者确定,使用较小的数值,这样才能同时保证库场地面不会损坏及货物本身不会被压坏。

即:如果 $p_{库}<p_{货}$,则 $p=p_{库}$;若 $p_{库}>p_{货}$,则 $p=p_{货}$。

如上例中 $p_{库}>p_{货}$,因而库场货物单位面积定额就为 $0.5t/m^2$。

② 平置库物品所需货位面积计算。物品所需货位面积必须考虑的因素包括仓库的可用高度、仓库地面荷载、物品包装物所允许的堆码层数及物品包装物的长、宽、高。

占地面积=(总件数÷可堆层数)×单位包装物面积;

可堆层数=min﹛层数 $a$,层数 $b$﹜;

层数 $a$(可堆层数从净高考虑)=库高÷箱高;

层数 $b$(从地坪荷载考虑)=地坪单位面积最高载荷量÷单位面积重量;

单位面积重量=单位物品毛重÷单位物品面积。

③ 货架库货位及托盘数量计算。在计算所需货位及托盘数量时所应考虑的因素包括：计划入库物品的种类及包装规格、货架货位的设计规格、所需托盘规格、叉车作业要求和作业人员的熟练程度与技巧。

货架库入位与平置库入位不同的地方还包括货位净高的要求，以及叉车作业空间的预留，一般预留空间≥90mm。

物品所需托盘数=物品总量÷单位托盘码放数量。

④ 货位存货数量计算。货位存货量是计算所选用的货位能堆存拟安排货物的总数量，亦即货位的存储能力 $q$。

$$q=ps$$

式中　$q$——某货位的储存能力（t）；
　　　$p$——某类货物的仓容定额（t/m$^2$）；
　　　$s$——该类货物所存放货位的有效占用面积（m$^2$）。

⑤ 仓库储存能力计算。仓库存储能力 $Q$ 包括某一仓库或整个库区对特定货物的存放能力。

$$Q=\sum ps$$

式中　$Q$——仓库的储存能力（t）；
　　　$p$——某类物质的仓容定额（t/m$^2$）；
　　　$s$——该类货物有效占用面积（m$^2$）。

2．苫垫材料准备

根据入库物资的性能、保管要求、数量及库场的具体条件确定堆垛方法，制订苫垫方案，准备好苫垫材料，以确保入库货物的安全。苫垫材料应根据货位位置和到货物品特性进行合理的选择。

3．装卸搬运器械及验收准备

（1）车辆。如果需要仓库接货，应该协调好接货车辆的运力与接货车辆的接运时间。

（2）装卸搬运的机械。要根据到货物品的特性、货位、设备条件、人员等情况，科学合理地制定卸车搬运工艺，备好相关作业设备，安排好卸货站台或场地，保证装卸搬运作业效率。

（3）检验工具。货物入库前要进行的检验工作也必须有验收用的检验工具的配合。准备验收所需要的计件、检斤、测试、开箱、装箱、丈量、移动照明等器具，要提前确保这些工具检测的准确性。

4．人员及文件单证准备

按照货物的入库时间和到货数量，按计划合理组织人力。

仓库管理人员对货物入库所需的各种报表、单证、记录簿（如入库记录、理货检验记录、货卡、残损单等）按要求准备妥当，以备使用。

## 知识链接：物品储存位置考虑的因素

（1）平置库物品储存的位置主要考虑平面布局、物品在库时间、物品物动量高低等关键因素。高物动量的物品，在库时间一般较短，所以应放置在离通道或库门较近的地方。

（2）货架库决定计划入库物品存储位置的关键因素是物动量分类的结果，高物动量物品应该选择首层货位，中物动量的物品应该选择中间层货位，低物动量物品则应该选择上层货位。

## 任务实施与评价

### 1. 任务实施

任务准备：

（1）某仓库有两个货位：第一个货位预计存放电视机，限高 6 层，每箱重 60kg，每箱底面积为 0.6m×0.6m，有效占用面积为 100m²。第二个货位预计存放机器零件，限高 7 层，每箱重 100kg，每箱底面积为 0.4m×0.5m，有效占用面积为 20m²。请估算该仓库的储存能力。（该仓库地面的单位面积定额为 2.5t/m²）

（2）某仓库要存放商品 200 箱，每箱毛重 20kg，箱底面积 0.5m²，箱高 0.6m，箱上表示最多承载的压力为 88kg，地坪承载力为每平方米 500kg，库房可用高度为 4.5m，问该批商品的货垛可堆高度及占地面积各是多少？

任务要求：

（1）通过计算确定需要准备的货位的数量。

（2）画出入库前准备的流程和入库作业的流程图。

### 2. 任务评价

**任务评价表**

| 考核标准 | 【正确性60%】 | | 【规定时间内10%】 | | 【积极发言30%】 | | |
|---|---|---|---|---|---|---|---|
| 评价方法 | 1. 考核内容：货位数量的计算；入库前准备的流程和入库作业的流程图 | | | | | | |
| | 2. 考核方法 | | | | | | |
| | 评价主体 | 分值 | 小组平均得分 | 成员姓名 ___ | 成员姓名 ___ | 成员姓名 ___ | 成员姓名 ___ |
| | 学生自评 | 20 | | | | | |
| | 学生互评 | 30 | | | | | |
| | 教师评价 | 50 | | | | | |
| | 【学生本次任务成绩】 _____　　　　　　　　　　　　　　　教师：<br>日期： | | | | | | |

## 任务二　货物的接运和验收

### 一、物资接运

物资接运人员要熟悉交通运输部门及有关供货单位的制度和要求，根据不同的接运方式，处理接运中的各种问题。接运方式主要有以下 4 种。

（一）专用线接运（相关注意事项见表 3-1-2）

专用线接运是指铁路部门将转运的物资直接运送到仓库内部专用线的一种接运方式。仓库接到车站到货通知后，应确定卸车货位，力求缩短场内搬运距离，准备好卸车需要的人力和机具。仓管员要及时赶到现场，引导货车停靠在预定的位置。

表 3-1-2　专用线接运的注意事项

| 种　类 | 含　义 | 注意事项 |
| --- | --- | --- |
| 专用线接车<br>适于：整车大批量货物 | 仓储企业在本企业的专用线上接货 | 接到专用线到货通知后，应立即确定卸货货位，做好卸车准备 |
| | | 车皮到达后，应检查车皮，核对货物 |
| | | 卸车时要注意为物品验收和入库保管提供便利条件 |
| | | 编制卸车记录，办好内部交接手续 |

（二）车站、码头提货（相关注意事项见表 3-1-3）

到车站提货，应向车站出示"领货凭证"。如果由发货人寄出"领货凭证"未到，也可凭单位证明或在货票存查联上加盖单位提货专用章，将货物提回。

到码头提货手续与车站提货稍有不同。提货人要事先在提货单上签名并加盖公章或附单位提货证明，到港口货运处取回货物运单，即可到指定的库房提取货物。

提货时应根据运单和有关资料认真核对物资的名称、规格、数量、收货单位等。仔细进行外观检查，如包装是否铅封完好，有无水渍、油渍、受潮、污损、锈蚀、破损等。如果发现与运单记载不相符合，应立即会同承运部门共同查清，并开具文字证明；对短缺、损坏等情况，应追究承运部门责任，并做好货运记录。

货到库后，接运人员应及时将运单连同提取回的物资与保管人员办理交接手续。

表 3-1-3　车站、码头提货的注意事项

| 种　类 | 含　义 | 注意事项 |
| --- | --- | --- |
| 车站、码头接货<br>适于：零担托运和小批量货物 | 仓储企业受存货人委托或合同约束到车站、码头接运货物到储存地 | 提货人员对应所提取的物品做到全面了解 |
| | | 提货时应根据运单以及有关资料详细核对货物 |
| | | 在短途运输中，要做到不混不乱，避免碰坏损失 |
| | | 物品到库后，提货员应与保管员密切配合 |

（三）仓库自提（相关注意事项见表 3-1-4）

自提是指仓库直接到供货单位提货。这种方式的特点是提货与验收同时进行。仓库根据提货通知，要了解所提物资的性质、规格、数量，准备好提货所需的设备、工具和人员。到

供货单位进行物资验收,当场点清数量,查看外观质量,做好验收记录。提货回仓库后,交验收员或保管员复验。

表 3-1-4  仓库自提注意事项

| 种　类 | 含　义 | 注意事项 |
|---|---|---|
| 仓库自行接货 | 仓储企业直接到存货委托人指定的企业接货 | 将接货与检验工作结合起来同时进行 |
| | | 仓库应根据提货通知做好准备,接货与验收合并一次完成 |

(四)库内接货(相关注意事项见表 3-1-5)

这是供货单位将物资直接送达仓库的一种供货方式。当货物到达后,保管员或验收员直接与送货人办理接收工作,当面验收并办理交接手续。如果有差错,应填写记录,由送货人员签字证明,向有关方面提出索赔或以其他办法处理。

表 3-1-5  库内接货注意事项

| 种　类 | 含　义 | 注意事项 |
|---|---|---|
| 库内接货 | 仓储企业在仓库内接到存货委托人送来的物品 | 保管员或验收人员直接与送货人员办理交接手续,当面验收并做好记录。若有差错,应填写记录,由送货人员签字证明,据此向有关部门提出索赔 |

## 二、货物的验收

货物验收是按验收业务流程,核对凭证等规定的程序和手续,对入库商品进行数量和质量检验的经济技术活动的总称,即对到库商品进行理货、分类后,根据有关单据和进货信息等凭证清点到货数量,确保入库商品数量正确,通过目测或借助检验仪器对商品质量和包装情况进行检查,并填写验收单据和其他验收凭证等验收记录。对查出的问题及时进行处理,以保证入库商品在数量及质量方面的准确性,避免给企业造成损失。

验收工作的基本要求是"及时、准确、严格、经济",即要求在规定的时间内、准确地对商品的数量、质量、包装进行详细的验收工作,仓库的各方面都要严肃认真地对待商品验收工作,这就要求各工种密切协作,合理组织调配人员与设备,以节省作业费用。这是做到储存商品准确无误和确保质量的重要措施。

由于各种到库物资的来源复杂,渠道繁多,从结束其生产过程到入仓前,经过一系列储运环节,受到储运质量和其他外界因素影响;各类物资在出厂前虽然都经过了检验,但也不排除错检、漏检情况的发生。因此,所有到库物资在入仓前必须进行检验,验收合格后方可正式入仓。验收程序如图 3-14 所示。

(一)验收准备

验收准备是货物入库验收的第一道工序。仓库接到货物入库通知单后,应根据货物的性质和批量提前做好验收的准备工作。

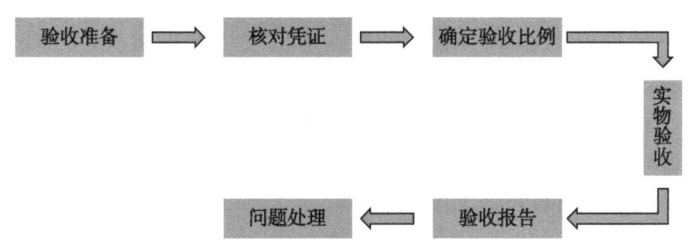

图 3-1-4 货物验收的程序

（1）掌握到货的信息。具体的时间、地点、运载工具、货主、货品品种、数量、储存时间的长短、将来的流向。

（2）安排仓位。按入库商品的品种、性能、数量、存放时间等，结合商品的堆码要求，维修、核算占用仓位的面积，以及进行必要的腾仓、清场、打扫、消毒、准备好验收的场地等。

（3）组织人力。按照商品到达的时间、地点、检验、堆码等人力的组织安排。预先做好到货接运、装卸搬运、检验、堆码等人力的安排。

（4）准备物力。根据入库商品的种类、包装、数量等，确定搬运、检验、计量等方法，以配备好所用车辆、检验器材度量器和装卸、搬运、堆码、苫垫的工具数量等情况及接运方式，以及必要的防护用品、用具等。

（5）备足苫垫用品。根据入库商品的性能、储存要求、数量多少以及保管场所的具体条件等，确定入库商品的堆码形式和苫盖、下垫形式，准备好苫垫物料，做到商品的堆放与苫垫工作同时间内一次性完成，以确保商品的安全和避免以后的重复工作。

（二）核对凭证

物资运抵仓库后，仓库收货人员首先要检验物资入库凭证，然后按物资入库凭证所列的收货单位、货物名称、规格数量等具体内容，逐项与物资核对。如发现送错，应拒收退回；一时无法退回的，应进行清点并另行存放，然后做好记录，待联系后再进行处理。经复核查对无误后，即可进行下一道工序。

（1）入库通知单和合同（仓储合同或采购合同）副本，是仓库接受物品的凭证，应与所提交的随货单证及货物内容相符。

（2）供货单位提供的材质证明书、装箱单、磅码单、发货明细表（如送货单，见表 3-1-6）等。

表 3-1-6 送货单

NO._____

单位：　　　　　　　　　　　　　日期：20××年　月　日

| 品名 | 规格 | 单位 | 数量 | 单价 | 金额 | 备注 |
|------|------|------|------|------|------|------|
|      |      |      |      |      |      |      |
|      |      |      |      |      |      |      |
|      |      |      |      |      |      |      |
|      |      |      |      |      |      |      |

收货单位：（盖章）　　　　　　　　制单：　　　　　　　　送货单位：（盖章）

经手人：

（3）物品承运单位提供的运单，若物品在入库前发现残损情况，还要有承运部门提供的货运记录或普通记录，作为向责任方交涉的依据。

（4）核对凭证，也就是将上述凭证加以整理全面核对。入库通知单、订货合同要与供货单位提供的所有凭证逐一核对，如相符则填写表 3-1-7 所示的接运记录单后才可进行下一步实物验收（填制表 3-1-8 货物验收单）。

表 3-1-7 接运记录单

| 序号 | 通知到达时间 | 到达记录 | | | | | | 接运记录 | | | | 交接记录 | | | |
|---|---|---|---|---|---|---|---|---|---|---|---|---|---|---|---|---|
| | | 运输方式 | 发货站 | 发货人 | 运单号 | 车号 | 货物名称 | 件数 | 重量 | 日期 | 件数 | 重量 | 缺损记录 | 接货人 | 日期 | 提货通知单编号 | 附件 | 收货人 |
| | | | | | | | | | | | | | | | | | | |

表 3-1-8 货物验收单

| 供货单位： | | | | 验收日期： | |
|---|---|---|---|---|---|
| 货物类别 | | 货物数量 | | 货物金额 | |
| 承运单位 | | 供货商 | | 起运地点 | |
| 检验情况记录 | | | | | |
| 验收量 | 单价 | 总价 | 合格量 | 合格率 | 出厂合格证明 |
| | | | | | |
| | | | | | |
| | | | | | |
| 检验员 | | 日期 | | 进账 | |
| 备注 | | | | | |

（三）确定验收比例

1．全验

全验需要耗费大量人力、物力和时间，检验成本高，但可以保证验收质量。在商品批量小、规格复杂、包装不整齐的情况下，可采用此法。数量和外观质量一般要求全验。

2．抽验

物资质量和储运管理水平的提高以及数理统计的发展，为抽验方式提供物质条件和理论基础。对于大批量、同包装、同规格、信誉较高的存货单位的物资可采用抽验的方式检验。若在抽验中发现问题较多时，应扩大抽验范围，直至全验。抽检时确定验收比例一般应考虑以下因素。

（1）商品的性质、特点。易碎、易霉变、易挥发的验收比例大；外包装好时内部损坏的比率小一些。

（2）商品价值。贵重商品比例大或全验；一般价值较低、数量较大的小商品可少验。

（3）商品的生产技术条件。同一种商品、条件好、工艺水平较高、产品质量好且稳定的少验；技术水平低或手工操作质量不稳定的多验。

（4）供货单位信誉。信誉好的少验或免验。

（5）包装情况。包装材料差、技术低、结构不牢固的多验。

（6）运输工具。对汽车运输且运输距离较长的多验；而水路或航运可以少验。

（7）气候条件。经过长途转运的商品，可能由于气候条件的变化，质量会受到一定影响。即使同一地区由于季节变化对商品质量也会产生影响，所以对怕热、易熔的商品，在夏天要多验；对怕潮、易溶解的商品，在雨季和潮湿地区应多验；对怕冻的商品在冬天应多验。

（8）计重货物。确定计重货物的验收比率，一般根据货物包装而定。凡采用定额包装的或包装比较定型的货物可以少验；对非定额包装的货物，一般应多验或全验；对无包装的货物必须全部检点过磅方可验收入库。

（9）新产品或积压产品。质量稳定的新产品在近期出厂的可适当少验，对出厂已久或长期积压的产品，要防变质，则应多验。

（四）实物验收

1. 外观质量验收

（1）包装检验。通过人的感觉器官，看、听、摸、嗅，检验物资的外包装或装饰有无被撬开、开封、污染、破损、水渍等情况，检查外包装的牢固程度。

（2）物品外观检验。对无包装的商品，直接查看其表面，检查是否有撞击、变形、生锈、破碎等损害。

（3）标签、标志检验。检查商品标签、标志是否具备，是否完整、清晰，标签、标志与商品内容是否一致。气味、颜色、手感检验，即对某些特定物资必须通过物品的气味、颜色、手感来判定其是否新鲜，有无干涸、结块、溶化等现象。

（4）打开外包装检验。外观有缺陷的物品，有时可能影响其质量，当检验人员判定物品内容有受损可能时，就应该打开包装检验。开包检验必须两人以上在场。检验后，根据实际情况及时封装或更换包装，并印贴已验收的标志。

商品的外观检验通过外观来判断质量，能简化仓库的质量验收工作，避免各部门反复进行复杂的质量检验，从而节约成本。注意，凡经过外观质量检验的商品都应填写检验记录单。

2. 数量验收

点包装（标准箱）；点堆、路数（如水泥、标准编织袋）算整车或整堆。计件是指对以件为单位的商品进行件数的理算。一般情况下，计件物资应逐一点清。固定包装物的小件商品，如果包装完好，则不需要打开包装。国内物资只检查外包装，不拆包检验。进口物资按合同和惯例检验。

3. 重量验收

物资的重量尺寸检验。由仓库的技术管理职能机构组织进行。对入仓物资的单件重量、货物尺寸进行测量，确定货物的重量。对于不能简单计数或计算费用的物品，通常须通过换算来获得数量，如标准的钢材、木材的检尺与检尺求积换算。检斤是指对以重量为计量单位的物资，进行数量检验时的称重，以确定其毛重和净重，适于散装货物、标准装准许有误差的产品等。值得注意的是，按理论换算重量的物资，先要通过检尺，然后按照规定换算方法和标准换算成重量验收，如金属材料中的板材、型材等。所有检斤的物资都应填写磅码单；检尺求积是指对以体积为计量单位的商品先检尺后求积所做的数量检验，适于标准的型材、木材、堆积标准的货物及精细产品的检测，根据实际检验结果填写磅码单。

### 4．内在质量检验

内在质量检验是对物品内在质量和物理化学性质所进行的检验。对物品内在质量的检验要求有一定的技术支持和检验手段。目前，大多数仓库不具备这些条件，所以，一般由专业技术检验单位进行，经检验后出具检验报告。

### （五）验收中发现和处理问题

在物品检验过程中会产生许多问题，仓库管理部门应区别不同情况给予及时处理。同时，验收中发现问题、等待处理的物品，应该单独存放，妥善保管，防止混杂、丢失、损坏。现将几种常见的问题归纳如下。

### 1．数量方面的问题

数量短缺在误差规定范围内的，可按原数入账。数量短缺超过误差规定范围的，应做好验收记录，填写磅码单，交主管部门会同货主向供货单位交涉。实际数多于原发料量的，可由主管部门向供货单位退回多发数或补发货款。

### 2．质量方面的问题

凡物品质量不符合规定要求时，应及时向供货单位办理退货、换货。物品规格不符或错发时，应将情况做成验收记录交给主管部门办理退货。

仓库对物资验收中的具体问题，可用书面形式通知货主或发货方要求查明情况进行处理。可采用物资溢余、短缺、破损查询单的形式，如表 3-1-9 所示。

表 3-1-9  物资溢余、短缺、破损查询单

| 到货日期 年 月 日 | | | | | 车单编号 | | | 字 号 | | | |
|---|---|---|---|---|---|---|---|---|---|---|---|
| 验收日期 年 月 日 | | | | | 材料库编号 | | | 字 号 | | | |
| 发货单位 | | 合同号 | | 运次 | | 车号 | | 凭证号 | | 质量证明书 | |
| 运输方式 | | 发站 | | 运单号 | | 到站 | | 承付日期 | | 发货件数 | |
| 目录编号 | 原始凭证记录 | | | | 实收数 | 溢收 | 短缺 | 残损 | 质差 | 规格不符 | 备注 |
| | 器材名称及规格 | 单位 | 数量 | 总价 | | 数量/金额 | 数量/金额 | 数量/金额 | 数量/金额 | 数量/金额 | |
| | | | | | | | | | | | |
| | | | | | | | | | | | |
| | | | | | | | | | | | |
| | | | | | | | | | | | |
| | | | | | | | | | | | |
| 收料部门验收及处理意见： | | | | | 发料部门复查及处理意见： | | | | | | |
| 收料单位： | 审核 | | 经办人 | | 发料单位： | | 签复人： | | 年 月 日 | | |

## 3．资料方面的问题

入仓物资必须具备入仓通知单，订货合同副本，供货单位提供的材质证明书、装箱单、磅码单、发货明细表以及承运单位的运单等资料。凡资料未到或资料不齐的，应及时向供货单位索取。该物品则作为待验物品堆放在待验区，并待与物品相关的资料到齐后再验收。

入仓前的物品检验是一项技术要求高、组织严密的工作，直接关系到整个仓储业务能否顺利进行，必须做到及时、准确、严格、经济。

验收不合格采取拒收处理后，应填制货物拒收单（见表 3-1-10）。

表 3-1-10　货物拒收单

| 供货单位： | | | | | | 验收日期： | | |
|---|---|---|---|---|---|---|---|---|
| 送货单号 | | 规格及品名 | 单位 | 数量 | | 单价 | 金额 |
| 日期 | 编号 | | | 件数 | 明细数 | | |
|  |  |  |  |  |  |  |  |
|  |  |  |  |  |  |  |  |
|  |  |  |  |  |  |  |  |
| 拒收原因 | | | | | | | |
| 以上货物（全部、部分）拒收，处理情况 | | | | | | | |

仓库主管：　　　验收人员：　　　送货单位：

问一问：验收过程中一旦有问题应如何处理？

###  知识链接

| 验收项目 | 抽验比例规定 |
|---|---|
| 质量检验 | 1．带包装的金属材料，抽验 10%～50%，无包装的金属材料全部目测查验<br>2．10 台以内的机电设备，验收率为 100%，100 台以内验收不少于 10%<br>3．运输、起重设备 100%查验<br>4．仪器仪表外观质量缺陷查验率为 100%<br>5．易于发霉、变质、受潮、变色、污染、虫蛀、机械性损伤的货物，抽验率为 5%～10%<br>6．外包装有质量缺陷的货物检验率为 100%<br>7．对于供货稳定，质量、信誉较好的厂家产品，特大批量货物可以通过抽查进行检验<br>8．进口货物原则上逐件检验 |

续表

| 验收项目 | 抽验比例规定 |
|---|---|
| 数量检验 | 1. 不带包装的（散装）货物的检斤率为 100%，不清点件数；有包装的毛检斤率为 100%，回皮率为 5%～10%，件数清点率为 100%<br>2. 定尺钢材检尺率为 10%～20%，非定尺钢材检尺率为 100%<br>3. 贵重金属材料 100%过净重<br>4. 有标量或者标准定量的化工产品，按标量计算，核定总重量<br>5. 同一包装、大批量、规格整齐的货物以及包装严密、符合国家标准且有合格证的货物，可以采取抽查的方式验量，抽查率为 10%～20% |

## 任务实施与评价

### 1. 任务实施

任务准备：

（1）粤美仓库收到广州火车站发来的一份到货通知，得知到站货物有：各种型钢共 25t、化肥 10t、洗衣粉 5t、子午线橡胶轮胎 500 条。粤美仓库马上组织人员进行相关工作，准备把货物运回仓库。

（2）一供应商于 2011 年 1 月 20 日送来一车娃哈哈纯净水，送货单上数量为 600 箱，规格为 1×24（596ml），单价 0.8 元/瓶，金额 19.2 元/箱，生产日期是 2011 年 1 月 10 日，保质期为 12 个月。请回答：一般应该采取何种质量验收方式进行质量验收？验收质量时发现哪些现象，我们可将其作为疑问商品或不合格商品处理？

任务要求：完成入库货物接运和验收的操作流程。

### 2. 任务评价

**任务评价表**

| 考核标准 | 【完整性40%】 | | 【流程正确性45%】 | | 【单据填写规范性15%】 | | |
|---|---|---|---|---|---|---|---|
| 评价方法 | 1. 考核内容： 入库货物接运和验收的情景操作 | | | | | | |
| | 2. 考核方法 | | | | | | |
| | 评价主体 | 分值 | 小组平均得分 | 成员姓名 | 成员姓名 | 成员姓名 | 成员姓名 |
| | 学生自评 | 20 | | | | | |
| | 学生互评 | 30 | | | | | |
| | 教师评价 | 50 | | | | | |
| | 【学生本次任务成绩】＿＿＿＿＿<br>教师：<br>日期： | | | | | | |

## 任务三　货物入库

入库物品经过仓库的检验后，由仓库保管员根据验收结果，在货物入库单上签收。同时，要在入库单上注明该批货物的货位编号，以便记账、查货、发货。仓库收货员还应在送货人提供的送货单上签名盖章，并留存相应单证。如果验收过程中发现差错、破损等不良情况，必须在送货单上详细注明查错的数量、破损状况等，并由当事人签字，以便与供货方、承运方分清责任。商品入库的手续包括登账、立卡、建档、登录等。

### 一、货物交接手续

交接手续是指仓库对收到的货物向送货人进行的确认，表示已接受货物。办理完交接手续，意味着分清运输、送货部门和仓库的责任。完整的交接手续包括：

（1）接受货物。仓库以送货单为依据，通过理货、查验货物，将不良货物剔出、退回或者编制残损单证等以明确责任，确定收到货物的确切数量、货物表面状态良好。

（2）接受文件。接受送货人送交的货物资料、运输货运的记录、普通记录等，以及随货附带并在运输单证上注明的相应文件，如图纸、准运证等。

（3）签署单证。仓库与送货人或承运人共同在送货人交来的送货单、交接清单上签署，并留存相应单证。提供相应的入库、查验、理货、残损单证、事故报告，由送货人或承运人签署。

表 3-1-11　收货单

供货单位：　　　　　　　　　　　　　　　　　　　收货单位：
库　　别：　　　　　　　　　　　　　　　　　　　20××年　月　日

| 品名 | 单位 | 包装 | 数量 | 件数 |
|------|------|------|------|------|
|      |      |      |      |      |
|      |      |      |      |      |
|      |      |      |      |      |
| 合计 |      |      |      |      |

供货单位签字：　　　　　　　　　　　　　　　　　收货员签字：

### 二、货物入库手续

#### （一）登账

登账是指建立入库物品明细账（见表 3-1-12）。该明细账动态地反映了商品进库、出库、结存等详细情况。明细账的主要内容有商品名称、数量、规格、累计数或结存数、存货人或提货人、批次、单价、金额、商品的具体存放位置等。按照账务管理分工，企业财务部门负责总账的管理，一般只分货物大类记账，凭此进行财务核算。仓库货物保管部门负责该明细账的登记和管理，凭此进行货物的进出业务，实物保管要经常核对，保证账、卡、物相符。

表 3-1-12　货物保管账页

| 时间 | 货物名称 | 货物号码 | 规格 | 计量单位 | 收入数量 | 出库数量 | 结存数量 | 单价 | 金额总计 | 存储位置 |
|---|---|---|---|---|---|---|---|---|---|---|
| | | | | | | | | | | |
| | | | | | | | | | | |
| | | | | | | | | | | |
| | | | | | | | | | | |
| | | | | | | | | | | |
| | | | | | | | | | | |
| | | | | | | | | | | |
| | | | | | | | | | | |

登账的方式主要有：

（1）按物资的品名、型号、单价和货主等分别建立账户。

（2）账目采用活页式，按物资的种类和编号顺序排列，账页上注明货位号和档案号以便查对。

（3）实物账必须严格按照物资的进出库凭证及时登记，填写清楚、准确。

（4）账页记完后，应将结存数结转新账页，旧账页应保存备查。

（5）记账发生错误时，按"画红线更正法"更正。

（6）实物保管要经常核对，保证账、卡、物相符。

（7）登账凭证要妥善保管，装订成册，不得遗失。

（二）立卡

商品入库后，仓库保管员应该将各种商品的名称、数量、规格、质量状况等信息编制成一张卡片，即物资的保管卡片（见表 3-1-13），并将卡插放在货架的支架上或货堆的显著位置。这个过程为立卡。

表 3-1-13　货物资料卡

| 货物名称 | |
|---|---|
| 货物编号 | |
| 入库时间 | |
| 规格与等级 | |
| 单价 | |
| 收入数量 | |
| 出库数量 | |
| 结存余数 | |
| 存储位置 | |
| 备注 | |

物资保管卡片的管理办法主要有两种：一是由保管员集中保存管理。这种方法有利于责任制的贯彻，即专人专责管理。但是，如果有进出业务而该保管员缺勤时就难以及时进行。二是将填制料卡直接挂在物资垛位上。挂放位置要明显、牢固。这种方法的优点是便于随时与实物核对，有利于物资进出业务及时进行，可以提高保管员的工作效率。

（三）建档

将物资入库业务作业全过程的有关资料证件进行整理、核对，建立资料档案，这样可以便于货物管理和保持客户联系，是解决争议的凭证，也便于仓库总结和积累仓库保管经验。

档案的资料范围包括：

（1）物资出厂时的各种凭证、技术资料；

（2）物资到达仓库前的各种凭证、运输资料；

（3）物资入库验收时的各种凭证、资料；

（4）物资保管期间的各种业务技术资料；

（5）物资出库和托运时的各种业务凭证、资料；

（6）回收的仓单、货垛牌、仓储合同、存货计划和收费存根等；

（7）其他有关该物资仓储保管的特别文件和报告记录。

（四）信息登录

到达仓库的物资，经验收确认后一般应填写入库验收单，单据的格式根据物资及业务形式而不同，但一般包含如下信息：

（1）供应商信息。名称、送货日期、送货订单完成情况。

（2）物资信息。品种、数量、质量验收记录、生产日期或批号。

（3）订单信息。订单对应号、序号、当日收货单序号。

填写入库验收单后，还需将有关入库信息及时准确地输入库存物资信息管理系统，更新库存物资的有关数据。物资信息登录的目的在于为后续作业提供管理和控制的依据。

对于初次收到的物资，需要严格进行入库检验，并将信息及时输入仓库管理信息系统，

入库物资信息需要录入以下内容：

（1）物资的一般特征。物资名称、类别、规格、型号；物资的包装单位、包装尺寸、包装容器、单位重量及价格等。

（2）物资的原始条码、内部编号、进货入库单据号码、物资的储位。

（3）供应商信息。供应商名称、编号、合同号等。

录入以上信息后，仓库管理信息系统将自动更新和储存录入的信息，特别是物资入库数量的录入将增加在库物资账面余额，从而保证物资账面数目与实际库存数量一致，既为保管物资数量与质量提供依据，也为库存物资数量的控制和采购决策提供参考。对作业过程中产生的单据和其他原始资料应注意根据一定的标准，如按不同的供应商或时间顺序等归类整理，留存备查。

表 3-1-14　货物入库单

编号：　　　　　　　入库日期：　　年　　月　　日

| 货物名称 | 型号 | 编号 | 数量 | | | 单价 | 金额 | 付款方式 | | 备注 |
|---|---|---|---|---|---|---|---|---|---|---|
| | | | 进货量 | 实点量 | 量差 | | | 转账 | 现付 | |
| | | | | | | | | | | |
| | | | | | | | | | | |
| | | | | | | | | | | |
| | | | | | | | | | | |

审核：　　　　　进货人：　　　　　仓储工作人员：

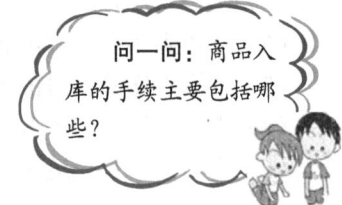

问一问：商品入库的手续主要包括哪些？

 **知识链接：建档工作的具体要求**

（1）应一物一档。建立物资档案应该是一物（一票）一档。

（2）应统一编号。物资档案应进行统一编号，并在档案上注明货位号，在实物保管明细账上注明档案号，以便查阅。

（3）应妥善保管。物资档案应存放在专用的柜子里，由专人负责保管。

 **任务实施与评价**

### 1. 任务实施

任务准备：

某仓储公司即将入库万达公司的货物如下：

| 序号 | 商品名称 | 包装规格（mm）（长×宽×高） | 单价（元/箱） | 重量（kg） | 入库数量（箱） |
|---|---|---|---|---|---|
| 1 | 便利订书器 | 595×395×340 | 100 | 8 | 30 |
| 2 | 好运名片夹 | 460×260×210 | 1200 | 6 | 45 |
| 3 | 白雪碳素笔 | 445×315×195 | 220 | 7 | 45 |

任务要求：

（1）假设这 4 种货物已验收合格，请按照入库流程入库，填写相应的送货单（以客户名义）、入库验收单、收货单、入库单和实物明细账。

（2）请说明入库流程中涉及的岗位角色，以及每个工作岗位的具体分工和合作。

## 2. 任务评价

**任务评价表**

| 考核标准 | 【收货20%】 | 【验收20%】 | 【入库30%】 | 【签单20%】 | 【团队合作10%】 | | |
|---|---|---|---|---|---|---|---|
| 评价方法 | 1. 考核内容： 入库作业流程的实际操作和岗位角色的认定 ||||||| 
| | 2. 考核方法 ||||||| 
| | 评价主体 | 分值 | 小组平均得分 | 成员姓名_____ | 成员姓名_____ | 成员姓名_____ | 成员姓名_____ |
| | 学生自评 | 20 | | | | | |
| | 学生互评 | 30 | | | | | |
| | 教师评价 | 50 | | | | | |
| | 【学生本次任务成绩】_____  教师： 日期： |||||||

# 项目二　在库作业组织

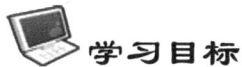　**情景导入**：公司仓库新进一批茶叶，王明将茶叶储存于一日化仓库，结果受到经理的严厉批评。请问：王明的操作有什么不妥？茶叶的储存应注意哪些方面？

**学习目标**

【能力目标】
1. 能根据不同货物组织在库作业。
2. 能够根据实际情况要求制定储位方案。
3. 能够根据堆码、苫垫的要求和方式进行货物的堆码、苫垫。
4. 能够按照商品编码和货位编号的原则、方法进行实际操作。
5. 能够根据盘点作业的内容和要求进行盘点。
6. 能够根据盘点结果处理盈亏问题，并会填制盘点的全套单据。
7. 能够处理物资出库中出现的问题。

【知识目标】
1. 掌握在库作业的概念和步骤。
2. 掌握商品编码和货位编号。
3. 掌握货物的堆垛和苫垫方法。
4. 掌握货物盘点的方法。
5. 了解货物的保管养护知识。

6．掌握物资出库作业流程。
7．熟悉物资出库作业管理要求。
8．熟悉仓储物资的发货方式。

【工作任务】

1．可以对所存货物进行编码，对货位进行编号。
2．可以根据不同货物的特性进行日常养护。
3．能够顺利完成货物的盘点工作。

案例导入

某仓库接收了一批矿泉水、汽水、饼干、洗衣粉、卫生纸、塑料胶桶、毛巾、大米、酱油等商品，经检验后需上货架保管，但是所有的货架都没有编号。仓管员王明又遇到了难题。

思考：应如何进行入库作业？

# 任务一　商品编码与货位编号

在库作业是指对在库物品进行理货、堆码、苫垫、维护保养、检查盘点等保管工作。为了确保物品的数量和质量完好无损，减少出入库的操作时间，提高效率，方便拣选和搬运，必须重视在库作业和保管过程。

为了保证仓储作业准确而迅速地进行，必须对商品进行清楚有效的编码和对货位进行编号，这是极其重要的。即只有每种商品都有一个地址和姓名，商品存取才能迅速而准确，并可通过计算机进行高效和标准化的管理。

一、商品编码

商品编码是对商品按分类内容进行有序编排，并用简明文字、符号或数字来代替商品的名称、类别。商品编码有利于大量商品的有序管理。

（一）商品编码的作用

（1）增进商品资料的准确性。商品编码使商品的领用、发放、盘点、储存、保管、账目等一切商品管理事务性的工作均有编码可查，商品管理有序，准确率高。

（2）提高商品管理的效率。用编码代替文字记录，简单省事，效率提高，更有利于计算机系统的管理，方便进行处理、检索、分析、查询。

（3）降低商品库存、降低成本。商品清单有利于商品库存的控制，有利于呆滞废料的防止，并能提高商品活动的工作效率，减少资金积压，降低成本。

（4）防止各种商品舞弊事件的发生。商品编码有利于商品收支两条线管理，对商品进出容易跟踪，商品记录也非常正确。商品储存保管有序，可以减少或防止商品舞弊事件的发生。

（二）商品编码的原则

（1）简单性。商品编码的目的就是化繁为简，所以，商品编码使用各种文字、符号、字母、数字时应尽量简单明了，有利于记忆、查询、阅读、抄写等各种工作，并减少错误机会。

（2）完整性。在商品编码时，所有的商品都有对应的编码，这样编码才完整。

（3）对应性。是指一个编码只对应一项商品，商品编码具备单一性，一一对应。

（4）规律、易记性。应选择有规律、易记忆的方法，有暗示和联想作用，便于记忆。

（5）可拓展性。商品编码要考虑未来新产品、新材料发展扩充的情形，要留有一定的余地，使新材料的产生也有对应的唯一编码。

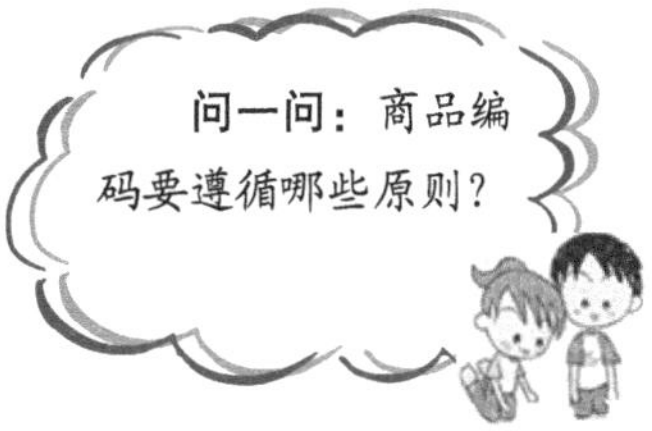

（6）分类延展性。对复杂的商品编码系统进行大分类后，还要进行细分类。在对各分类编码时，应注意选择字母或数字具有延展性。

（7）计算机的易处理性。要使编码方便于计算机制查询、输入和检索。

（三）商品编码的方法

1．无含义编码——流水编码方法

以阿拉伯数字或英文字母为编号工具，按商品特性、流水等方式进行编号的一种方法。

例 1：数字表示法，如图 3-2-1 所示。

| 编号 | 商品名称 |
|---|---|
| 1 | 牙膏 |
| 2 | 香皂 |
| 3 | 沐浴露 |
| ⋮ | ⋮ |
| $N$ | 洗衣粉 |

图 3-2-1　数字表示法

例 2：字母表示法，如图 3-2-2 所示。

| 商品价格 | 商品种类 | 商品颜色 |
|---|---|---|
| A：高价材料 | A：五金　B：交电 | A：红色　B：橙色　C：黄色 |
| B：中价材料 | C：化工　D：塑料 | D：绿色　E：青色　F：蓝色 |
| C：低价材料 | E：电子 | |

图 3-2-2　字母表示法

流水编码法的优点是代码简单，使用方便，易于延伸，对编码对象的顺序无任何特殊规定和要求。缺点是代码本身不会给出任何有关商品的其他信息。

流水编码法的延伸方法包括后位数法和数字分段法。

（1）后位数法。利用编号末尾数字对同类商品进行分类，例如：1.1 为中华牙膏、1.2 为黑人牙膏、1.3 为高露洁牙膏等。

（2）数字分段法。数字分段分组，例如 1-10 为牙膏、11-20 为肥皂等。

2．实际意义编码法

按照商品名称、重量、尺寸、分区、储位、保存期限等实际情况来编码。通过商品编号能够迅速了解商品的内容及相关信息。实际意义编码法示例如表 3-2-1 所示。

表 3-2-1　实际意义编码法示例（FO4915B1）

| 编　　码 | | 含　　义 |
|---|---|---|
| FO4915B1 | FO | 表示 FOOD，食品类 |
| | 4915 | 表示 4×9×15，尺寸大小 |
| | B | 表示 B 区，商品存储区号 |
| | 1 | 表示第一排货架 |

3．暗示编号法

用数字和文字组合来编码，字母数字与商品能产生联想，看到编码就能联想到相应的商品，也暗示了商品内容。暗示编码法容易记忆，又可防止商品信息外泄。暗示编号法示例如表 3-2-2 所示。

表 3-2-2　暗示编号法示例（BY005WB10）

| 属　　性 | 商品名称 | 尺　　寸 | 颜色与形式 | 供　应　商 |
|---|---|---|---|---|
| 编码 | BY | 005 | WB | 10 |
| 含义 | 表示自行车（bicycle） | 表示大小型号为 5 号 | 表示白色 white<br>表示小孩型 Boy's | 表示供应商的代号 |

4．分组编号法

分组编号法是按商品特性分成多个数字组，每个数组代表商品的一种特性，对于每个字组的位数多少应视实际需要而定。

分组编码方法代码结构简单，容量大，便于计算机管理，在仓库管理中使用较广泛，其示例如表 3-2-3 所示。

表 3-2-3　分组编号法示例（075006110）

| 商　品 | 类　别 | 形　状 | 供　应　商 | 尺　寸 | 意　　义 |
|---|---|---|---|---|---|
| 编号 | 07 | | | | 饮料 |
| | | 5 | | | 圆瓶 |
| | | | 006 | | 统一 |
| | | | | 110 | 100×200×400 |

## 二、货位编号

货位编号是对库房、货场、货棚、货架按地址、位置顺序统一编列号码，并做出明显标志。货位编号应符合"标志明显易找，编排规律有序"的要求，使商品存取工作顺利、快捷地进行。

问一问：暗示了商品具体内容的编号法有哪种？

（一）货位编号的要求

货位的编号就好比商品在仓库中的住址，必须符合"标志明显易找，编排循规有序"的原则。具体编号时，须符合以下要求。

（1）标志设置要适宜。货位编号的标志设置，要因地制宜，采用适当的方法，选择适当的地方。如无货架的库房内，走道、支道、段位的标志，一般都刷置在水泥或木板地坪上；有货架库房内，货位标志一般设置在货架上等。

（2）标志制作要规范。货位编号的标志如果随心所欲、五花八门，很容易造成单据串库、商品错收、错发等事故。如果统一使用阿拉伯字码制作标志，就可以避免以上弊病。为了将库房以及走道、支道、段位等加以区别，可在字码大小、颜色上进行区分，也可在字码外加上括号、圆圈等符号加以区分。

（3）编号顺序要一致。整个仓库范围内的库房、货场内的走道、支道、段位的编号，一般都以进门的方向左单右双或自左向右顺序编号的规则进行。

（4）段位间隔要恰当。段位间隔的宽窄，应取决于货种及批量的大小。

同时应注意的是，走道、支道不宜经常变更位置，变更编号，因为这样不仅会打乱原来的货位编号，而且会使保管员不能迅速收发货。

（二）常见的货位编号方法

1．地址编号法

利用保管区的参考单位，例如仓库号、区段、排、行、层、格等，进行编码。较常用的方法是"四号定位法"（用库房号、货架号、货架层次号和货位号表明货物储存的位置，以便查找和作业的货物定位方法，参见《物流术语》）。

四号定位法+货区号=六号定位法。如K5AB10d15表示：第5库房AB货区10号货架第四层第15号货位。又如1-6-2-10的含义如图3-2-3所示。

2．区段编号法

就是把保管区分成几个区段，再对每个区段进行编码。这种方法是以区段为单位，每个编码代表的储区较大，区域大小根据物流量而定。

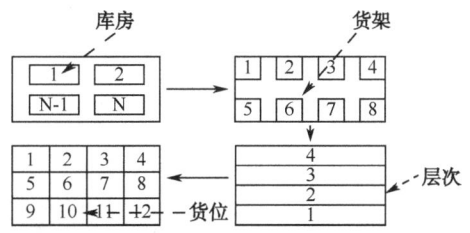

图3-2-3 地址编号法示例（1-6-2-10含义）

四号定位法与区段式编号法的区别在于四号定位法有库房号而无货区号，区段式编号有货区号而无库房号

3．品类群编号法

把相关物品集合后分成几个品类群，再对每个品类群进行编码。这种方式适合于品牌差距大的物品，如服饰群、食品群等。

（三）货位编号示例

1．库房的编号

把整个仓库的储存场所依地理位置按顺序编号，统一库房外墙或库门上，编号要清晰醒目，易于查找，如图 3-2-4 所示。

图 3-2-4　库房的编号

2．库房内货位编号

根据库内业务情况，按库内主干支干道分布，划分为若干货位，按顺序以各种简明符号与数字来编制货区、货位的号码，并标于明显处，如图 3-2-5 所示。

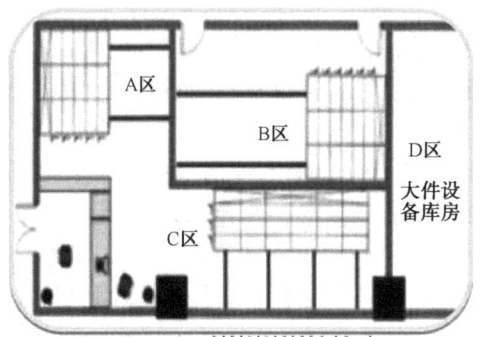

图 3-2-5　库房内货位的编号

3．货架上的货位编号

按四号编位法顺序，从里到外、从上到下、从左到右编好号码，并贴于货架上，如图 3-2-6 所示。

图 3-2-6　货架上的货位编号

4．货场的货位编号

常见的有两种方法：一种是在整个货场内先编上排号，然后再按排号顺序依次编上货位号；另一种是不分排号，直接编上货位号。对于集装箱堆场，应对每个箱位进行编号，并画出箱门和四角位置标记，如图3-2-7所示。

图 3-2-7　货场的货位编号

## 三、货位安排

货位是指仓库中实际可用于堆放商品的面积。货位的选择是在商品分区分类的基础上进行的，所以货位的选择应遵循确保商品安全，方便收发，力求节约仓容的原则。

问一问：最常用的货位编号法是什么？

（一）货位管理的原则

1．确保商品安全

货位的选择，首先应符合安全的原则。储存的物品不同，具有的特性也各异，有的怕热，有的怕冻，有的怕潮等，为确保物料质量安全，物料的存放环境应保持干燥、通风，防止锈蚀、防止受潮、长霉，避免磕碰、磨损，并且库区内严禁烟火，仓库内应配备质量合格、年检合格的消防灭火器材。

2．方便收发

货位的选择，应符合方便收发的原则，要方便物料的进出库，尽可能缩短收发货作业时间。仓库应根据货物收发快慢，仓储物料的流转快慢不一，有着不同的活动规律。将快进快出的物料，放置于有利于出库方便的货位；滞销久储的物料，货位不宜靠近收发台；整进零出的物料，要考虑零星出库的条件；零进整出的物料，要考虑集中出库的要求；仓库内存放的体积、重量相近的物料应放置在一起，便于收发。

3．节约仓容

货位的选择，还要符合节约的原则，以最小的仓容储存最大限量的物料。在货位负荷量和高度基本固定的情况下，应从储存物料不同的体积、重量出发，使货位与物料的重量、体积紧密结合起来。对于重量轻的物料，应安排在负荷量小和空间高的货位。对于重量大的物料，应安排在负荷量大而且空间低的货位。在货位的选择和具体使用时，还需根据仓储物料具有收发快慢不一的规律，针对操作难易不一的特点，把热销和久储、操作困难和省力的商品，搭配在同一货区储存，这样，不仅能充分发挥仓容使用的效能，而且还能克服各个储存区域之间忙闲不均的现象。

（二）货位储存策略

1．定位存储

定位存储是指每一存储货品都有固定货位，货品不能相互用货位。因此必须规定好每种项货物的储位容量，而且这个量不能小于其可能的最大库存量。

定位存储的优点主要有：每种货品都有固定存储位置；货品的货位可按周转率大小或出货频率来安排，以缩短出入库搬运距离；可针对各种货品的特性安排货位，将不同货品特性间的相互影响减至最小。定位存储的缺点主要是货位必须按各项货品的最大在库量设计，因此，储区空间平时使用效率低。定位存储适用的场合如下。

（1）不适于随机存储的场合。

（2）存储条件对货品存储非常重要时。

（3）易燃货品，必须限制存储于一定高度以满足保险标准及防火法规。

（4）根据货品特性，由管理或其他策略规定某些货品必须分开存储。

（5）重要货品，需要特别保护时。

（6）库房空间较大。

（7）多种少量货品的存储。

2．随机存储

随机存储是指每种货品被派存储的位置都是随机产生的，而且经常改变。即任何物品都可以被存放在任何可利用的位置上。

随机存储的优点主要是由于货位可共用，因此只需按所有库存货品最大库存设计即可，储区空间的利用效率较高。

随机存储的缺点主要有：货品的出入库管理及盘点工作的进行难度较大；周转率高的货品可能被存储在离出入口较远的位置，增加了出入库的搬运距离；具有相互影响特性的货品可能被相邻存储，造成货品的损害或发生危险。随机存储适用的场合如下。

（1）库房空间有限，需尽量利用存储空间。

（2）种类少或体积大的货品。

3．分类存储

分类存储策略是指将所有货品按照一定特性加以分类，每类货品都有固定存放的位置，而同属一类的不同货品又按一定的原则来指派货位。

分类存储的优点主要有：便于畅销品的存取，具有定位存储的各项优点；各分类的存储区域可根据货品特性进行设计，有助于货品的存储管理。分类存储的缺点是：货位必须按各项货品最大库存量设计，因此储区空间的平均利用率较低；分类存储较定位存储具有弹性，但也有与定位存储同样的缺点。分类存储适用的场合如下。

（1）产品相关性大，经常被同时订购。

（2）周转率差别大。

（3）产品尺寸相差大等情况。

4．分类随机存储

分类随机存储是指每类货品都有固定存放位置，但在各类储区内，每个货位的指派是随机的。

分类随机存储的优点：既具有分类存储的部分优点，又可节省货位数量提高储区利用率。分类随机存储的缺点是货品出入库管理及盘点工作的进行难度较高。分类随机存储适用的场合：分类随机存储兼具分类存储及随机存储的特色，需要的存储空间介于两者之间。

5. 共同存储

共同存储是当确切知道各货品进出仓库的时间时，不同的货品可以共用相同的货位。当然，这在管理上会带来一定的困难，但是有助于减少货位空间，缩短搬运时间，有一定的经济性

 **知识链接：货架货位编码规则**

为了更好地对仓库进行管理与提高仓库工作效率，现对仓库所有存储区域内的货架存储管理进行规范，按以下编码规则对仓库货架划分货位。

（1）对仓库正常商品存储区域按仓库所在楼层进行区分，第一层为1，第二层为2，依此类推。此项编码用1位数位表示；此项也可以用字母表示仓库号。

（2）将每层存储仓库的货架按排号进行编号，从靠近电梯方向向后进行编号，第一排为01，第二排为02，依此类推。此项编码用2位数位表示。

（3）将货架每层从下往上编号，最下面第一层为1，第二层为2，依此类推。此项编码用1位数位表示。

（4）将每层货位按间隔进行区分商品储存位置与顺序，货位顺序从靠近通道与靠近电梯方向向内编号，第一个货位顺序为01，第二个货位顺序为02，依次类推。此项编码用2位数位表示。

例如：2 05 3 12，第一位数位为2，代表仓库为第二层仓库存储区；第二、第三两位数位为05，代表仓库内第5排货架；第四位数位为3，代表货架从下往上第3层；第五、第六两位数位为12，代表从第3层货架上所分配的商品存储位为第12。

 **任务实施与评价**

### 1. 任务实施

**任务准备：**

某仓库内现有存储货架为托盘货架和栈板货架，其中，托盘货架共有4排，每排5层，每层共有平均体积为$1m^3$的货位10个；栈板货架共有2排，每排3层，每层共有20个货位。预存储到此仓库的初定货品的信息如下表所示。

| 序号 | 客　户 | 品　牌 | 货品名称 |
|---|---|---|---|
| 1 | 联美集团 | 康师傅 | 康师傅红烧牛肉面 |
| 2 | 联美集团 | 康师傅 | 康师傅西红柿牛腩面 |
| 3 | 联美集团 | 康师傅 | 康师傅香菇炖鸡面 |

续表

| 序号 | 客 户 | 品 牌 | 货 品 名 称 |
|---|---|---|---|
| 4 | 华美集团 | 统一 | 统一老坛酸菜面 |
| 5 | 比亚天天 | 统一 | 小浣熊干脆面 |
| 6 | 比亚天天 | 白象 | 白象酸辣粉丝 |
| 7 | 京客隆 | 百事 | 乐事原味 |
| 8 | 京客隆 | 百事 | 乐事番茄味 |
| 9 | 莲花集团 | 宝洁 | 品客原味 |
| 10 | 莲花集团 | 宝洁 | 品客番茄味 |
| 11 | 麦客隆 | 宝洁 | 品客鲜葱味 |
| 12 | 廉美 | 达利 | 可比克原味 |
| 13 | 廉美 | 达能闲趣 | 乐之咸味 |
| 14 | 廉美 | 达能闲趣 | 富丽 |
| 15 | 华美集团 | 达能闲趣 | 达能闲趣 |
| 16 | 华美集团 | 卡夫 | 奥利奥牛奶味 |
| 17 | 华美集团 | 卡夫 | 奥利奥巧克力味 |
| 18 | 麦客隆 | 卡夫 | 鬼脸嘟嘟 |
| 19 | 麦客隆 | 喜之郎 | 喜之郎菠萝味 |
| 20 | 麦客隆 | 徐福记 | 徐福记草莓味 |
| 21 | 麦客隆 | 徐福记 | 徐福记苹果味 |
| 22 | 星辰 | 诺基亚 | NOKIA 5300 |
| 23 | 星辰 | 诺基亚 | NOKIA N73 |
| 24 | 星辰 | 索尼 | Sony Ericsson W550C |
| 25 | 国美 | 海尔 | Haier W36 |
| 26 | 国美 | 联想 | Lenovo 旭日 410MC520 |
| 27 | 国美 | 联想 | LenovoF41AT7100W42048 |
| 28 | 苏宁 | DELL | Dell Inspiron 1501 |
| 29 | 苏宁 | 方正 | FounderR650（VUR650-420） |
| 30 | 苏宁 | 纽曼 | Newman 影音 M668（20GB） |
| 31 | 苏宁 | 三星 | X-816（2GB） |
| 32 | 苏宁 | 三星 | Sumsung I7 |
| 33 | 苏宁 | 佳能 | Canon A710 IS |
| 34 | 苏宁 | 佳能 | Canon A640 |
| 35 | 联华集团 | 上海家化 | 30ml 高夫古龙喷雾香水 |
| 36 | 联华集团 | 上海家化 | 30ml 高夫经典古龙香水 |
| 37 | 联华集团 | 上海家化 | 60ml 高夫经典古龙香水 |
| 38 | 联华集团 | 上海家化 | 80g 美加净护手霜 |

续表

| 序号 | 客　户 | 品　牌 | 货品名称 |
|---|---|---|---|
| 39 | 联华集团 | 上海家化 | 75g 美凝水活肤洁面乳 |
| 40 | 联华集团 | 上海家化 | 75g 美加净保湿洁面乳 |
| 41 | 联华集团 | 上海家化 | 美白防晒乳液套装 |
| 42 | 联华集团 | 六神 | 125g 六神特效香皂 |
| 43 | 联华集团 | 六神 | 200ml 六神润肤沐浴露 |
| 44 | 联华集团 | 六神 | 700ml 六神清凉润肤沐浴露 |
| 45 | 联华集团 | 六神 | 90g 六神清凉皂冰片 |
| 46 | 联华集团 | 六神 | 125g 六神除菌皂 |
| 47 | 联华集团 | 宝洁 | 家安免洗除菌凝露 |
| 48 | 联华集团 | 宝洁 | 家安除菌洗手液 700ml |

任务要求：

（1）请根据储位分配练习示例和已学过的编码方式进行商品编号、货位编码，商品编码方式选择一种即可（提示：流水编码法，分组编码法，实际意义编码法和暗示编码法）。

（2）货位编码请分别使用地址法和品类群法进行。

（3）假设现在正值夏季，人们对浴液、洗发水等系列产品需求明显增加。如上海家化、六神等品牌下的相关产品。分析商品信息，并确定储位使用方式。

**2．任务评价**

任务评价表

| 考核标准 | 【商品编号30%】 | | 【货位编码30%】 | 【正确性30%】 | 【团队合作10%】 | |
|---|---|---|---|---|---|---|
| 评价方法 | 1．考核内容：商品编号和货位编码的编制 | | | | | |
| | 2．考核方法 | | | | | |
| | 评价主体 | 分值 | 小组平均得分 | 成员姓名 | 成员姓名 | 成员姓名 | 成员姓名 |
| | 学生自评 | 20 | | | | | |
| | 学生互评 | 30 | | | | | |
| | 教师评价 | 50 | | | | | |
| | 【学生本次任务成绩】_____　　　　教师：　　　　日期： | | | | | |

# 任务二  货物的堆码与苫垫

## 一、货物的堆码

堆码也称码垛，就是将存放的商品整齐、规划地摆放成货垛的作业。也就是根据商品的包装外形、重量、数量、性能和特点，结合地坪负荷、储存时间，将商品分别堆成各种垛形。

合理堆码有利于确保商品完好、提高仓容利用率、安全而快速地作业。进行商品堆码时，必须对堆码的方式、形状、高度等进行科学的研究和必要的计算。

（一）堆码的基本原则

（1）分类存放。不同类别、不同批次、残损与原货、不同流向、分拣与原货均分类存放。

（2）适当的搬运活性，摆放整齐。搬运活性是指物品便于装卸搬运（易于移动）的程度。通常用活性指数 0，1，2，3，4，…，$n$ 来表示，指数越高表明搬运的方便程度越高，越易于搬运。长期存放的物品搬运指数低，短期存放的物品搬运指数高。

（3）尽可能码高，货垛稳定。

（4）面向通道，不围不堵。保证货垛正面向通道，并且至少有一面向通道。

（二）堆码的基本要求（如图 3-2-8 所示）

商品在堆码前应具备以下条件：商品的数量、质量已彻底查清，验收合格；对需取样的商品，堆码时注意取样的方便；包装完好，标志清楚；外包装已清扫干净，或包装虽有污染，但不影响商品质量；不合格品已加工修复或分开堆码。

（1）合理。要求不同货物的性质、品种、规格、等级、批次和不同客户的货物，应分开堆放。货垛形式适应货物的性质，有利于货物的保管，能充分利用仓容和空间；货垛间距符合作业要求以及防火安全要求；大不压小，重不压轻，缓不压急，不会围堵货物，特别是后进货物不堵先进货物，确保"先进先出"。

图 3-2-8  码垛的基本要求

（2）牢固。堆放稳定结实，货垛稳定牢固，不偏不斜，必要时采用衬垫物料固定，不压坏底层货物或外包装，不超过库场地坪承载能力。货垛较高时，上部适当向内收小。易滚动的货物，使用木契或三角木固定，必要时使用绳索、绳网对货垛进行绑扎固定。

（3）定量。每个货垛的货物数量保持一致，采用固定的长度和宽度，且为整数，如50袋成行，每层货量相同或呈固定比例递减，能做到过目知数。每垛的数字标记清楚，货垛牌或料卡填写完整，排放在明显位置。

（4）整齐。货垛堆放整齐，垛形、垛高、垛距标准化和统一化，货垛上每件货物都排放整齐、垛边横竖成列，垛不压线；货物外包装的标记和标志一律朝垛外。

（5）节约。尽可能堆高，避免少量货物占用一个货位，以节约仓容，提高仓库利用率；妥善组织安排，做到一次作业到位，避免重复搬倒，节约劳动消耗；合理使用苫垫材料，避免浪费。

（6）方便。选用的垛形、尺度、堆垛方法应方便堆垛、搬运装卸作业，提高作业效率；垛形方便计数、查验货物，方便通风、苫盖等保管作业。

（三）商品堆码的五距

商品堆码要做到货堆之间，货垛与墙、柱之间保持一定距离，留有适宜的通道，以便于商品的搬运、检查和养护。要把商品保管好，"五距"很重要。五距是指顶距、灯距、墙距、柱距和堆距，如图3-2-9所示。

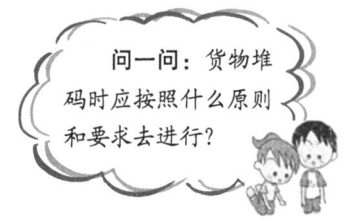

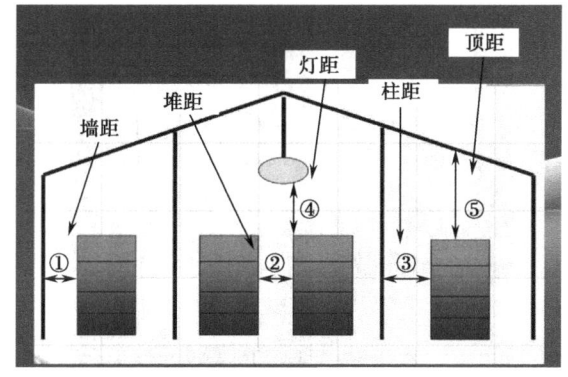

图3-2-9 商品堆码的五距

（1）顶距。顶距是指货堆的顶部与仓库屋顶平面之间的距离。留顶距主要是为了通风，对于平顶楼房，顶距应在50cm以上为宜。

（2）灯距。灯距是指在仓库里的照明灯与商品之间的距离。留灯距主要是防止火灾，商品与灯的距离一般不应少于50cm。

（3）墙距。墙距是指货垛与墙的距离。留墙距主要是防止渗水，便于通风散潮。

（4）柱距。柱距是指货垛与屋柱之间的距离。留柱距是为了防止商品受潮和保护柱脚，一般留10~20cm。

（5）堆距。堆距是指货垛与货垛之间的距离。留堆距是为了便于通风和检查商品，一般留10cm即可。

## （四）货物堆码方式

根据货物的特性、包装方式和形状、保管的需要，确保货物质量、方便作业和充分利用仓容，以及仓库的条件确定存放方式。

### 1．散堆方式

图 3-2-10 散堆

散堆方式适用于露天存放的没有包装的大宗货物，如煤炭、矿石、黄沙等，也可适用于库内的少量存放的谷物、碎料等散装货物，如图 3-2-10 所示。散堆方式是直接用堆场机或者铲车在确定的货位后端起，直接将货物堆高，在达到预定的货垛高度时，逐步后退堆货，后端先形成立体梯形，最后成垛，整个垛形呈立体梯形状。由于散货具有的流动、散落性，堆货时不能堆到太靠近垛位四边，以免散落使货物超出预定的货位。散堆方式绝不能采用先堆高后平垛的方法堆垛，以免堆超高时压坏场地地面。

### 2．货架存放方式

适用于小件、品种规格复杂且数量较少，包装简易或脆弱、易损害不便堆垛的货物，特别是价值较高而需要经常查数的货物仓储存放，如图 3-2-11 所示。货架存放需要使用专用的货架设备。常用的货架有橱柜架、悬臂架、U 形架、板材架、栅格架、钢瓶架、多层平面货架、托盘货架、多层立体货架等。

图 3-2-11 货架存放

### 3．垛堆方式

对于有包装（如箱、桶、袋、箩筐、捆、扎等包装）的货物，包括裸装的计件货物，采取堆垛的方式储存。堆垛前应进行合理设计，才能充分利用仓容，做到仓库内整齐，方便作业和保管。设计的内容包括垛基、垛形、货垛参数、堆码方式、货垛苦盖、货垛加固等。

（1）垛基可以承受整个货垛的重量，将物品的垂直压力传递给地基；将物品与地面隔开，起防水、防潮和通风的作用；垛基空间为搬运作业提供方便条件。对垛基的基本要求是：将整垛货物的重量均匀地传递给地坪；保证良好的防潮和通风；保证垛基上存放的物品不发生变形。

（2）垛形是指货物码放的外部轮廓形状。有平台垛、起脊垛、立体梯形垛、行列垛、梅花垛等，如图 3-2-12 所示。

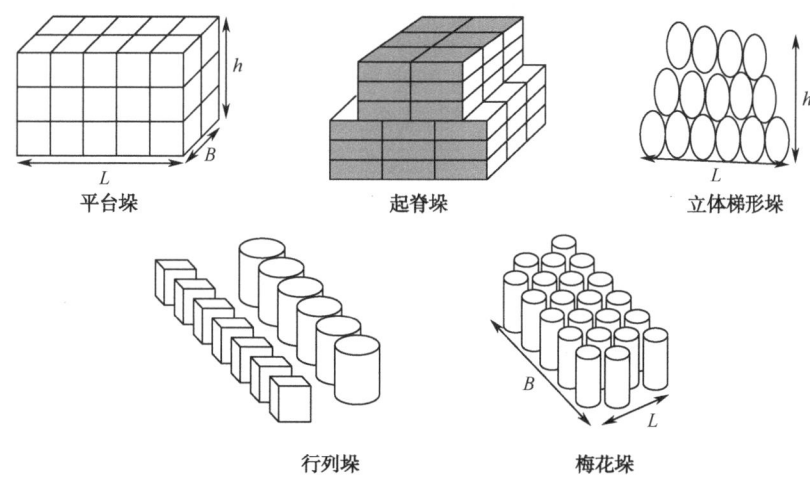

图 3-2-12 垛形

（3）货垛参数是指货垛的长、宽、高，即货垛的外形尺寸。

（4）堆码方式。堆码方式如图 3-2-13 所示。

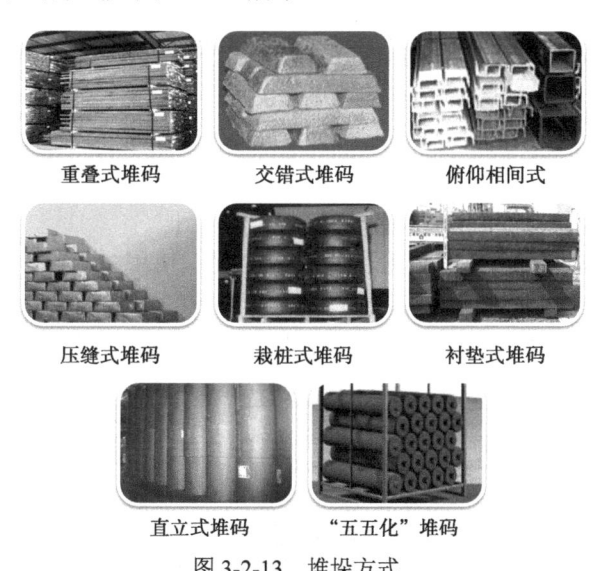

图 3-2-13 堆垛方式

① 重叠式。重叠式也称直堆法，即逐件、逐层向上重叠堆码，一件压一件的堆码方式。为了保证货垛稳定，在一定层数（如 10 层）后改变方向继续向上，或者长宽各减少一件继续向上堆放（俗称四面收半件）。该方法较方便作业、计数，但稳定性较差。适用于袋装货物、箱装货物、箩筐装货物，以及平板、片式货物等。

② 纵横交错式。每层货物都改变方向向上堆放。适用于管材、捆装、长箱装等货物。该方法较为稳定，但操作不便。

③ 俯仰相间式。对上下两面有大小差别或凹凸的货物，如槽钢、钢轨、箩筐等，将货物仰放一层，再反一面俯放一层，仰俯相间相扣。该垛极为稳定，但操作不便。

④ 压缝式。将底层并排摆放，上层放在下层的两件货物之间。如果每层货物都不改变方向，则形成梯形形状；如果每层都改变方向，则类似于纵横交错式。上下层件数的关系分

为"2顶1"、"3顶2"、"4顶1"、"5顶3"等，如图3-2-14所示。

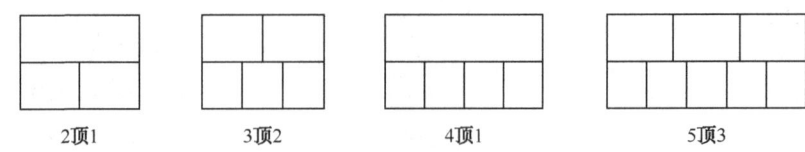

图3-2-14　压缩式垛码示意图

⑤ 栽桩式。码放货物前在货垛两侧栽上木桩或者钢棒（如U形货架），然后将货物平码在桩柱之间，几层后用铁丝将相对两边的柱拴牢，再往上摆放货物。此法适用于棒材、管材等长条状货物。

⑥ 衬垫式。码垛时，隔层或隔几层铺放衬垫物，待衬垫物平整牢固后，再往上码。适用于不规则且较重的货物，如无包装电机、水泵等。

⑦ 直立式。货物保持垂直方向码放的方法。适用于不能侧压的货物，如玻璃、油毡、油桶、塑料桶等。

⑧ "五五化"堆垛。"五五化"堆垛就是以五为基本计算单位，堆码成各种总数为五的倍数的货垛，以五或五的倍数在固定区域内堆放，使货物"五五成行、五五成方、五五成包、五五成堆、五五成层"，堆放整齐，上下垂直，过目知数。便于货物的数量控制、清点盘存。

## 二、货物苫垫

（一）垫垛

垫垛是指在货物码垛前，在预定的货位地面位置，使用衬垫材料进行铺垫。

常见的衬垫物有：枕木、方木、石条、水泥墩、防潮纸、防潮布等，如图3-2-15所示。

> 问一问：各种堆码方式的适用范围是怎样的？

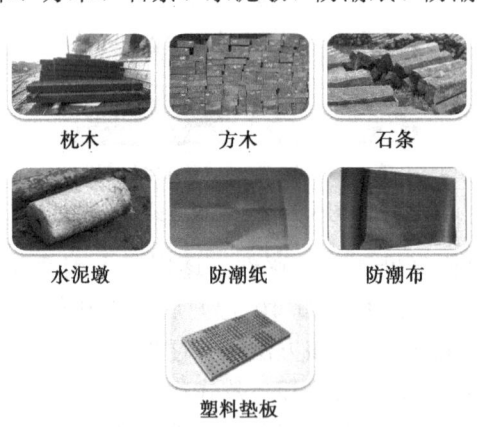

图3-2-15　衬垫物

（1）垫垛的目的：使地面平整；堆垛货物与地面隔离，防止地面潮气和积水浸湿货物；通过强度较大的衬垫物使重物的压力分散，避免损害地坪；地面杂物、尘土与货物隔离；形成垛底通风层，有利于货垛通风排湿；货物的泄漏物留存在衬垫之内，不会流动扩散，便于收集和处理。

（2）垫垛的基本要求：所使用的衬垫物与拟存货物不会发生不良影响，具有足够的抗压强度；地面要平整坚实、衬垫物要摆平放正，并保持同一方向；层垫物间距适当，直接接触货物的衬垫面积与货垛底面积相同，垫物不伸出货垛外；要有足够的高度，露天堆场要达到 0.3～0.5m，库房内达 0.2m 即可。

较重的货物，入库前首先必须考虑是否需要垫垛，如需要垫垛，则需要几块垫垛物。如果货物对地面的单位面积压力远远超过仓库库场单位面积技术定额，则必须垫垛，计算公式为：货物重量/货物底面积＞库场单位面积技术定额。

需要的衬垫物数量的计算公式为：

$$货物重量 + n \times 一块衬垫物自身的重量 = n \times 一块衬垫物的面积$$

式中

$n$——需要的衬垫物的数量，如果 $n$ 是分数，则进一位取整数，即为需要的衬垫物的数量。

**案例分析　衬垫面积的确定**

某仓库内要存放一台自重 30t 的设备，该设备底架为两条 2m×0.2m 的钢架。该仓库库场单位面积技术定额为 $3t/m^2$。问：需不需要垫垛？如何采用 2m×1.5m、自重 0.5t 的钢板垫垛？

解：物对地面的压强为：$30/(2 \times 2 \times 0.2) t/m^2 = 37.5 t/m^2$。远远超过库场单位面积技术定额，必须垫垛。

假设衬垫钢板为 $n$ 块，根据：重量（含衬垫重量）= 面积 × 库场单位面积技术定额

则 $30 + n \times 0.5 = n \times 2 \times 1.5 \times 3$

$n \approx 3.5$（块）

则需要使用 4 块钢板衬垫。将 4 块钢板平铺展开，设备的每条支架分别均匀地压在两块钢板之上，如图 3-2-16 所示。

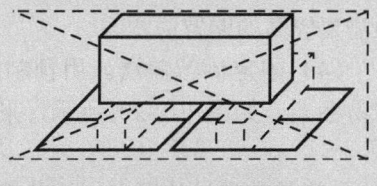

图 3-2-16　衬垫

（二）苫盖

苫盖是指采用专用苫盖材料对货垛进行遮盖，以减少自然环境中的阳光、雨雪、刮风、尘土等对货物的侵蚀、损害，并使货物由于自身理化性质所造成的自然损耗尽可能减少，保护货物在储存期间的质量。常用的苫盖材料有：帆布、芦席、竹席、塑料膜、铁皮铁瓦、玻璃钢瓦、塑料瓦等。

1．苫盖的方法

（1）就垛苫盖法。直接将大面积苫盖材料覆盖在货垛上。适用于起脊垛或大件包装货物。一般采用大面积的帆布、油布、塑料膜等，如图 3-2-17 所示。就垛苫盖法操作便利，但基本不具有通风条件。

图 3-2-17　就垛苫盖

（2）鱼鳞式苫盖法。将苫盖材料从货垛的底部开始，自下而上呈鱼鳞式逐层交叠围盖。该法一般采用面积较小的席、瓦等材料苫盖，如图 3-2-18 所示。鱼鳞式苫盖法具有较好的通风条件，但每件苫盖材料都需要固定，操作比较烦琐复杂。

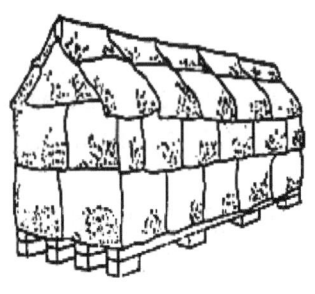

图 3-2-18　鱼鳞式苫盖

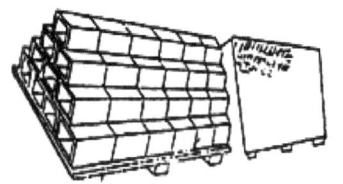

图 3-2-19　活动棚苫盖

（3）活动棚苫盖法。将苫盖物料制作成一定形状的棚架，在货物堆垛完毕后，移动棚架到货垛遮盖，如图 3-2-19 所示；或者采用即时安装活动棚架的方式苫盖。活动棚苫盖法较为快捷，具用良好的通风条件，但活动棚本身需要占用仓库位置，并需要较高的购置成本。

（4）固定棚苫盖法。用预制的苫盖骨架与苫叶合装而成的简易棚架，如图 3-2-20 所示，采用此方法不需要基础工程，可随时拆卸和通过人力移动。

（5）隔离苫盖法。这种方法与简易苫盖法的区别在于苫盖物不直接摆放在货垛上，而是采用隔离物使苫盖物与货垛间留有一定空隙。隔离物可用竹竿、木条、钢筋、钢管、隔离板等，如图 3-2-21 所示。此法的优点是利于排水通风。

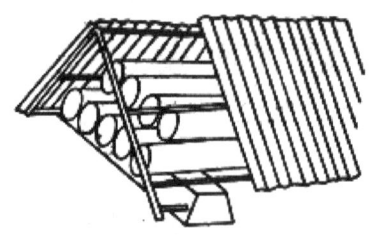

图 3-2-20　固定棚苫盖　　　　　　图 3-2-21　隔离苫盖

2. 苫盖的要求

苫盖的目的是为了给货物遮阳、避雨、挡风、防尘。苫盖的要求就是实现苫盖的目的。

（1）选择合适的苫盖材料。选用符合防火、无害的安全苫盖材料；苫盖材料不会与货物发生不利影响；且成本低廉，不宜损坏，能重复使用，没有破损和霉烂。

（2）苫盖牢固。每张苫盖材料都需要牢固固定，必要时在苫盖物外用绳索、绳网绑扎或者采用重物镇压，确保刮风揭不开。

（3）苫盖的接口要有一定深度的互相叠盖，不能迎风叠口或留空隙；苫盖必须拉挺、平整，不得有折叠和凹陷，防止积水。

（4）苫盖的底部与垫垛平齐，不腾空或拖地，并牢固地绑扎在垫垛外侧或地面的绳桩上，衬垫材料不露出垛外，以防雨水顺延渗入垛内。

（5）使用旧的苫盖物或在雨水丰沛季节，垛顶或者风口需要加层苫盖，确保雨淋不透。

为了使保管中及时掌握货物资料，需要在货垛上张挂有关该垛货物的资料标签。该记载货物资料的标签称为货垛牌或者货物标签、料卡等。在货物码垛完毕后，仓库管理人员就需要根据入库货物资料、接收货物情况制作货垛牌，并摆放或拴挂在货垛正面明显的位置或者货架上，如图3-2-22所示。

图 3-2-22　摆放货垛牌

货垛牌的主要内容有：货位号、货物名称、规格、批号、来源、进货日期、存货人、该垛数量、接货人（制单人）等。此外，根据不同特点的仓库可以相应增减项目。

问一问：如何进行货垛的苫盖？

## 知识链接：保管中的作业规范要求

（1）面向通道。将货物面向通道保管，便于货物在仓库内移动、存放和取出。

（2）先进先出。根据入库时间决定发货送出次序，避免发生过期变质、损耗现象。

（3）周转频率对应。依据货物收发货的不同频度来确定货物的存放位置，便于搬运和提高物流效率。

（4）同类归一。同类物放于相同或相近位置，便于分拣，提高物流效率。

（5）重量对应。根据货物重量确定存入的位置和保管方法。重物放于地面或货架底层，轻物放在货架上层。便于分拣，提高作业效率。

（6）形状对应。根据货物形状确定存放位置和保管方法。包装标准化的货物放在货架上保管，非标准化的货物按对应形状进行保管。

（7）标记明确。对保管物品的品种、数量及保管位置做明确详细的标记，以便于提高货物存放、拣出的物流作业效率。

（8）分层堆放。指利用货架等设备对货物进行分层堆放保管。这有利于提高仓库的利用效率，保证货物不受挤压及作业的安全性。

（9）"五五化"堆放。根据各种物料的特性做到"五五成行，五五成方，五五成包，五五成堆，五五成层"，流动后零头和尾数要及时合并，使物料叠放整齐，便于点数、盘点和取送。

## 任务实施与评价

### 1. 任务实施

任务准备：

某仓储公司为一客户存储水泥 100 袋（100kg/袋）、建筑用五金扣件 60 箱（150kg/箱）、木门 80 张（20 kg/张）、铁丝 40 卷（95kg/卷），钢材 60 卷（200kg/卷）。

任务要求：

（1）请分别用就垛苫盖法、鱼鳞式苫盖法、活动棚苫盖法、隔离苫盖法进行苫盖。

（2）请分别说明垫垛的要求。

### 2. 任务评价

**任务评价表**

| 考核标准 | 【各种苫盖法的操作 50%】 | | 【垫垛要求的说明 40%】 | | 【团队合作 10%】 | |
|---|---|---|---|---|---|---|
| 评价方法 | 1. 考核内容：货物各种苫盖法的操作 ||||||
| | 2. 考核方法 ||||||
| | 评价主体 | 分值 | 小组平均得分 | 成员姓名_____ | 成员姓名_____ | 成员姓名_____ | 成员姓名_____ |
| | 学生自评 | 20 | | | | | |
| | 学生互评 | 30 | | | | | |
| | 教师评价 | 50 | | | | | |
| | 【学生本次任务成绩】_____<br>教师：<br>日期： ||||||

# 任务三　商品的保管养护

## 一、商品保管养护的意义

入库货物的保管养护是指仓库针对货物的特性，结合仓库的具体条件，采取各种科学手段对货物进行养护，防止和延缓货物质量变化的行为。货物保管的目的在于保持库存货物的使用价值，最大限度地减少货物的自然耗损，杜绝因保管不善而造成的货物损害。保管人对仓储物进行妥善保管是仓储合同赋予仓储保管人的责任，由于保管不善所造成的损失，保管人要承担赔偿责任。

仓库应高度重视货物保管养护工作，以制度性、规范性的方式确定保管工作责任；针对各种货物的特性制定保管方法和程序，充分利用现有的技术手段开展针对性的保管、维护。

仓库保管遵循"以防为主、防治结合"的保管原则。要特别重视货物损害的预防，及时发现和消除事故隐患，防止损害事故的发生。特别要预防发生爆炸、火灾、水浸、污染等恶性事故和造成大规模损害事故。在发生、发现损害现象时，要及时采取有效措施，防止损害扩大，减少损失。

仓库货物保管养护的手段主要有：经常对货物进行检查测试，及时发现异常情况；合理地对货物通风；控制阳光照射；防止雨雪水浸湿货物，及时排水除湿；除虫灭鼠，消除虫鼠害；妥善进行湿度控制、温度控制；防止货垛倒塌；防霉除霉，剔出变质货物；对特殊货物采取针对性的保管措施等。

## 二、商品保管养护的基本措施

1．掌握商品的性能，适当安排储存场所

产品由生产部门转入流通领域，首先进入储存部门。为了确保其质量不变，应根据商品的性能，选择适当的储存地点，同时要注意避免与同库储存的商品在性质上有相互抵触，避免串味、沾染以及其他影响。同时应注意采取的养护措施及方法必须一致。

2．严格入库验收

商品在入库之前，通过运输、搬运、装卸、堆垛等，可能因雨淋、水湿、沾污或操作不慎以及运输中震动、撞击致使货物或包装受到损坏，通过入库验收能及时发现，以分清责任界限。因此，对入库货物除了核对数量、规格外，还应该按比例检查其外观有无变形、变色、沾污、生霉、虫蛀、鼠咬、生锈、老化、沉淀、聚合、分解、潮解、溶化、风化、挥发、含水量过高等异状，有条件的还应进行必要的质量检验。

3．合理堆垛苫垫

入库商品应根据其性质、包装条件、安全要求采用适当的堆垛方式，达到安全牢固、便于堆垛且节约仓库的目的。为了方便检查、通风、防火和库房建筑安全，应适当地留出堆距、墙距、柱距、顶距、灯距以及一定宽度的主走道和支走道。为了防止商品受潮和防汛需要，货垛垛底应适当垫高，对怕潮商品垛底还需要加垫隔潮层。

#### 4．加强仓库温湿度管理

各类商品在储存过程中发生的质量变化，多数是由于受到空气温度和湿度的影响。因此，不同的商品在储存过程中都要求有一个适宜的温湿度范围，这样就需要掌握自然气候变化规律，并通过采取各种措施，使库房内的温度和湿度得到控制与调节，创造适宜货物储存的温湿度条件以保护商品的质量不变。

#### 5．坚持在库检查

商品在储存期间受到各种因素的影响，在质量上可能发生变化，如未能及时发现，就可能造成损失，因此需要根据其性质、储存条件、储存时间以及季节气候变化分别确定检查周期、检查比例、检查内容，分别按期进行检查或进行巡回检查。在检查中发现异状，要扩大检查比例，并根据问题情况及时采取适当的技术措施，及时处理，防止商品受到损失。

#### 6．开展科学实验研究

对入库储存的商品及时检验质量，开展对货物质量变化规律的研究和采取养护措施的科学实验，是养护科研工作的一项主要内容。通过实验的可靠数据，证实养护措施的可靠性以指导实践。再通过保管实践的数据反馈，使养护措施的可靠性得到验证，或根据其不足处再做进一步研究改进。

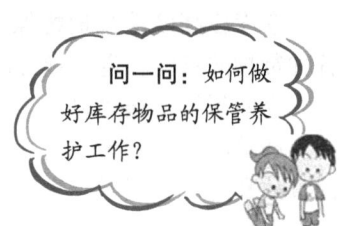

问一问：如何做好库存物品的保管养护工作？

### 三、影响库存物变化的因素

（一）影响库存物变化的内因

（1）物品的物理性质。主要包括吸湿性、导热性、耐热性、透气性等。

（2）物品的机械性质。包括物品的弹性、可塑性、强力、韧性、脆性等。

（3）物品的化学性质。物品的化学稳定性、物品的毒性、腐蚀性、燃烧性等。

（4）化学成分。

（5）物品的结构。

（二）影响物品质量变化的外因

（1）自然因素。温度、湿度、大气、日光、尘土、杂物、虫鼠雀害、自然灾害等。

（2）人为因素。如保管场所选择不合理，包装不合理，装卸搬运不合理，堆码苫垫不合理，违章作业。

（3）储存期。

### 四、库存商品养护方法

（一）温湿度控制

商品养护的首要问题，就是采用科学的方法控制与调节温湿度，使之适合于商品的储存，以保证商品完好无损。

空气温度的变化对空气的潮湿状态有很大的影响。原来较潮湿的空气，如果温度不断升高，就会变得越来越干燥，所以对那些怕潮易霉、易锈的商品，应采取升温降潮。

因此，在仓库温湿度管理中，库内温湿度是否适合商品性能的要求，主要是以相对湿度作为控制和调节仓库温湿度的依据。

此外，风与空气的温湿度也有较密切的关系。因此，要搞好仓库温湿度管理工作，还必须了解和掌握风的有关知识，这对于控制与调节仓库温湿度，正确选择通风时机及通风方法，保证商品的安全储存有着重要意义。

温湿度控制的方法主要有以下几个。

1. 密封

（1）密封的必要性。就是将商品严密封闭，减少外界因素对商品的不良影响，切断感染途径，达到安全储存的目的。

（2）密封的要求。封前要检查商品含水量、温度、湿度，选择绝热防潮材料（沥青纸、塑料薄膜、芦席等），确定密封时间，封后加强管理。

（3）密封的形式。整库密封、整垛密封、整柜密封、整件密封。

2. 通风

就是利用库内外空气对流，达到调节库内温湿度的目的。通风既能起到降温、降潮和升温的作用，又可排除库内的污浊空气，使库内空气适宜于储存商品的要求。通风有自然通风和机械通风两种方式。

3. 吸湿

就是利用吸湿剂减少库房的水分，以降低库内湿度的一种方法。

在梅雨季或阴雨天，当库内湿度过大，不宜通风散潮时，为保持库内干燥，可以放置吸湿剂吸湿。常用的吸湿剂有生石灰、氯化钙、氯化锂、硅胶、木灰、炉灰等。

（二）金属制品的养护处理

金属制品发生锈蚀，不仅影响外观质量，造成商品陈旧，同时会使其机械强度下降，降低使用价值，严重的甚至报废。例如，各种刀具常因锈蚀使其表面形成斑点、凹陷，以致难以平整和保持锋利；精密量具，只要轻微锈蚀，都可能影响其使用的精确度。

金属的防锈蚀就是防止金属与周围介质发生化学作用或电化学作用，使金属免受破坏。在仓储中一般采用改善仓储条件控制环境温湿度和空气中腐蚀性气体（如 $O_2$、$CO_2$、$HS$、$SO_2$ 等）的含量，还可采用表面涂防锈油、气相缓蚀剂、可剥性塑料、干燥空气封存等方法防治锈蚀。

### 三、防治虫害方法

把好入库关，做好日常的清洁卫生，铲除库区周围的杂草，清除附近沟渠污水，同时辅以药剂进行空库消毒，在库房四周 1m 范围内喷洒防虫剂，以有效杜绝害虫的来源。

仓库害虫的主要来源是：由商品或包装带入、商品和包装在加工或储存过程中感染害虫、库房不卫生和库外害虫侵入仓库。

1. 化学杀虫法

即用化学药剂防治害虫的方法。

（1）熏蒸杀虫法。利用熏蒸杀虫剂汽化后，通过害虫呼吸系统进入虫体，使害虫中毒死亡。

（2）接触杀虫法。利用杀虫剂接触虫体后，透过表皮进入体内，引起害虫中毒死亡。

（3）胃毒杀虫法。利用杀虫剂随食物进入虫体，通过胃肠吸收而使害虫中毒死亡。

2. 物理杀虫法

即利用各种物理因素，破坏害虫生理活动和机体结构，使其不能生存或繁殖的方法。

（1）高温杀虫法。主要用于耐高温商品的害虫防治，是利用日光曝晒、烧烤等产生的高温，作用于储存商品中的仓虫机体使其致死的方法。

（2）低温杀虫法。利用低温使害虫体内酶的活性受到抵制，生理活动缓慢，处于半休眠状态，不食不动，不能繁殖，因时间过长体内营养物质过度消耗而死亡。

（3）射线杀虫与射线不育法。分别利用高剂量与较低剂量的射线照射虫体。

（4）微波杀虫法。利用高频电磁场使虫体内水分子等成分分子发生高频振动，分子间剧烈摩擦而产生大量热能，使虫体温度达到60℃以上而死亡。

（5）远红外线杀虫法。是利用远红外线对虫体的光辐射所产生的高温，直接杀死害虫。

3．生物杀虫法

即利用害虫的天敌和人工合成的昆虫激素类似物来控制和消灭害虫。

### 四、霉变的防治

微生物的生长条件需要水分和一定的空气湿度，霉腐微生物大多是中温性微生物，其最适宜的生长温度为20～30℃，而大多数霉腐微生物在日光直射1～4h即能大部分死亡，并且通风可以防止部分商品霉腐，但主要是防止厌氧型微生物引起的霉腐。霉变的主要防治方法有以下几个。

1．低温防霉腐

（1）冷却法。又称冷藏法，是使储存温度控制在0～10℃的低温防霉腐方法。

（2）冷冻法。一般使储存温度控制在-18℃的低温防霉腐方法。

2．干燥防霉腐

通过脱水干燥，使商品的水分含量在安全储存水分之下，以抵制霉腐微生物的生命活动而达到商品防霉腐目的的一种养护方法。

3．缺氧气调防霉腐

根据好氧微生物需氧代谢的特性，通过调节密封环境中气体的组成成分来抵制霉腐微生物的生理活动、酶的活性和减弱鲜活食品的呼吸强度，以达到食品防霉变、防腐烂和保鲜的目的。

4．药剂防霉腐

利用化学药剂使霉腐微生物的细胞和新陈代谢活动受到抑制或破坏，从而达到抑制或杀灭微生物，防止商品霉腐目的的一种防霉腐方法。选用药剂，应考虑低毒、高效、无副作用、价廉等原则，同时还应考虑对人体健康有无影响、对环境有无污染等。

5．辐射防霉腐

主要用于鲜活食品储存，是利用同位素钴60与铯137放射出的穿透力很强的射线辐射状照射食品，以杀灭食品商品上的微生物，破坏酶的活性，抵制鲜活食品的生理活动，从而达到防霉腐目的的一种储存养护方法。但存在食品色泽变暗、有轻微异味等问题。

### 五、防老化方法

（1）妥善包装。有利于与商品外界隔离，从而减弱空气中氧和温湿度对储存商品的不良影响。

（2）合理放置。库房应清洁、干燥、凉爽，门窗玻璃涂刷白色以防阳光直射；不与油类、腐蚀性商品或含水量大的商品同库存放。堆码不要过高、过重，并要注意通风。

（3）管好温湿度。依据商品特性，认真调节库内温湿度，将其稳定地控制在商品要求的范围内。

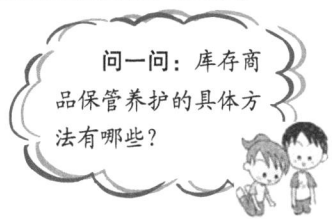
问一问：库存商品保管养护的具体方法有哪些？

 **知识链接：库存商品发生变化的形式**

1．物理机械变化

物品常发生的物理机械变化主要有挥发、溶化、熔化、渗漏、串味、冻结、沉淀、破碎、变形等形式。

2．化学变化

物品的化学变化形式主要有氧化、分解、水解、化合、聚合、裂解、老化、曝光、锈蚀等。

3．生化变化及其他生物引起的变化

这些变化主要有呼吸、发芽、胚胎发育、后熟、霉腐、虫蛀等。

 **任务实施与评价**

**1．任务实施**

任务准备：

### 安徽市宿州粮库改革传统储粮方法获成效

安徽市宿州粮库改革传统储粮方法，大胆引进新技术，改用环保、科学储粮方法，目前已全部消灭历年的陈化粮，在确保国家储备粮质量的同时节约了100多万元资金。

针对传统方法储粮造成的粮食陈化周期短、储存中药物使用量大影响粮食质量等弊端，宿州粮库改变了不发热、不生虫、不霉变、不短少的传统储粮标准，确立了低污染、低药量、保鲜度高的绿色环保储存目标，不断加大投入力度，改革传统储粮方法，大胆引用环保新技术实行科学保粮。

近年来，通过不断增加环流熏蒸、机械通风等环保设施，先后改造陈旧简陋仓库20多幢，使在20世纪70年代兴建的老仓库全部得以改造，新、老仓库均具备了科学保粮的基础条件，并在安徽省率先实行粮库低温、低氧"双低"技术。"双低"储存技术的使用，使粮食储存周期由原来的3年延长至5年，保鲜能力提高80%；仓库配置谷物冷却机，使粮库温度由原来的27℃下降到16℃，实现低温状态；同时采用宽幅复合薄膜，低氧储存，每年冬季实行两次机械通风，夏季进行符合膜压盖下的低温熏蒸。

据该市粮库负责人的介绍，近两年来，他们多方引资，先后添置了布拉班德粉质仪、降落数值仪、面筋指数仪等一批先进设备，粮库全部实现环保电子测温。新技术推行以来，每仓每年仅药物费一项可节约5万元。

任务要求：
（1）请讨论此粮库采取了哪些商品养护的方法。
（2）控制仓库温湿度的方法有哪些？

**2. 任务评价**

任务评价表

| 考核标准 | 【结果的正确性50%】 | | 【分析说明30%】 | 【积极发言10%】 | | 【团队合作10%】 |
|---|---|---|---|---|---|---|
| 评价方法 | 1. 考核内容：商品养护的方法 ||||||
| | 2. 考核方法 ||||||
| | 评价主体 | 分值 | 小组平均得分 | 成员姓名_____ | 成员姓名_____ | 成员姓名_____ | 成员姓名_____ |
| | 学生自评 | 20 | | | | | |
| | 学生互评 | 30 | | | | | |
| | 教师评价 | 50 | | | | | |
| | 【学生本次任务成绩】_____ 教师： 日期： ||||||

# 任务四　盘点作业

货品因不断地进出库，在长期的累积下库存物料容易与实际数量产生不符的现象。或者有些产品因存放过久、不恰当，致使品质机能受影响，难以满足客户的需求。为了有效地控制货品数量，而对各储存场所进行数量清点的作业，称为盘点作业。

## 一、盘点作业的目的

1. 为了确定现存量，并修正料账不符产生的误差

通常物料在一段时间不断接收与发放后，容易产生误差，这些误差的形成主因有以下几个。

（1）库存物料记录不确实，如多记、误记、漏记等。

（2）库存数量有误，如损坏、遗失、验收与出货清点有误。

（3）盘点方法选择不恰当，如误盘、重盘、漏盘等。

这些差异必须在盘点后查找错误的起因，并予以更正。

2. 为了计算企业的损益

企业的损益与总库存金额有相当密切的关系，而库存金额又与库存量及其单价成正比。因此为了能准确地计算出企业实际的损益，就必须针对现有数量加以盘点。一旦发现库存太多，即表示企业的经营受到压迫。

3. 为了稽核货品管理的绩效，使出入库的管理方法和保管状态变得清晰

如呆、废品的处理状况，存货周转率、物料的保养维修，均可通过盘点发现问题，以谋

改善之策。

## 二、盘点作业的步骤

一般盘点必须依循下列步骤逐步实施，如图 3-2-23 所示。

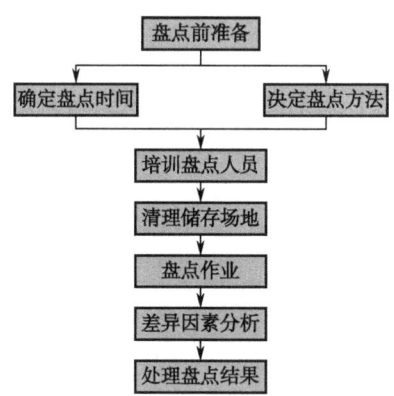

图 3-2-23　盘点作业的步骤

（一）盘点前准备

盘点作业的事先准备工作是否充分，关系到盘点作业进行的顺利程度，为了使盘点能在较短的时间内，利用有限的人力达到迅速确实的目标，事先的准备工作内容如下：①明确建立盘点的程序方法；②配合会计决算进行盘点；③盘点、复盘、监盘人员必须经过训练；④经过训练的人员必须熟悉盘点用的表单；⑤盘点用的表格必须事先印制完成；⑥库存资料必须确实结清。

（二）盘点时间的决定

一般性货品就货账相符的目标而言，盘点次数越多越好，但因每次实施盘点必须投入人力、物力、财力，这些成本耗资不少，所以要控制盘点次数。事实上，导致盘点误差的关键原因是在于出入库的过程，可能是因出入库作业传票的输入、检查点数的错误或是出入库搬运造成的损失，因此一旦出入库作业次数多时，误差也会随之增加。所以，对一般生产企业仓库而言，其货品流动速度不快，半年至一年实施一次盘点即可。但对物流中心、配送中心仓库，在货品流动速度较快的情况下，我们既要防止过久盘点对公司造成的损失，又要节约盘点资源，因而最好能视物流中心各货品的性质制定不同的盘点时间。例如，在实施商品品别 ABC 管理的公司，一般会建议：

（1）A 类主要货品：每天或每周盘点一次。

（2）B 类货品：每 2~3 周盘点一次。

（3）C 类较不重要货品：每月盘点一次即可。

而未实施商品品别 ABC 管理的企业，至少也应对较容易损耗毁坏及高单价的货品增加其盘点次数。另外应注意的是，当实施盘点作业时，时间应尽可能缩短，以 2~3 日内完成较佳。至于选择的日期一般会选择在以下几个时间点。

1．财务决算前夕

以便于计算损益及表达财务状况。

2．淡季进行

因淡季储货量少，盘点容易，人力的损失相对降低，且调动人力较为便利。

3．决定盘点方法

因盘点场合、要求的不同，盘点的方法亦有差异，为应对不同情况，必须明确盘点的方法（具体会在后面作详述）。

4．培训盘点人员

为使盘点工作得以顺利进行，盘点时必须增派人员协助进行。对于由各部门增援的人员必须组织化并且加以短期训练，使每位参与盘点的人员都能切实发挥其功能。而人员的培训必须分为以下两部分。

（1）针对所有人员进行盘点方法训练。其中对盘点的程序、表格的填写必须充分了解，工作才能得心应手。

（2）针对复盘与监盘人员进行认识货物的训练。因为复盘与监盘人员对货物大多数并不熟悉，故而应加强货品的认知，以利于盘点工作的进行。

5．清理储存场所

（1）在盘点前，对厂商交来的物料必须明确其所有数，如已验收完成属本仓库的，应及时整理归库，若尚未完成验收程序属于厂商的，应划分清楚，避免混淆。

（2）储存场所在关闭前应通知各需求部门预领所需物项。

（3）储存场所整理整顿完成，以便计数盘点。

（4）预先鉴定呆料、废品、不良品，以便盘点时列出。

（5）账卡、单据、资料均应整理后加以结清。

（6）储存场所的管理人员在盘点前应自行预盘，以便提早发现问题并加以预防。

6．盘点作业

盘点时，因工作单调琐碎，人员较难以持之以恒，为确保盘点的正确性，除人员培训时加强指导外，工作进行期间也应加强指导与监督。

（1）盘点的顺序为从上到下、从左到右。

（2）盘点表在领取时是连号的，每个货架要求使用 1 张盘点表，如发生损坏需重新领取，并将原损坏的盘点表附在新盘点表后面，并标示"作废"字样。

（3）盘点作业的初点和复点。初次盘点由责任人进行，对初点的结果要进行复点。复点要互换责任人，复点后将结果用红笔记录在盘点单上。

（4）盘点作业检查。对各小组和各责任人员的盘点结果，仓库和财务负责人要认真加以检查，检查的重点是：每类商品是否都已记录到盘点单上，并已盘点出数量和金额，对单价高或数量多的商品，需要将数量再复查一次，做到确实无差错；复查劣质商品和破损商品的处理情况。

（5）盘点表的正确填写要求。盘点时间，为正式盘点的当天；商品条码、名称、店内码要填写清楚、完整；货柜编号、盘点人员要按要求填写；在填写盘点表时字迹要工整、不允许涂改，数字的书写不要连笔；对于盘点的"破损"一栏，与"备注"的意义相同，在盘点的过程中如发现破损商品，只需在此栏做出注明；盘点人签字。盘点表如表 3-2-4 所示。

表 3-2-4　盘点表

| 盘点日期 | | 第一盘点人 | | 盘点单号码 | | | | | |
|---|---|---|---|---|---|---|---|---|---|
| 物品号码 | | | | | | | | | |
| 物品数量 | | | | | | | | | |
| 物品单价 | | | | | | | | | |
| 物品外观状况 | | | | | | | | | |
| 物品存放位置 | | | | | | | | | |
| 盘点日期 | | 第二盘点人 | | 盘点单号码 | | | | | |
| 物品号码 | | | | | | | | | |
| 物品数量 | | | | | | | | | |
| 物品单价 | | | | | | | | | |
| 物品外观状况 | | | | | | | | | |
| 物品存放位置 | | | | | | | | | |
| 盘点日期 | | 复核人 | | 盘点单号码 | | | | | |
| 物品号码 | | | | | | | | | |
| 物品数量 | | | | | | | | | |
| 物品单价 | | | | | | | | | |
| 物品外观状况 | | | | | | | | | |
| 物品存放位置 | | | | | | | | | |

（6）物料盘点的六检查。检查物料账上数量、实物数量、标志卡上数量是否一致；检查物料的收发情况及是否按先进先出的原则发放物料；检查物料的堆放及维护情况；检查物料有无超储积压，损坏变质；检查对不合格品及呆料的处理；检查安全设施及消防安全情况。

7．差异因素分析

当盘点结束后，发现所得数据与账本资料不符时，应追查差异的主因。着手的方向有以下几个。

（1）是否因记账员素质不足，导致货品数目无法表达。

（2）是否因账目处理制度的缺点，导致货品数目无法表达。

（3）是否因盘点制度的缺点导致货账不符。

（4）盘点所得的数据与账簿资料的差异是否在容许误差内。

（5）盘点人员是否尽责，产生盈亏时应由谁负责。

（6）是否产生漏盘、重盘、错盘等状况。

（7）盘点的差异是否可事先预防，是否可以降低料账差异的程度。

8．处理盘点结果

差异原因追查后，应针对原因进行恰当的调整与处理，至于呆废品、不良品等减少的部分，应与盘亏一并处理。

物品除了盘点时产生数量的盈亏外，有些货品在价格上会产生增减，这些变化在经主管审核后必须利用货品盘点盈亏及数目增减更正表进行修改。

（1）查找账上数据。在计算机上，查找出目前理论账上应有的存货，包括存货品名、存货数量、货架位置、入库时间等相关信息。

（2）计算实际库存数据。通过入库单计算已发生的入库货物数量，再通过出库单计算已发生的出库货物数量，两者求差，得出实际库存货物数量。

（3）计算盘盈、盘亏。比较查找出的账上数据和计算出的实际库存数，当账上数量大于实际数量时盘亏，当账上数量小于实际数量时盘盈。制作盘盈、盘亏表。（详见盘点后结果分析及处理）

（4）分析数据。通过盘盈、盘亏表，分析数据的成因，寻找盘盈、盘亏的原因，最终生成盘点单。

（5）根据盘点结果实施奖惩措施。做法是事先确定一个盘损率，当实际盘损率超过标准盘损率时，专卖店各类人员都要负责赔偿；反之，则予以奖励。

盘损率=盘损金额/（期初库存+本期进货）

### 三、盘点的种类与方法

（一）盘点的种类

就像账面库存与现货库存一样，盘点也分为账面盘点和现货盘点。

1．账面盘点

所谓账面盘点又称为永续盘点，就是把每天入库及出库货品的数量及单价，记录在计算机或账簿上，从而不断地累计加总算出账面上的库存量及库存金额。

2．现货盘点

现货盘点又称为实地盘点或实盘，也就是实际去点数调查仓库内的库存数，再依货品单价计算出实际库存金额的方法。

如要得到最正确的库存情况并确保盘点无误，最直接的方法就是确定账面盘点与现货盘点的结果要完全一致。若一旦存在差异，即产生"料账不符"的现象，究竟是账面盘点记错或是现货盘点点错，则须再费时间来找寻错误原因，才能得出正确结果，并追究责任归属。

（二）盘点的具体方法

1．账面盘点法

账面盘点的方法是将每种货品分别设账，然后将每种货品的入库与出库情况详加记载，不必实地盘点便能随时从计算机或账册上查悉货品的存量的盘点方式。通常量少而单价高的货品较适合采用此方法。

2．现货盘点法

现货盘点依其盘点时间频度的不同又分为"期末盘点"及"循环盘点"。期末盘点是指在期末一起清点所有货品数量的方法，而循环盘点则是在每天、每周即作少种少量的盘点，到了月末或期末则每项货品至少完成一次盘点的方法。

（1）期末盘点法。由于期末盘点是将所有品项货品一次盘完，因而要求全体员工一起出动，采取分组的方式进行盘点。一般来说，每组盘点人员至少要 3 人，以便能互相核对减少错误，同时也能彼此监督，避免作弊。其盘点方法程序如下。

步骤1：将全公司员工作分组。

步骤2：由一人先清点所负责区域的货品，将清点结果填入各货品盘存单的上半部。
步骤3：由第二人复点，填入盘存单的下半部。
步骤4：由第三人核对，检查前二人的记录是否相同且正确。
步骤5：将盘存单交给会计部门，合计货品库存总量。
步骤6：等所有盘点结束后，再与计算机或账册资料进行对照。

（2）循环盘点法。循环盘点即是将每天或每周当作一周期来盘点，其目的除了减少过多的损失外，对于不同货品施以不同管理也是主要原因，就如同前述商品 ABC 管理的做法，价格越高或越重要的货品，盘点次数越多，价格越低或越不重要的货品，就尽量减少盘点次数。循环盘点因一次只进行少量盘点，因而只需专门人员负责即可，不必动用全体人员。

期末盘点法与循环盘点法的区别如表 3-2-5 所示。

表 3-2-5  期末盘点法与循环盘点法的区别

| 盘点方式<br>比较内容 | 期末盘点法 | 循环盘点法 |
| --- | --- | --- |
| 时间 | 期末、每年仅数次 | 日常、每天或每周一次 |
| 所需时间 | 长 | 短 |
| 所需人员 | 全体人员（或临时雇用） | 专门人员 |
| 盘点差错情况 | 多且发现很晚 | 少且发现很早 |
| 对营运的影响 | 必须停止作业 | 无 |
| 对商品的管理 | 平等 | 重要商品：仔细管理<br>不重要商品：稍微管理 |
| 盘点差错原因追究 | 不易 | 容易 |

问一问：期末盘点法和循环盘点有哪些不同点？

## 知识链接：盘点的六项指标

（1）盘点数量差错 =实际库存数-账面库存数。
（2）盘点数量误差率 =盘点误差量 /实际库存量。
（3）盘点品项误差率 = 盘点误差品项数 /盘点实际品项数。
（4）平均每件盘差品金额=盘差误差金额 /盘点误差量。
（5）盘差次数比率=盘点误差次数 /盘点执行次数。
（6）平均每品项盘差次数率=盘差次数/盘差品项数。

## 任务实施与评价

### 1. 任务实施：实训室库内盘点操作

任务准备：

（1）先按照盘点作业的流程进行实训室货物盘点方案的设计。

（2）考虑实训室货物分别属于哪类货物，根据 ABC 分类法大体确定盘点的周期和时间。

（3）成立盘点小组。确定人员组成，进行业务培训。

（4）作好盘点前准备。结清库存，明确盘点程序和方法，准备好盘点所用的器具和各种表格。

任务要求：

（1）确定盘点方法。是采用账面盘点法还是实物盘点法。

（2）设计盘点用的全套单据。

（3）盘点后处理：要将差异原因查找报告交小组复核，并交教师审批。

### 2. 任务评价

任务评价表

| 考核标准 | 【盘点流程和表单的设计 30%】 | | 【操作 50%】 | 【盘点报告 10%】 | 【团队合作 10%】 | |
|---|---|---|---|---|---|---|
| 评价方法 | 1. 考核内容：商品的盘点内容、方法和表单的填制 | | | | | |
| | 2. 考核方法 | | | | | |
| | 评价主体 | 分值 | 小组平均得分 | 成员姓名_____ | 成员姓名_____ | 成员姓名_____ | 成员姓名_____ |
| | 学生自评 | 20 | | | | | |
| | 学生互评 | 30 | | | | | |
| | 教师评价 | 50 | | | | | |
| | 【学生本次任务成绩】_____<br>教师：<br>日期： | | | | | | |

# 项目三  出库作业

 **情景导入**：经理通知王明下周 A 客户的一批商品要出库，让王明根据客户订单及出库要求，做好相应的出库准备。请问：王明应该做哪些出库准备？应该按照怎样的流

程出库？

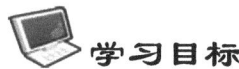

**【能力目标】**
1．能够对商品出库流程进行设计。
2．能够处理商品出库中发生的问题。

**【知识目标】**
1．掌握商品出库作业的原则和要求。
2．掌握商品出库作业的流程。
3．理解商品出库中发生的问题及处理方法。

**【工作任务】**
能够完成商品出库作业的设计和组织工作，并解决出现的各种问题。

 **案例导入**

某仓库 2015 年 9 月 20 日收到一份提货单，得知有 800 台 34 寸长虹彩色电视机、300 台 242L 海尔冰箱、500 箱 500g 嘉士利饼干、1000 箱碗装康师傅快速面、600 箱 335ml 可口可乐饮料、400 箱 550ml 雀巢矿泉水、500 袋 1kg 立白洗衣粉等商品需出库，经理让王明马上组织人员进行商品出库的准备工作。

思考：商品出库前应该做哪些准备工作？

# 任务一  商品出库的原则、方式及流程

## 一、商品出库作业的原则

商品出库作业是指根据业务部门或存货单位开出的出货凭证，从对出库凭证审核开始，进行拣货、分货、发货检验、包装，直到把商品点交给要货单位或发运部门的一系列作业过程。物品出库作业是仓储作业管理的最后一步，也是仓储作业管理的重要环节。商品出库作业管理包括两方面工作：一是用料单位持有规定的领料凭证，如领料单、提货单、调拨单等，并且所领物资的品种、规格、型号、数量等项目及提取货物的方式等必须书写清楚、准确。二是仓库方面必须核查领料凭证的正误，按所列物资的品种、规格、型号、数量等组织备料，并保证把物资及时、准确、完好地发放出去。

商品出库要做到"三不三核五检查"。"三不"即未接单据或电子数据不翻账，未经审单不备货，未经复核不出库；"三核"即在发货时要核实凭证、账卡、实物；"五检查"即要检查单据和实物品名、规格、包装、件数、重量等。商品出库要严格执行各项规章制度，提高服务质量，积极与用户联系，为用户提供、创造方便条件，杜绝差错事故。

（1）凭证发货。物资出库必须按规定程序进行，领料提货单据必须符合要求。"收有据、出有凭"是物资收发的重要原则，凭证发货就是指出库必须凭正式单据和手续，对于非正式凭证或白条一律不予发放（国家或上级指令的、紧急抢险救灾的物资除外）。

（2）坚持先进先出原则。在保证物资使用价值不变的前提下，坚持先进先出原则。同时要做到保管条件差的先出；包装简易的先出；容易变质的先出；有保管期限的先出；回收复用的先出。

（3）做好发放准备。为使物资得到合理使用，及时投产，必须快速、准确发放。为此，必须做好发放的各项准备。如化整为零、备好包装、复印资料、组织搬运人力、准备好设备工具等。

（4）及时记账。物资发出后，应随即在物资保管账上核销，并保存好发料凭证。

（5）保证安全。在物资出库作业时，要注意安全操作，防止损坏包装和震坏、压坏、摔坏物品。同时要保证运输安全，做到物品包装完整，捆扎牢固，标志正确清楚，性能不互相抵触，避免运输差错和损坏物品的事故。同时也要保证物品质量安全。仓库人员必须经常注意物品的安全保管期限等，对已变质、已过期失效、已失去原使用价值的物品不允许分发出库。

问一问：商品出库的具体要求有哪些？

## 二、商品的出库方式

商品的出库方式一般有托运、自提、送料、移仓、过户等。

### 1. 托运

托运是由仓库将物资通过运输单位托运，发到物资需用单位的一种出库方式。由仓库货物会计根据货主事先送来的发货凭证开出商品出库单或备货单，交仓库保管员做好货物的配送、包装、集中、理货、待运等准备作业。

由仓库备完货后，到运输单位代用户办理货运手续，通过承运部门（如铁路、水运、汽运、航空、邮局等）将物资运送到用户所在地，然后由用户去提取。在办理托运前，仓库应根据需用单位的要求，进行物资的分割（如金属材料、电缆等）、配套（如机电设备等）、包装等，并做好发运日记（见表 3-3-1）。在中转仓库中，仓库应有专职人员办理出库物资的包装。

表 3-3-1　发运日记

| 待　运 | | | | | | | 托　运 | | 发　货 | | | 备注 |
|---|---|---|---|---|---|---|---|---|---|---|---|---|
| 日期 | 运输方式 | 到站 | 名称 | 件数 | 重量 | 收货人 | 日期 | 经办人 | 日期 | 件数 | 运单号 | 经办人 | |
| | | | | | | | | | | | | | |
| | | | | | | | | | | | | | |
| | | | | | | | | | | | | | |
| | | | | | | | | | | | | | |

包装工作应符合下列条件。

（1）根据物资的特点和运输部门的规定，选择包装材料，确定包装的大小和形状。包装应牢固，便于装卸。

（2）充分注意物资在运输中的安全。怕潮物资应垫防潮纸，容易破碎的物资应垫软质衬垫物；在包装外部要有明显的标志，表明对装卸的要求，特别是危险品，须按照危险品的要求进行包装，并加上危险品的标志。

（3）绝对禁止性能不同、互有影响的物资混合包装，危险品必须单独包装。

2．自提

自提是指由提货人凭货主所填制的发货凭证，用自备的运输工具到仓库提取货物的一种物资出库方式。仓库会计人员根据发货凭证开出物资出库单。仓库保管人员按上述证、单配货，经专人逐项复核后，将货物当面点交给提货人员，在库内办清交接手续，开出门单，由提货人员提走货物。

3．送料

送料是指仓库直接把物资送到用户手中的一种物资出库方式。

送料必须以定额为依据，完善交接手续，分清责任。以送料方式出库的手续，须由送料人办理发料凭证，要一式四份。一份由送料人签收后交保管员留存并依此核销库存；一份经保管员签章后由送料人留存；一份由送料人、保管员共同签章后交用料单位；一份由送料人、保管员签章后交给物资统计员。

送料人员必须了解运送物资的性质、体积、重量、紧迫性等，以便选择运送工具，组织装卸力量，安排装车的先后顺序，尽量节约运力。装车后，应检查捆绑、加固、苫盖等是否稳妥。卸车后，必须收回苫盖和加固材料。

送料的组织可采取专人定路线的方式。采用这种方式，可以用集装箱的办法巡回送料，也可以采取由保管员每日定时送料的办法。保管员直接送料可以减少交接手续，直接由用料单位签收即可。

在送料过程及向用料单位交接物资的过程中，如果发现物资包装损坏、物资受损或物资数量短少等现象，应由送料人追查处理。

4．移仓

移仓是指因业务或保管需要而将储存的货物从某一仓位转移到另一仓位的发货方式。移仓分为内部移仓和外部移仓。内部移仓需填制仓储企业内部的移仓单，并据此发货；外部移仓则根据货主填制的货物移仓单结算和发货。

5．过户

过户是指在不转移仓库物资的情况下，通过转账单变更物资所有者的一种发货方式。物资过户时，其所有权由于调拨或销售而转换给另一单位，但仍应由原货主填制正式发货凭证，仓库据此进行过户转账。

### 三、商品出库作业流程

商品出库作业流程是保证出库工作顺利进行的基本保证，为防止出库工作失误，在进行出库作业时必须严格履行规定的出库业务工作程序，使出库有序进行。商品出库的一般流程如图3-3-1所示。

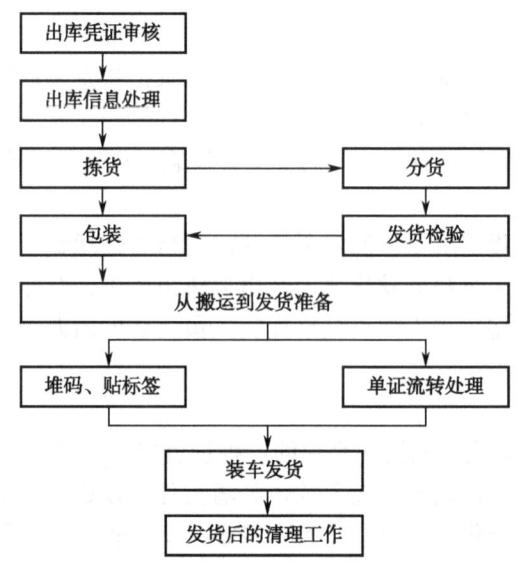

图 3-3-1　商品出库作业流程

商品出库的作业流程根据具体情况不同，各个仓库侧重点也会有所差异。

1．出库准备

由于出库作业非常复杂，工作量大，因此要事先对出库作业加以合理组织，安排好作业人力，保证各个环节紧密衔接。物资出库前的准备工作分为两方面：一是计划工作，就是根据需货方提出的出库计划或要求，事先做好物资出库的安排，包括货场货位、机械搬运设备、工具和作业人员等的计划、组织；二是要做好出库物资的包装和涂写标志工作。

2．出库凭证审核

物资出库凭证为领（发）料单（见图 3-3-2）或出库单（见图 3-3-3），均应由主管分配的业务部门签章。

用料单位：　　　　　　　　　　　　　　　编号：

项目或用途：　　　　　　　　　　　　　　登账日期：

领料日期：

| 器材编号 | 品名规格 | 单 位 | 数　　量 | | 单 价 | 金　额 |
|---|---|---|---|---|---|---|
| | | | 分　配 | 实　发 | | |
| | | | | | | |
| | | | | | | |
| | | | | | | |
| | | | | | | |

领料单位主管：　　　　　　　　　领料人：　　　　　　　　　保管员：

图 3-3-2　领（发）料单

| 提货人名称： | | 储存凭证号码： | | 出货仓库： | | 出库日期 | | | |
|---|---|---|---|---|---|---|---|---|---|
| 品　名 | 规　格 | 单　位 | 计划数 | 实发数 | 单　价 | 包装押金 | 小计金额 |
| | | | | | | | |
| | | | | | | | |
| | 总计金额（人民币大写） | | | | | | |

主管审批：　　　　　　审核：　　　　　　仓管员：　　　　　　提货人：

图 3-3-3　出库单

出库凭证的审核应包括以下内容：①要审核单据的合法性和真实性，即审核证件上的印签是否齐全相符，有无涂改；②核对物品的名称、规格、数量、单价、总价等；③核对收货单位、到货站、开户行和账号。审核无误后，即可做物资出库的准备工作，包括准备随货出库的物资技术证件、合格证、使用说明书、质检证书等。

凡在证件核对中，物资名称、规格型号不对的、印签不齐全、数量有涂改、手续不符合要求的，均不能发料出库。

3．出库信息处理

出库凭证经审核确实无误后，将出库凭证信息进行处理。

4．拣货

拣货是依据客户的订货要求或仓储配送中心的送货计划，尽可能迅速地将商品从其储存位置或其他区域拣取出来的作业过程。拣取过程可以分为人工拣货、机械拣货和半自动与全自动拣货。

5．分货

根据订单或配送路线等的不同组合方式进行货物分类工作，即分货（又称"配货作业"）。分货方式主要有人工分货和自动分类机分货两种。

6．出货检查

为了保证出库商品不出差错，在配好货后企业应立即进行出货检查。将货品逐个点数并逐一核对出货单，进而查验出货物的数量、品质及状态情况。物资出库的复核查对形式应视具体情况而定，可以由保管员自行复核，也可以由保管员相互复核，还可以设专职出库物资复核员进行复核或由其他人员复核等。

如经反复核对确实不符时，应该立即调换，并将原错备物品上的标记除掉，退回原库房；复核结余物品数量或重量是否与保管账目、商品保管卡片结余数相符，发现不符应立即查明原因。

7．包装

出库商品包装主要分为个装、内装和外装 3 种类型。包装根据商品外形特点、重量和尺寸，选用适宜的包装材料，应便于装卸搬运。出库发运外地的物资，包装要符合运输部门的规定，便于搬运装卸。出库物资大多数是原件分发的，由于经过运输，多次中转装卸、堆码及翻仓倒垛或拆件验收，部分物品包装不能再适应运输的要求，所以，仓库必须根据情况整理加固或改换包装。

对于有装箱、拼箱、改装等业务的仓库，在发货前应根据物品的性质和运输部门的要求，准备各种包装材料及相应衬垫物，以及刷写包装标志的用具、标签、颜料及钉箱、扩仓

的工具用品等。

货物备好后，为了避免和防止备料过程中可能出现的差错，应再做一次全面的复核查对。要按照出库凭证上所列的内容进行逐项复核。

8. 出库交接

备料出库物资，经过全面复核查对无误之后，即可办理清点交接手续。出库商品无论是要货单位自提，还是交付运输部门发送，发货人员都必须向收货人或运输人员按车逐渐交代清楚，划清责任。

9. 发货后的处理

在货物交接后应及时进行发货后的处理工作。保管员应在出库单上填写实发数、发货日期等内容并签名。然后将出库单同有关证件及时交货主，以便货主办理结算手续。保管员根据留存的一联出库凭证登记实物储存的细账，做好随发随记，日清月结，账面金额与实际库存和卡片相符。将留存的提货凭证、货物单证、记录、文件等归入货物档案。将已空出的货位标注在货位图上，以便安排货物。

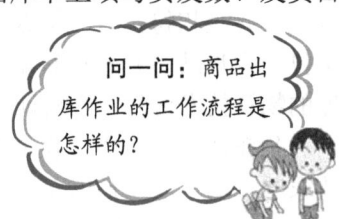

问一问：商品出库作业的工作流程是怎样的？

 **知识链接：出库交接的各种方式**

如果采用用户自提方式，可将物资和证件向提货人当面点清，办理交接手续。

如果是代运方式，则应办理内部交接手续。即由物资保管人员向运输人员或包装部门的人员点清交接，由接收人签章，以划清责任。

运输人员根据物资的性质、重量、包装、收货人地址和其他情况选择运输方式后，应对箱件进行清点，做好标记，整理发货凭证、装箱单等运输资料，向承运单位办理委托代运手续。对于超高、超长、超宽和超重的物资，必须在委托前说明，以便承运部门合理安排运输。

承运单位同意承运后，运输人员应及时组织力量，将物资从仓库安全无误地交给承运单位，并办理结算手续。运输人员应向承运部门提供发货凭证样本、装箱单，以便和运单一起交给收货人。运单总体应由运输人员交财务部门作物资结算资料。

如果是专用线装车，运输人员应在装车后检查装车质量，并向车站监装人员履行交接手续，物资点交清楚，出库发运之后，该物资的仓库保管业务即告结束。物资仓库保管人员应做好清理工作，及时注销账目、料卡，调整货位上的吊牌，以保持物资的账、卡、物一致，及时准确地反映物资进出、存取的动态。

 **任务实施与评价**

**1. 任务实施：出库作业的实际操作**

任务准备：

2015年6月25日早上8时，某配送中心仓库CK01负责人李云收到调度于虹的编号为

FHTZD001 的发货通知单，要求从仓库 CK01 发出一批货物，包括金纺衣物护理剂 200ml/袋，金纺衣物护理剂 500ml/袋，奥妙洗衣粉 200g/袋，奥妙洗衣粉 500g/袋，各 50 箱，8：30，刘梦云编制作业计划单号为 CKD001 的出库单。

其中，6 月 25 日凌晨，仓库内货物存量详情为：

01，产品编号 CPBHJ2 金纺衣物护理剂 200ml/袋为 150 箱，存放在 CK01 仓库 A 区 01 储位；

02，产品编号 CPBHJ5 金纺衣物护理剂 500ml/袋为 250 箱，存放在 CK01 仓库 A 区 02 储位；

03，产品编号 CPBHJ10 金纺衣物护理剂 1000ml/袋为 150 箱，存放在 CK01 仓库 A 区 03 储位；

04，产品编号 CPBHA2 奥妙洗衣粉 200g/袋为 200 箱，存放在 CK01 仓库 B 区 01 储位；

05，产品编号 CPBHA3 奥妙洗衣粉 300g/袋为 300 箱，存放在 CK01 仓库 B 区 02 储位；

06，产品编号 CPBHA5 奥妙洗衣粉 500g/袋为 200 箱，存放在 CK01 仓库 B 区 03 储位。

任务要求：

（1）请做好出库作业的准备工作。

（2）请按要求完成出库单的缮制。

（3）出库作业的实际操作。

**2. 任务评价**

任务评价表

| 考核标准 | 【出库作业的准备工作 30%】 | | 【实际操作 40%】 | 【出库单的缮制 20%】 | | 【团队合作 10%】 |
|---|---|---|---|---|---|---|
| 评价方法 | 1. 考核内容：出库作业的实际操作 | | | | | |
| | 2. 考核方法 | | | | | |
| | 评价主体 | 分值 | 小组平均得分 | 成员姓名_____ | 成员姓名_____ | 成员姓名_____ 成员姓名_____ |
| | 学生自评 | 20 | | | | |
| | 学生互评 | 30 | | | | |
| | 教师评价 | 50 | | | | |
| | 【学生本次任务成绩】_____ 教师： 日期： | | | | | |

## 任务二　商品出库中发生问题的处理

### 一、出库凭证（提货单）上问题的处理

（1）凡出库凭证超过提货期限，用户前来提货时，必须先办理手续，按规定缴足逾期仓

储保管费，然后方可发货。任何白条都不能作为发货凭证。提货时，用户发现规格开错，保管员不得自行调换规格发货，必须通过制票员重新开票方可发货。

（2）凡发现出库凭证有疑点，或者情况不清楚，以及出库凭证发现有假冒、复制、涂改等情况时，及时与仓库保卫部门以及出具出库单的单位或部门联系，妥善处理。

（3）物资进库未验收，或者期货未进库的出库凭证，一般暂缓发货，并通知货主，待货到并验收后再发货，提货期顺延，保管员不得代验。

（4）如客户因各种原因将出库凭证遗失，客户应及时与仓库发货员和账务人员联系挂失；如果挂失时货已被提走，保管人员不承担责任，但要协助货主单位找回商品；如果货还没有提走，经保管人员和账务人员查实后，做好挂失登记，并将原凭证作废，缓期发货。

## 二、提货数与实存数不符的处理

若出现提货数量与商品实存数不符的情况，一般是实存数小于提货数。造成这种问题的原因主要有以下几个。

（1）物资入库时，由于验收问题，增大了实收物资的签收数量，从而使账面数大于实存数。

（2）仓库保管人员和发货人员在以前的发货过程中，因错发、串发等差错而形成物资实际库存量小于账面数。

（3）货主单位没有及时核减开出的提货数，造成库存账面数大于实际储存数，从而开出的提货单提货数量过大。

（4）仓储过程中造成的货物毁损。

当遇到提货数量大于实际商品库存数量时，无论是何种原因造成的，需要与仓库主管部门以及货主单位及时联系后再做处理。如属于入库时错账，则可以采用报出报入方法进行调整，即先按库存账面数开具物资出库单销账，然后按实际库存数重新入库登账，并在入库单上签明情况。如果属于仓库保管员串发错发而引起的问题，应该由仓库方面负责解决库存数与提单数间的差数。属于货主单位漏记账而多开出库数，应该由货主单位出具新的提货单，重新组织提货和发货。如果是仓储过程中的损耗，需要考虑该损耗数量是否在合理的范围内，并与货主单位协商解决，合理范围内的损耗，应由货主单位承担，而超过合理范围之外的损耗，则由仓储部门负责赔偿。

## 三、串发和错发货的处理

串发和错发货是指发货人员在对商品种类规格不够熟悉的情况下，或者由于工作疏漏，把错误规格、数量的商品发出库的情况。如提货单开具某种商品的甲规格出库，而在发货时错把该种商品的乙规格发出，造成甲规格账面数小于实存数，乙规格账面数大于实存数。在这种情况下，如果商品尚未离库，应该立即组织人力，重新发货。如果物资已经提出仓库，保管人员要根据实际库存的情况，如实向本库主管部门和货主单位讲明串发和错发货的品名、规格、数量、提货单位等情况，会同货主单位和运输单位共同协商解决。在无直接经济损失的情况下，由货主单位重新按实际发货数冲单（票）解决。如果造成直接经济损失，应按赔偿损失单据冲转调整保管账。

## 四、包装破漏的处理

包装破漏是指在发货过程中，因商品外包装破散等现象引起的商品渗漏、裸露等问题。

这是由于在储存过程中因堆垛挤压、发货装卸操作不慎等情况引起的，发货时应经过整理或更换包装，方可出库，否则损失应由仓储部门承担。

### 五、漏记账和错记账的处理

漏记账是指在物资出库作业中，由于没有及时核销商品明细账而造成账面数量大于或小于实存数的现象。错记账是指在物资出库后核销明细账时没有按实际发货出库的物资名称、数量等登记，造成账实不符。无论是漏记账还是错记账，一经发现，除及时汇报外，还应根据原出库凭证查明原因调整保管账，使之与实际库存一致。如果由于漏记账和错记账给货主单位、运输单位和仓储部门造成了损失，应予赔偿，同时追究相关人员的责任。

**知识链接：危险品的出入库制度**

（1）危险品库门实行双人双锁管理，严格限制闲杂人员进库。

（2）化学危险品入库前要进行严格检查，对于危化品入库验收时要检查核对运输车辆的资质，不符合要求的运输车辆拒绝下货验收。

（3）对于危化品的包装不符合要求的，拒绝卸货验收入库。

（4）仓库管理人员要认真核查所有货物的品名、标志，清点数目，细致地做好登记，检查包装桶，确保无渗漏后方可入库。

（5）危险品出库时，仓库管理人员除要认真核对品名、标志、数目外，还要认真登记提货人，详细记录危险品的流向。

（6）遇暴雨、雷电等恶劣天气时，不得安排危险品出、入库作业。

## 任务实施与评价

**1. 任务实施：出库作业问题的处理**

任务准备：

2012 年某物流公司仓库由于备货时不够仔细，导致错发货，将货主计划近期只在 A 地区销售的品种发送至异地，从而打乱了货主的整个营销策略，使货主的预期目标不能实现。根据合同中的有关条款，该物流公司将赔付高达 10 万元的罚款，后经与货主多次协商，对方作出了较大让步。

任务要求：

（1）你认为该仓库问题出在哪些环节上？

（2）商品出库时有哪些要求？

## 2. 任务评价

任务评价表

| 考核标准 | 【问题的查找 40%】 | | 【问题的处理 50%】 | | 【团队合作 10%】 | | |
|---|---|---|---|---|---|---|---|
| 评价方法 | 1. 考核内容：出库作业问题的处理 | | | | | | |
| | 2. 考核方法 | | | | | | |
| | 评价主体 | 分值 | 小组平均得分 | 成员姓名_____ | 成员姓名_____ | 成员姓名_____ | 成员姓名_____ |
| | 学生自评 | 20 | | | | | |
| | 学生互评 | 30 | | | | | |
| | 教师评价 | 50 | | | | | |
| | 【学生本次任务成绩】_____ 教师： 日期： | | | | | | |

# 项目四　库存控制

**情景导入**：经理对王明说，仓库现在的库存管理有些紊乱，重点物资的分类不是很到位，让王明重新做库存控制的分析，对物资进行合理的分类，加强库存成本的控制。试问，王明应采用什么办法进行控制？

**学习目标**

【能力目标】
1．能够熟练运用 ABC 分类法对库存物资进行合理分类。
2．能够进行定量订货法和定期订货法计算分析。

【知识目标】
1．掌握库存控制的定义。
2．掌握 ABC 分类法的计算。
3．掌握经济订货批量的计算。
4．了解定量订货法和定期订货法的区别。

【工作任务】
运用 ABC 分类法完成仓库中库存的分类和货位的安排。

**案例导入：安科公司 ABC 分类法的应用**

安科公司是一家专门经营进口医疗用品的公司，2001 年该公司经营的产品有 26 个品种，共有 69 个客户购买其产品，年营业额为 5 800 万元人民币。对于安科公司这样的贸易公司而言，因其进口产品交货期较长、库存占用资金大，库存管理显得尤为重要。安科公司按销售额的大小，将其经营的 26 种产品排序，划分为 ABC 类。对 A 类的 3 种产品实行连续性检查策略，即每天检查其库存情况；对 B 类产品的库存管理，该公司采用周期性检查策略；对于 C 类产品，该公司则采用了定量订货的方法。安科公司在对产品进行 ABC 分类以后，又对其客户按照购买量进行了分类。发现在 69 个客户中，前 5 位的客户购买量占全部购买量的 75%，将这 5 个客户定为 A 类客户；到第 25 位客户时，其购买量已达到 95%。因此，把第 6 到第 25 位客户归为 B 类，其他的第 26～69 位客户归为 C 类。对于 A 类客户，实行供应商管理库存，一直保持与他们密切的联系，随时掌握他们的库存状况；对于 B 类客户，基本上可以用历史购买记录，以需求预测作为订货的依据；而对于 C 类客户，有的是新客户，有的一年才购买一次，因此，只在每次订货数量上多加一些，或者用安全库存进行调节。采用 ABC 分类以后，安科公司的库存管理效果主要体现在以下几各方面。

（1）降低了库存管理成本，减少了库存占用资金，提高了主要产品的库存周转率。
（2）避免了缺货损失、过渡超储等情况。
（3）提高了服务水平，增强了客户的满意程度。
（4）树立了良好的企业形象，增强了企业的竞争力。

思考：
（1）安科公司对哪几方面进行了 ABC 分类法？
（2）应用 ABC 分类后，安科公司的库存管理取得哪些方面的效果？

## 任务一　库存控制的 ABC 分类法

### 一、库存控制

（一）库存控制的定义

库存控制（inventory control）又称库存管理，是对制造业或服务业生产、经营全过程的各种物品、产成品以及其他资源进行管理和控制，使其储备保持在经济合理的水平上。

库存控制在保证企业生产、经营需求的前提下，使库存量经常保持在合理的水平上；掌握库存量动态、适时、适量地提出订货，避免超储或缺货；减少库存空间占用，降低库存总费用；控制库存资金占用，加速资金周转。

（二）库存控制的合理性

库存量过大所产生的问题有：增加仓库面积和库存保管费用，从而提高了产品成本；占用大量的流动资金，造成资金呆滞，既加重了货款利息等负担，又会影响资金的时间价值和机会收益；造成产成品和原材料的有形损耗和无形损耗；造成企业资源的大量闲置，影响其合理配置和优化；掩盖了企业生产、经营全过程的各种矛盾和问题，不利于企业提高管理水平。

库存量过小所产生的问题有：造成服务水平的下降，影响销售利润和企业信誉；造成生产系统原材料或其他物料供应不足,影响生产过程的正常进行;使订货间隔期缩短,订货次数增加,使订货(生产)成本提高;影响生产过程的均衡性和装配时的成套性。

根据供应和需求规律确定生产和流通过程中经济合理的物资存储量的管理工作。库存管理应起缓冲作用,使物流均衡通畅,既保证正常生产和供应,又能合理压缩库存资金,以得到较好的经济效果。因此,人们很早就在库存管理领域开始了探索,力求能找到最优的库存控制模型,1915 年,美国的 F.W·哈里斯发表关于经济订货批量的模型,开创了现代库存理论的研究。随着管理工作的科学化,库存管理的理论有了很大的发展,形成许多库存模型,应用于企业管理中已得到显著的效果。这里我们介绍其中的 ABC 分类法、定量订货法和定期订货法。

(三) ABC 分类法(见表 3-4-1)

1. ABC 分类法的定义

ABC 分类法是根据事物在技术或经济方面的主要特征,进行分类排队,分清重点和一般,从而有区别地确定管理方式的一种分析方法。由于它把被分析的对象分成 A、B、C 三类,所以又称为 ABC 分析法。在仓储管理中,仓库保管的货物品种繁多,有些物品的价值较高,对企业的发展影响较大,或者对保管的要求较高;而多数被保管的货物价值较低,要求不是很高。如果我们对所有的货物采取相同的管理方法,则可能投入的人力、资金很多,而效果事倍功半。ABC 库存控制技术,是以某类库存物品品种数占总的物品品种数的百分比和该类物品金额占库存物品总金额的百分比大小为标准,将库存物品分为 A、B、C 三类,进行分级管理。ABC 分类管理法简单易行,效果显著,在现代库存管理中已被广泛应用。

2. ABC 分类法的来源

ABC 分类法是由意大利经济学家维尔弗雷多·帕累托首创的。1879 年,帕累托在研究个人收入的分布状态时,收集了许多国家的收入统计资料,得出收入与人口关系的规律,即占人口比重不大(20%)的少数人的收入占总收入的大部分(80%),而大多数人(80%)的收入只占总收入的很小部分(20%)。由此他提出了所谓的"关键的少数和次要的多数"的结论。他将这一关系用图表示出来,就是著名的帕累托图。后来,帕累托法被不断应用于管理的各个方面。1951 年,管理学家戴克(H. F. Dickie)将其应用于库存管理,并命名为 ABC 法。1915 年,美国的 F.W·哈里斯发表关于经济订货批量的模型,开创了现代库存理论的研究。随着管理工作的科学化,库存管理的理论有了很大的发展,形成许多库存模型,应用于企业管理中已得到显著的效果。

"20—80"原则是 ABC 分类的指导思想,所谓"20—80"原则,简单地说,就是 20%的因素带来了 80%的结果。如 20%的客户提供了 80%的订单,20%的产品赢得了 80%的利润,20%的员工创造了 80%的财富。当然,这里的 20%和 80%并不是绝对的,还可能是 25%和 75%,等等,总之,20—80 原则作为统计规律,是指少量的因素带来了大量的结果。它告诉人们,不同的因素在同一活动中起着不同的作用,在资源有限的情况下,注意力显然应该放在起着关键性作用的因素上。ABC 分类法正是在这种原则指导下,企图对库存物品进行分类,以找出占用大量资金的少数库存货物,并加强对它们的控制与管理,对那些占用少量资金的大多数货物,则实行较简单的控制与管理。

一般地,人们将品种比例在 5%～15%之间,平均为 10%,年消耗金额比例在 60%～80%,平均为 70%的物品划为 A 类;将品种比例在 15%～25%之间,平均为 20%,年消耗金额比例在 15%～25%，平均为 20%的物品划为 B 类；将品种比例在 60%～80%之间，平均为 70%，年消耗金额比例在 5%～15%，平均为 10%的物品划为 C 类。

表 3-4-1　ABC 分类法

| 分类 | A 类存货 | B 类存货 | C 类存货 |
| --- | --- | --- | --- |
| 品种种类占总品种数的比例 | 约 10% | 约 20% | 约 70% |
| 价值占存货总价值的比例 | 约 70% | 约 20% | 约 10% |

3．ABC 分类法的步骤

现在我们以库存管理为例来说明 ABC 分类法的步骤。

采用 ABC 分类法时，最重要的是确定分类指标，这里，我们介绍两种常用的分类指标，一种是分类指标为库存金额。另一种是周转量。在库存管理中，根据周转量大小安排货位，可以使出入库的效率提高很多。

第一种：分类指标为金额（最常用）。

第一步，计算每一种材料的金额。

第二步，按照金额由大到小排序并列成表格。

第三步，计算每一种材料金额占库存总金额的比率。

第四步，计算累计比率。

第五步，确定 ABC 分类。

第六步，绘制 ABC 分析图。

第二种：分类指标为周转量。

第一步，计算每一种材料的周转量。

第二步，按照周转量由大到小排序并列成表格。

第三步，计算每一种材料周转量占库存总周转量的比率。

第四步，计算累计比率。

第五步，确定 ABC 分类。

第六步，绘制 ABC 分析图。

将累计品目百分数为 5%～15%，而平均资金占用额累计百分数为 60%～80%的前几个物品，确定为 A 类；将累计品目百分数为 20%～30%，而平均资金占用额累计百分数也为 20%～30%的物品，确定为 B 类；其余为 C 类，C 类情况正和 A 类相反，其累计品目百分数为 60%～80%，而平均资金占用额累计百分数仅为 5%～15%。

4．ABC 分类法举例

请按照货物的周转量对表 3-4-2 所示的货物进行 ABC 分类。

表 3-4-2　ABC 分类法示例

| 货 物 名 称 | 周 转 量 |
| --- | --- |
| 美的电饭煲 | 922 |
| 松下吹风机 | 451 |
| 金锣火腿肠 | 130 |

续表

| 货 物 名 称 | 周 转 量 |
|---|---|
| 金龙鱼芝麻油 | 188 |
| 笋干老鸭煲面 | 822 |
| 美的电水壶 | 750 |
| 方便面 | 1252 |
| 西门子微波炉 | 214 |
| 纯净水 | 4,520 |
| 戴尔电脑显示器 | 6,128 |

ABC 分类结果如表 3-4-3 所示。

表 3-4-3　ABC 分类法结果

| 货 物 名 称 | 周 转 量 | 周转量百分比 | 周转量累计百分比 | ABC 分类结果 |
|---|---|---|---|---|
| 戴尔电脑显示器 | 6128 | 0.39851727 | 0.398517266 | A |
| 纯净水 | 4520 | 0.2939455 | 0.692462769 | |
| 方便面 | 1252 | 0.0814203 | 0.773883072 | B |
| 美的电饭煲 | 922 | 0.05995968 | 0.833842752 | |
| 笋干老鸭煲面 | 822 | 0.05345646 | 0.887299213 | |
| 美的电水壶 | 750 | 0.04877414 | 0.936073356 | |
| 松下吹风机 | 451 | 0.02932952 | 0.965402874 | C |
| 西门子微波炉 | 214 | 0.01391689 | 0.979319763 | |
| 金龙鱼芝麻油 | 188 | 0.01222605 | 0.991545815 | |
| 金锣火腿肠 | 130 | 0.00845418 | 1 | |

ABC 分析图如图 3-4-1 所示。

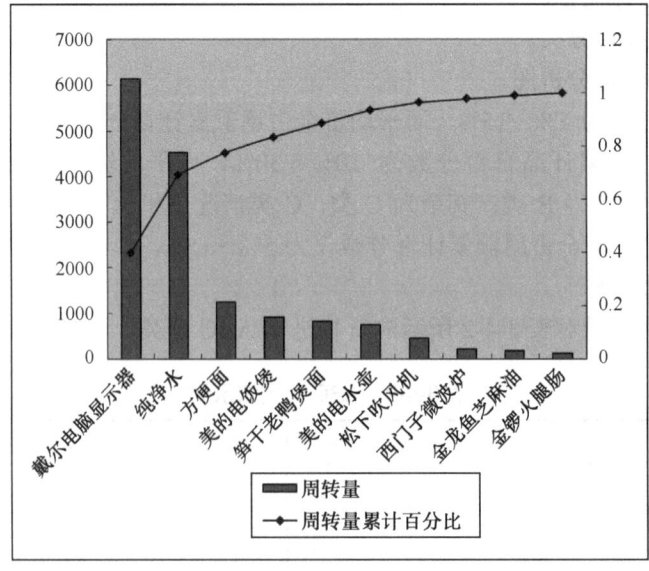

图 3-4-1　分析图

## 5．ABC 分类法管理法则（见表 3-4-4）

表 3-4-4　ABC 分类法管理法则

| 类别 | A | B | C |
| --- | --- | --- | --- |
| 价值 | 高 | 中 | 低 |
| 管理重点 | 1．准确的需求预测和详细的采购计划<br>2．严格的库存控制<br>3．严格的物流控制和后勤保障<br>4．对突发事件的准备<br>5．供应商的合作 | 1．供应商选择<br>2．建立采购优势<br>3．目标价格管理<br>4．订购批量优化<br>5．最小库存<br>6．供应商的竞争与合作 | 1．物品标准化<br>2．订购批量优化<br>3．库存优化<br>4．业务效率<br>5．供应商的竞争与合作 |
| 订货量 | 少 | 较多 | 多 |
| 订货方式 | 定量订货法 | 定量或定期订货法 | 按经验订货，可采用订货双堆法管理库存 |
| 检查方式 | 经常检查和盘存 | 一般检查和盘存 | 按年度或季度检查盘存 |
| 记录 | 最准确、最完整 | 正常记录 | 简单记录 |
| 统计方法 | 详细统计，按品种规格等细项进行统计 | 按大类进行统计 | 按金额统计 |
| 保险储备量 | 低 | 较大 | 允许较高 |

根据表 3-4-5 可知，需要对不同等级的货物进行不同的管理方法。应当更严格地关注 A 类物料，对其采用比较高的盘点频率和比较低的计数容限进行周期盘点。而对于 B 类物料和 C 类物料的关注则可以相对宽松。

 **知识链接**：CVA 管理法

CVA 管理法，又称关键因素分析法，是指把存货按照其关键性分为 3～5 类进行管理。

（1）最高优先级。经营的关键性物资，不允许缺货。
（2）较高优先级。指经营活动小的基础性物资，但允许偶尔缺货。
（3）中等优先级。多属于比较重要的物资，允许合理范围内缺货。
（4）较低优先级。经营中需用这些物资，但可替代性高，允许缺货。

## 任务实施与评价

### 1. 任务实施

任务准备：

（1）请按照货物的金额对下列货物进行 ABC 分类。

| 名　　称 | 金　　额 |
|:---:|:---:|
| 可口可乐 | 1400 |
| 北京红牛 | 250 |
| 雪碧 | 60 |
| 康师傅绿茶 | 190 |
| 伊利纯牛奶 | 300 |
| 百事可乐 | 420 |
| 王老吉 | 180 |
| 统一鲜橙多 | 76 |
| 农夫山泉 | 240 |
| 康师傅冰红茶 | 190 |

（2）请按照货物的出货频率和总出货量分别对下列货物进行 ABC 分类。

| 名　　称 | 每月出货频率（次） | 总出货量（箱） |
|:---:|:---:|:---:|
| 奥利奥（草莓夹心） | 15 | 8129 |
| 奥利奥（美味双心） | 81 | 727 |
| 伊利营养舒化奶 A | 138 | 602 |
| 伊利营养舒化奶 B | 125 | 621 |
| 娃哈哈饮用纯净水 A | 16 | 780 |
| 娃哈哈饮用纯净水 B | 18 | 9210 |
| 康师傅麻辣牛肉面 A | 12 | 752 |
| 康师傅麻辣牛肉面 B | 18 | 6106 |
| 康师傅爆椒牛肉面 A | 15 | 733 |
| 康师傅爆椒牛肉面 B | 116 | 650 |

任务要求：按照 ABC 分类法的步骤对上述两题确定 ABC 分类并绘制 ABC 分析图。

## 2. 任务评价

**任务评价表**

| 考核标准 | 【正确性50%】 | 【绘制图表30%】 | 【态度20%】 | | | |
|---|---|---|---|---|---|---|
| 评价方法 | 1. 考核内容： ABC 分类法的计算 | | | | | |
| | 2. 考核方法 | | | | | |
| | 评价主体 | 分值 | 小组平均得分 | 成员姓名 _____ | 成员姓名 _____ | 成员姓名 _____ | 成员姓名 _____ |
| | 学生自评 | 20 | | | | |
| | 学生互评 | 30 | | | | |
| | 教师评价 | 50 | | | | |
| | 【学生本次任务成绩】 _____<br>教师：<br>日期： | | | | | |

# 任务二  定量订货法和定期订货法

## 一、定量订货法

1. 定量订货法的定义

定量订货法是指当库存量下降到预定的最低库存量（订货点）时，按规定数量（一般以经济批量 EOQ 为标准）进行订货补充的一种库存控制方法，如图 3-4-2 所示。

当库存量下降到订货点 $R$ 时，即按预先确定的订购量 $Q$ 发出订货单，经过交纳周期（订货至到货间隔时间）$LT$，库存量继续下降，到达安全库存量 $S$ 时，收到订货 $Q$，库存水平上升。

该方法主要靠控制订货点 $R$ 和订货批量 $Q$ 两个参数来控制订货，达到既最好地满足库存需求，又能使总费用最低的目的。

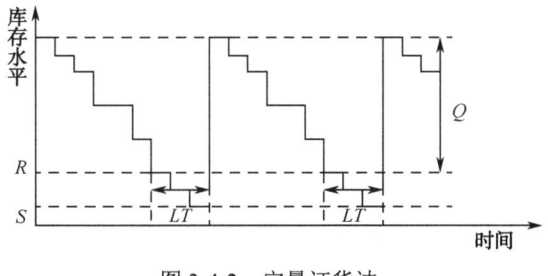

图 3-4-2  定量订货法

2. 订货点 $R$ 的确定

在需要固定均匀、订货交纳周期不变的情况下，不需要设安全库存，这时订货点：

$$R=LT\times D/365$$

式中　　$R$——订货点的库存量；

　　　　$LT$——交纳周期，即从发出订单至该批货物入库间隔的时间；

　　　　$D$——该商品的年需求量。

但在实际工作中，常常会遇到各种波动情况，如需要量发生变化，交纳周期因某种原因而延长等，这时必须设置安全库存 $S$，这时订货点则应采用下式确定：

$$R=LT\times D/365+S$$

式中　　$S$——安全库存量。

3．订货批量 $Q$ 的确定

订货批量 $Q$ 可以用经济订购批量法（EOQ）来确定。基本经济订货批量是简单、理想状态的一种，它用以下模型假设特征：产品的需求是固定的，且在整个时期内保持一致；提前期（从订购到收到货物的时间）是固定的；单位产品的价格是固定的；库存持有成本以平均库存为计算依据；订购或生产准备成本固定；对产品的所有需求都必须满足（不允许延期交货）。经济订货批量模型假设如图 3-4-3 所示。

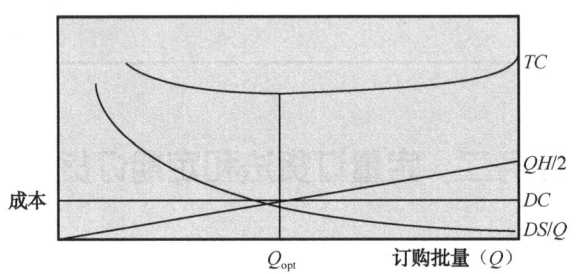

图 3-4-3　经济订货批量模型假设

经济订货批量是按照库存总费用最小的原则确定出的订货批量，它通过平衡订货成本和保管成本两方面得到。其计算公式为：年总成本=年采购成本+年订购成本+年持有成本，即

$$TC=DC+(D/Q)S+(Q/2)H$$

式中　　$TC$——年总成本；

　　　　$D$——需求量（每年）；

　　　　$Q$——订购批量｛最佳订购批量称为经济订购批量（economic order quantity）EOQ 或 $Q_{opt}$｝；

　　　　$S$——生产准备成本或订购成本；

　　　　$R$——再订购点；

　　　　$L$——提前期；

　　　　$H$——平均库存水平下，单位产品的持有成本和存储成本。

在图 3-4-3 中，总成本最小点出现在使曲线斜率为零的地方。利用微积分将总成本对 $Q$ 求导数，并令其等于零。

计算：$TC=DC+(D/Q)S+(Q/2)H$

$$dTC/dQ=0+(-DS/Q^2)+H/2=0$$

$$Q_{\text{opt}} = \sqrt{\frac{2DS}{H}}$$

因为该模型假定需求和提前期都不变,即无须安全库存,则再订购点 $R$ 可简单表示为:

$$R = \bar{d}\, L$$

式中　$\bar{d}$——日平均需求量(常数);

　　　$L$——用天表示的提前期(常数)。

**案例分析**

已知:

年需求量($D$)=1000 单位

日平均需求量($d$)=1000/365

订购成本($S$)=5 美元/次

持有成本($H$)=1.25 美元/单位·年

单价($C$)=12.50 美元

问:应订购多少批量?年总成本是多少?

解:

最优订购批量为:

$Q_{\text{opt}} = \sqrt{2DS/H} = \sqrt{2 \times 1000 \times 5/1.25} = \sqrt{8000} = 89.4$ 单位

年总成本为:

$TC = DC + (D/Q)S + (Q/2)H = 1000 \times 12.50 + (1000/89) \times 5 + (89/2) \times 1.25 = 12611.81$(美元)

## 二、定期订货法

### 1. 定期订货法的定义

定期订货法是按预先确定的订货时间间隔按期进行订货,以补充库存的一种库存控制方法。

其决策思路是:每隔一个固定的时间周期检查库存项目的储备量。根据盘点结果与预定的目标库存水平的差额确定每次订购批量。这里假设需求为随机变化,因此,每次盘点时的储备量都是不相等的,为达到目标库存水平 $Q_0$ 而需要补充的数量也随着变化。这样,这类系统的决策变量应是:检查时间周期 $T$、目标库存水平 $Q_0$。这种库存控制系统的储备量变化情况如图 3-4-4 所示。

> 问一问:经济订货批量是按照什么原则来确定的?

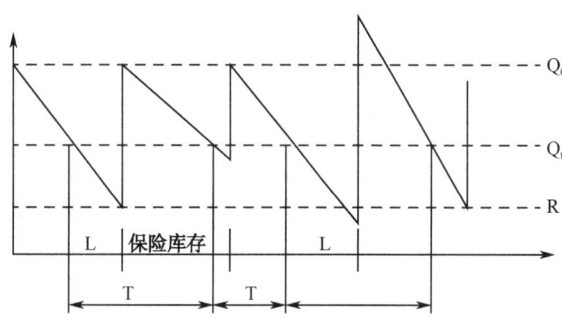

图 3-4-4　库存控制系统储备量的变化

## 2. 订货周期的确定

订货周期一般根据经验确定，主要考虑制定生产计划的周期时间，常取月或季度作为库存检查周期，但也可以借用经济订货批量的计算公式确定使库存成本最有利的订货周期。

$$订货周期=1/订货次数=Q/D$$

## 3. 目标库存水平的确定

目标库存水平是满足订货期加上提前期的时间内的需求量。它包括两部分：一部分是订货周期加提前期内的平均需求量，另一部分是根据服务水平保证供货概率的保险储备量。

$$Q_0=(T+L)r+ZS_2$$

式中　　$T$——订货周期；

　　　　$L$——订货提前期；

　　　　$r$——平均日需求量；

　　　　$Z$——服务水平保证的供货概率（查正态分布表对应的 $t$ 值）。

$S$ 是订货期加上提前期内的需求变动标准差。若给出需求的日变动标准差 $S_0$，则：

$$S_2=S_0\sqrt{T+L}$$

依据目标库存水平可得到每次检查库存后提出的订购批量：

$$Q=Q_0-Q_t$$

式中　　$Q_t$——在第 $t$ 期检查时的实有库存量。

**案例分析**　某货品的需求率服从正态分布，其日均需求量为 200 件，标准差为 25 件，订购的提前期为 5 天，要求的服务水平为 95%，每次订购成本为 450 元，年保管费率为 20%，货品单价为 1 元，企业全年工作 250 天，本次盘存量为 500 件，经济订货周期为 24 天。请计算目标库存水平与本次订购批量。

解：

（1）（$T+L$）期内的平均需求量=（24+5）×200=5800（件）

（2）（$T+L$）期内的需求变动标准差=135（件）

（3）目标库存水平：$Q_0$=5800+1.96×135=6065（件）

（4）订购批量：$Q$=6065-500=5565（件）

从上例的计算结果可以看出，在同样的服务水平下，固定订货期限系统的保险储备量和订购批量都要比固定订货量系统的保险储备量和订购批量大得多。这是由于在固定订货期系统中需满足订货周期加上提前期内需求量和防止在上述期间发生缺货所需的保险储备量。这就是为什么一些关键物品、价格高的物品不用定期订货法，而用固定订货量法的原因。

 **知识链接：定量订货法与定期订货法的区别**

### 1. 提出订购请求时点的标准不同

定量订货法提出订购请求的时点标准是，当库存量下降到预定的订货点时，即提出订购请求；而定期订货法提出订购请求的时点标准则是，按预先规定的订货间隔周期，到了该订货的时点即提出请求订购。

2．请求订购的商品批量不同

定量订货法每次请购商品的批量相同，都是事先确定的经济批量；而定期订货法每到规定的请求订购期，订购的商品批量都不相同，可根据库存的实际情况计算后确定。

3．库存商品管理控制的程度不同

定量订货法要求仓库作业人员对库存商品进行严格的控制，精心地管理，经常检查、详细记录、认真盘点；而用定期订货法时，对库存商品只要进行一般的管理，简单的记录，不需要经常检查和盘点。

4．适用的商品范围不同

定量订货法适用于品种数量少，平均占用资金大的、需重点管理的 A 类商品；而定期订货法适用于品种数量大、平均占用资金少的、只需一般管理的 B 类、C 类商品。

## 任务实施与评价

### 1．任务实施：定量订货法的计算

任务准备：

（1）某工厂每年需要某原料 1 800t，不需要每日供应，但不得缺货。已知每次订货费 200 元，每月保管每吨货物为 6 元。试求：经济批量、订购次数、订购周期、保管费总金额。

（2）某公司以单价 10 元每年购入 8000 单位的某种物品，订购成本为每次 30 元，每单位年储存成本为 3 元。若订货提前期为 2 周，则经济订货批量、年总成本、年订购次数和订货点各为多少？

任务要求：根据上述资料进行相应的计算。

### 2．任务评价

**任务评价表**

| 考核标准 | 【正确性 70%】 | | 【完整性 20%】 | | 【团队合作 10%】 | | |
|---|---|---|---|---|---|---|---|
| 评价方法 | 1．考核内容：定量订货法的计算 ||||||||
| | 2．考核方法 ||||||| |
| | 评价主体 | 分值 | 小组平均得分 | 成员姓名 | 成员姓名 | 成员姓名 | 成员姓名 |
| | 学生自评 | 20 | | | | | |
| | 学生互评 | 30 | | | | | |
| | 教师评价 | 50 | | | | | |
| | 【学生本次任务成绩】 _____<br>教师：<br>日期： ||||||||

## 练习与自测

### 一、单选题

1. 仓储业务活动的第一阶段是（　　）。
   A．装卸搬运作业　　B．入库作业　　C．在库作业　　D．出库作业
2. 离出入口越近的货物，周转率（　　）。
   A．越低　　　　　　B．越高　　　　C．一般　　　　D．无法确定
3. 重量轻的物品应保管于料架的（　　）。
   A．上层位置　　　　B．下层位置　　C．出口位置　　D．入口位置
4. 整车大批量货物的接运方式是（　　）。
   A．提货　　　　　　　　　　　　　B．车站、码头提货
   C．专用线接车　　　　　　　　　　D．库内接货
5. 零担托运和小批量货物的接运方式是（　　）。
   A．提货　　　　　　　　　　　　　B．车站、码头提货
   C．专用线接车　　　　　　　　　　D．库内接货
6. 仓库商品堆码中，以五为基本计算单位，码成各种总数为五的倍数的货垛，它是（　　）。
   A．分区分类法　　　　　　　　　　B．货架堆码法
   C．"五五化"堆码法　　　　　　　　D．先进先出法
7. 将商品逐件逐层向上重叠码高而成货垛，在仓库商品堆码形式中称为（　　）。
   A．重叠式　　　　　B．压缝式　　　C．宝塔式　　　D．衬垫式
8. 商品入库交接是接货员与（　　）交接。
   A．承运人　　　　　B．收货人　　　C．货主　　　　D．客户
9. 点件法适合（　　）。
   A．定量包装的计重商品　　　　　　B．定量包装的计件商品
   C．非定量包装的计件商品　　　　　D．定量、标码的计件商品
10. 仓储商品的汽油挥发属于仓储商品的（　　）变化。
    A．物理　　　　　　B．化学　　　　C．机械　　　　D．生理生化
11. 按照商品出库凭证所列商品编号、产地、品名、规格、等级、单位、数量等项，做到准确无误地点交清楚，符合商品出库（　　）基本原则（要求）。
    A．及时　　　　　　B．准确　　　　C．先进先出　　D．节约用料
12. 仓库保管员要根据不同的商品出库方式特点来搞好出库发货工作。由购货单位派人持业务部门开的发货凭证，并自备运输工具来库取货，属于（　　）形式。
    A．自提出库　　　　B．送货出库　　C．代运出库　　D．仓库发货
13. 商品出库复核的内容，按照复核的对象，主要有（　　）。
    A．账、货结存复核　　　　　　　　B．单证复核与实物复核

C．装箱商品复核	D．商品包装复核

14．保管保养阶段是（　　）。
A．仓储管理的关键	B．仓储管理的中心
C．仓储管理的基础	D．仓储管理的重点

15．体积大、笨重的货物应储存在（　　）。
A．人力仓库	B．半机械化仓库
C．机械化仓库	D．自动化仓库

16．属于验收依据的是（　　）。
A．订单	B．送货单	C．领料单	D．装箱单

17．对某些性质特殊、不宜与其他商品共储的货物，在仓库中安排专门仓间进行储存的方法是（　　）。
　A．分区分类法	B．先进先出法	C．专仓专储法	D．后进先出法

18．商品不超过地坪承压能力的可堆层数的计算公式是（　　）。
A．库房横梁高度-顶距/货物实际高度	B．地坪承压能力/货物重量
C．库房横梁高度-灯距/货物实际高度	D．地坪承压能力/货物单位底面积重量

19．将长短一致、宽度排列能与长度相等的商品，一层横放，一层竖放，纵横交错堆码，形成方形垛，在仓库商品堆码形式中称为（　　）。
A．重叠式	B．纵横交错式	C．宝塔式	D．衬垫式

20．商品养护是商品在储存过程中所进行的（　　）工作。
A．保养	B．维护	C．保养和维护	D．综合

21．整箱备料适合（　　）。
A．整箱入库零星出库的商品	B．零星入库整箱出库的商品
C．整箱入库整箱出库的商品	D．零星入库整批出库的商品

22．商品出库凭证审核的要求是（　　）。
A．出库凭证的合法性和真实性；核对收货单位与到站
B．出库凭证的合法性和真实性；核对商品品名、型号、规格、单价、数量；核对收货单位、到站、银行账号
C．核对商品品名、单价；核对收货单位、到站
D．凭证签字；凭证的合法性和真实性；核对商品品名、型号、规格、单价、数量；凭证的编号

23．仓库安全工作的重中之重是（　　）。
A．防偷防盗	B．防火灭火	C．防工伤事故	D．防破坏

24．商品堆码顶距应在（　　）cm以上为宜。
A．30	B．40	C．50	D．100

25．每天或每周盘点一次的物品是（　　）
A．A类物品	B．B类物品	C．C类物品	D．全部物品

二、多选题

1．入库作业的四个环节是（　　）。

A．入库前准备　　　B．接运　　　　C．验收　　　　D．入库

2．属于验收凭证的是（　　）。

A．订单　　　　　　B．入库单　　　C．质保书　　　D．保修卡

3．商品合理储存应考虑的因素是（　　）。

A．有效面积确定　　　　　　　　B．商品体积大小

C．地坪承压能力确定　　　　　　D．可用高度确定

4．商品（货垛）苫盖方法有（　　）。

A．就垛苫盖法　　　　　　　　　B．活动料棚苫盖

C．鱼鳞式苫盖法　　　　　　　　D．隔离苫盖法

5．出库商品备料的方法有（　　）。

A．拆箱拆捆备料　　　　　　　　B．刷唛

C．原箱原捆备料　　　　　　　　D．原桩原货垛备料

6．商品出库的基本方式（形式）有（　　）。

A．自提方式　　　B．代运方式　　C．送货方式　　D．动态盘点

7．立体仓库的特点是（　　）。

A．投资大　　　　　　　　　　　B．效率高

C．空间利用率高　　　　　　　　D．成本高

8．分区分类管理方法的种类主要有（　　）。

A．按商品种类和性质分区分类　　B．按商品危险性质划分

B．按商品体积大小划分　　　　　D．按商品发往地区划分

9．商品码垛的基本要求是（　　）。

A．合理　　　　　　B．牢固　　　　C．定量　　　　D．节省

10．常见的货位编号方法有（　　）。

A．四号定位法　　　B．地址编号法　C．区段编号法　D．品类群编号法

11．盘点的具体方法有（　　）。

A．账面盘点法　　　B．现货盘点法　C．期末盘点法　D．循环盘点法

### 三、判断题

1．储存是在商品经济中出现的。（　　）

2．仓储管理的基本任务就是搞好商品保管。（　　）

3．受气候条件影响大的货物一般应储存在库房中，若储存在货场，则应严密苫盖。（　　）

4．个人负责制的优点是效率高、人员精简和规范化。（　　）

5．为加快验收速度，应采用理论换算的验收方法。（　　）

6．只要性质无互相影响，一般商品可以储存在一起。（　　）

7．为节约仓库面积，应尽量减少走道、墙距、柱距的宽度，甚至墙距可以取消。（　　）

8．商品养护学是一门综合性的应用技术科学。（　　）

9．商品养护的工作方针是以防为主。（　　）

10．大五金商品可以露天存放而不怕高温，是因为具有良好导热性。（　　）
11．在秋、冬季节，晚上库温通常高于库外气温。（　　）
12．贯彻"先进先出"原则就是让先进仓库的商品先出库，至于商品有无接近失效期则是次要的。（　　）
13．商品出库单证复核，主要是审核该凭证的真实性、合法性和完整性。（　　）
14．商品出库外包装标记刷唛要求做到简明清晰，易于辨认就可以了。（　　）
15．易燃、易爆危险品仓库，库内及进出库的车辆、人员必须严禁烟火。（　　）
16．商品储存是社会在生产中不可缺少的重要环节，因此，商品储存越多越好。（　　）
17．入库验收直接影响到货物的数量准确和质量完好，因此，验收是最关键的环节。（　　）
18．相容性高的产品不可放置在一起，以免损害品质。（　　）
19．验收应以承运人的送货单为依据。（　　）
20．货卡是用来反映储存货物数量变化的卡片。（　　）
21．仓库储存能力主要取决于仓库的面积。（　　）
22．合理耗损是指仓库商品自然耗损和少量短缺。（　　）
23．商品养护的目的在于维护商品的质量，保护商品的使用价值。（　　）
24．化学变化常见的表现形式有商品的挥发、溶化、熔化、渗漏、风化。（　　）
25．一年之中，最高气温通常在7—8月份。（　　）
26．柱距是指货垛与屋柱之间的距离，一般留10～20cm。（　　）
27．商品出库凭证和手续必须符合要求，必须以供应部门开出的领料单或提货单为依据，但有时因生产或经营上急需，由领货人开出签字的借条也可发货。（　　）
28．商品出库账、货结存复核主要是按出库凭证配货，并核对商品的货位、货卡有无问题，做到账、货、卡三相符。（　　）
29．若需电焊、气割、烘烤等明火作业，必须经消防部门批准，方可动火。（　　）
30．仓库发生火灾，应马上组织仓库人员灭火即可。（　　）

### 四、简答题

1．简述商品的入库流程。
2．入库准备有哪几方面的内容？
3．商品出库的基本要求有哪些？什么是"三不、三核心、五检查"？
4．简述商品的出库流程。
5．盘点作业的步骤有哪些？

## 综合案例分析

扫描下方二维码阅读案例。

# 模块四 仓储的组织管理

## 项目一 仓储安全管理

仓储安全管理工作是仓储管理中的一项重要任务,是指运用现代安全管理原理、方法和手段,分析研究各种不安全因素,采取有力的措施,解决和消除各种不安全因素,防止事故的发生,安全稳定地进行仓储作业活动。

**情景导入:** 王明是一名刚毕业的物流管理专业高职生。2015 年 6 月份经介绍到某物流有限公司面试。以下是王明面试时的问题:

1. 你认为做一名合格的仓管员日常工作有哪些?
2. 如何杜绝仓库火灾发生,一旦发生火灾,应如何应对?
3. 仓库安全隐患除了火灾外还有哪些?
4. 仓库安全生产管理的内容有哪些?

如果你是王海,你应如何回答上述问题?

**学习目标**

【能力目标】
1. 能够使用常见的仓库火灾灭火方法。
2. 能够制定仓库安全相关管理制度。

【知识目标】
1. 掌握仓储安全管理的概念。
2. 掌握仓库安全生产基本措施。
3. 了解仓库治安保卫管理基本知识。
4. 掌握燃烧的基本原理。
5. 仓库安全消防管理措施。

【工作任务】
1. 制定仓库相关的安全管理制度。
2. 能够使用常见的仓库灭火工具。

模块四 仓储的组织管理

某仓库操作员工陈某负责仓库入库叉车作业。2012年6月3日10时，陈某操作一台叉车完成物料上架作业。陈某开动叉车将托盘叉起时，由于货物在托盘上码放不整齐，同时陈某装卸时用力过猛，托盘上的货物突然跌落，旁边的操作员李某因躲闪不及时导致其手背手指多处粉碎性骨折。

思考：
对于仓库的安全知识你知道多少？

# 任务一　仓库安全生产管理

## 一、仓储安全管理概述

（一）仓储安全管理的概念

仓储安全管理就是将仓库作为一个系统，为实现仓库安全目标而进行的有关决策、计划、组织、控制等方面的活动。

现代仓储安全管理要综合应用现代管理科学和技术科学的理论和方法，研究仓库管理活动的基本规律和一般方法，对不适应科学需要的思想观念、管理体制和方法进行变革，要总结经验并吸取教训，找出差距和失误，分析现状，确立基本原则和适用方法，然后才能运用先进手段为仓储安全提供保障。

（二）仓储安全管理的意义

现代仓储的安全管理是其他一切管理的基础和前提，具有十分重要的意义，具体表现在以下几方面。

（1）有利于加强仓库的治安保卫工作，维护仓库内安全稳定的局面。

（2）有利于加强仓库的作业安全管理，确保仓库作业人员、库存货物和设备的安全。

（3）有利于加强仓库的事故预防工作，杜绝火灾等灾害事故的发生。

仓储安全管理是一个多因素、多环节、多专业的综合系统，包括人、物、环境等诸多因素，渗透于仓库的每项工作之中。为此，要建立健全安全组织机构和仓储安全管理制度，严格执行安全检查制度，努力提高仓库管理人员的素质，增强仓库管理人员的道德素质和工作责任感；加强对仓库保管人员的专业知识培训，让上岗的每一位保管人员都能比较全面地掌握各类商品的特性及储存、保管方法，严防各种事故的发生。

仓储安全管理的主要内容包括：仓储治安保卫管理、仓储安全作业管理和仓储消防安全管理。

## 二、仓储治安保卫管理

（一）仓储治安保卫管理的重要性

仓储治安保卫管理是指为了防范、制止恶性侵权行为、意外事故对仓库及仓储财产的侵害和破坏，维护仓储环境的稳定，保证仓储生产经营的顺利开展所进行的管理工作。治安保卫管理是仓库管理的重要组成部分，不仅涉及财产安全、人的生命安全，同时也是仓库履行仓储合同义务的组成部分,是降低和防止经营风险的手段。治安保卫工作的良好开展,能确保企业的生产经营顺利进行,也是实现经营效益的保证。仓储治安保卫管理应坚持"预防为主、严格管理、确保重点、保障安全和主管负责制"的原则,执行国家治安保卫规章制度,防盗、防抢、防破坏、防骗及防火,维持仓库内秩序,防止意外事故等仓库治安灾难事故,协调与外部的治安保卫关系,保证库内人员生命安全与财产安全等。

（二）仓储治安保卫管理的内容

仓库的治安保卫工作主要有防火、防盗、防破坏、防抢、防骗、员工人身安全保护、保密等工作。治安保卫工作不仅有专职保安员承担的工作,如门卫管理、治安巡查、安全值班等,还有大量的工作由相应岗位的员工承担,如办公室防火防盗、财务防骗、商务保密、仓库员防火、锁门关窗等。仓库主要的治安保卫工作及要求有以下几方面。

1．建立仓储治安保卫管理制度

治安保卫工作是仓储企业长期性的工作,需要采取制度性的管理措施。通过规章制度确定工作要求、工作行为规范、明确岗位责任。

仓库需要依据国家法律法规,结合仓库治安保卫的实际需要,以保证仓储生产高效进行、实行安全仓储、防止治安事故的发生为目的,以人为本的思想,科学地制定治安保卫规章制度。库场所制定的规章制度不得违反法律规定,不能侵害人身权或其他合法权益。

治安保卫的规章制度既有独立的规章制度,如安全防火责任制度、安全设施设备保管使用制度、门卫值班制度、车辆和人员进出仓管理制度、保卫人员值班巡查制度等,也有的合并在其他制度中,如仓库管理员职责、办公室管理制度、车间作业制度、设备管理制度等规定的治安保卫事项。

2．守卫仓库大门和要害部门

仓库需要通过围墙或其他的物流设施隔离,设置1~2个大门。仓库大门是维持仓库治安的第一道防线,门卫主要负责开关大门,限制无关人员、车辆进入,接待入库办事人员并实施身份核查和登记,禁止入库人员携带火源、易燃易爆物品入库,检查入库车辆的防火条件,指挥车辆安全行使、停放,登记入库车辆,检查出库车辆,核对出库货物和物品放行条及实物,并收留放行条,查问和登记出库人员携带的物品,特殊情况下查扣物品、封闭大门、封锁通道。对于危险品、贵重物品和特殊物品储存仓库等要害部门,必须安排专职守卫看守,限制人员接近,防止危害、破坏和失窃。

3．日常的巡逻检查

由专职保安员不定时、不定线、经常地巡视整个仓库区每个位置的安全保卫工作,检查各部门的防卫工作,仓库内有无发生异常现象,停留在仓库内过夜的车辆是否符合规定等。若检查中发现不符合治安保卫制度要求的情况,应采取相应的处理措施或者通知相应部门处理。

4．防盗设施、设备使用

仓库应根据法律法规规定和治安保管的需要设置和安装防盗设施、设备。这些设施、设备如果不能加以有效使用，就不能达到防盗目的。仓库应按照规定使用所配置的设备，专人负责操作和管理，确保设备的有效运作。

5．治安检查

治安责任人应经常检查治安保卫工作，督促照章办事。治安检查实行定期检查与不定期检查相结合制度，班组每日检查、部门每周检查、仓库每月检查，及时发现治安保卫漏洞、安全隐患，采取有效措施及时消除。

6．治安应急

治安应急是仓库发生治安事件时，采取紧急措施，防止和减少事件所造成的损失的制度。治安应急需要通过制订应急方案，明确应急人员的职责，发生事件时的信息（信号）发布和传递规定，以及经常的演练来保证实施。

**三、仓储作业安全管理**

仓储安全作业管理直接关系到货物的安全、作业人员人身安全、作业设备和仓库设施的安全。这些安全事项都是仓库的责任范围，所造成的损失100%由仓库来承担，因而说仓储安全作业管理是经济效益管理的组成部分。安全作业管理要从作业设备、场所和作业人员两方面进行管理，一方面消除安全隐患、减小不安全的系统风险；另一方面提高作业人员的安全责任心和安全防范意识。

（一）建立安全操作管理制度

仓储安全作业管理应成为仓库日常管理的重要项目，仓库应制定科学合理的各种作业安全制度、操作规程和安全责任制度，并通过严格的监督，确保管理制度得以有效和充分的运行。

（二）加强劳动安全保护

劳动安全保护包括直接和间接施行于员工人身的保护措施。仓库要遵守《劳动法》的劳动时间和休息规定，依法安排加班，保证员工有足够的休息时间，包括合适的工间休息。提供合适和足够的劳动防护用品，如高强度工作鞋、安全帽、手套、工作服等，并督促作业人员使用和穿戴。采用具有较高安全系数的作业设备、作业机械，作业工具应适合作业要求，作业场地必须具有合适的通风、照明、防滑、保暖等适合作业的条件。不进行冒险的仓储作业和不安全环境的作业，在大风、雨雪影响作业时暂缓作业。避免人员带伤病作业。

## （三）重视作业人员资质管理和业务培训

新参加仓库工作和转岗的员工，应进行仓储安全教育，对所从事的作业进行安全作业和操作培训，确保熟练掌握岗位的安全作业技能和规范。从事特种作业的员工必须经过专门培训并取得特种作业资格，方可进行作业，且仅能从事其资格证书限定的作业项目操作，不能混岗作业。安全作业宣传和教育是仓库的长期性工作，作业安全检查是仓库安全作业管理的日常工作。通过不断的宣传、严格的检查，对违章和无视安全的行为给予严厉的惩罚，强化作业人员的安全责任心。

## （四）严格人力操作和机械操作的安全规范

### 1. 人力作业的安全操作要求

由于人工作业方式受到作业人员的身体素质、精神状况和感知能力、应急能力等多种因素的影响，因此必须做好作业人员的安全作业管理工作，具体要求有：人力操作仅限制在轻负荷的作业；尽可能采用人力机械作业；只在适合作业的安全环境进行作业；作业人员按要求穿戴相应的安全防护用具，使用合适的作业工具进行作业；合理安排工间休息；必须有专人在现场指挥和安全指导，严格按照安全规范进行作业指挥。

### 2. 机械作业的安全要求

机械安全作业管理的内容主要是注意机械本身状况及可能对商品造成的损害，树立设备良好、专人操作、规范作业的机械作业意识。具体要求有：使用合适的机械、设备进行作业；所使用的设备具有良好的工况；设备作业要有专人进行指挥；汽车装卸时，注意保持安全间距；载货移动设备上不得载人运行；移动吊车必须在停放稳定后方可作业。

**知识链接：货物堆放安全**

（1）禁止在消防设施前堆放材料、停放叉车。

（2）禁止堵塞人行通道。

（3）禁止堵塞疏散通道。

（4）当存储材料时，必须考虑存储材料的重量和从存储地点安全的搬运，以选择适当物料搬运设备。

（5）轻的材料必须存放在上部的货架上，而重的材料必须存放在较低的货架上。在货架上堆放的负载必须稳定，布局安全并在货架系统的额定承载能力范围内。

（6）按列或金字塔式独立堆放的材料，其结构必须稳定。最大堆叠高度必须明确，并清楚地予以传达。

（7）堆放过程中使用的托盘、容器和其他装置若有损坏或不稳固，必须立即停止使用，并清除出存储区域。空货盘必须安全地储存以防止坠落。

（8）袋子、容器、捆束等必须分层堆放，环环相扣，限制高度，以确保其稳固。必须避免松散和非装箱材料储存在上层。

 **任务实施与评价**

**1. 任务实施**

（1）任务准备：

某企业的防窃条例规定，私人车辆不允许进入库场，但对办公室的两位残疾雇员却网开一面。一天夜里下班后，其中一位雇员意外地发现自己汽车的挡泥板下用胶布粘牢了一些东西，随后检查发现该汽车已变成了一辆名副其实的送货卡车。该雇员把此事迅速报告安全部门，该安全部门通知雇员不要对用胶布粘牢的包装进行任何改变，并且该辆车继续停在库场内。但在接下来的几天里，真相并未完全暴露，直至最后，逮捕归案的几名案犯以及几位仓库雇员供认，他们已偷取了价值 10 万元的公司商品。可以设想一下，该公司如果买一辆小型车，专为残疾雇员提供从正常的停车地点到办公室的交通服务，情况将会更好一些。

（2）任务要求：

根据此企业当前的安全隐患，以小组为单位设计一个比较合理的仓库安全条例的方案。

2. 任务评价

**任务评价表**

| 考核标准 | 【完整性60%】 | | 【内容规范性30%】 | | 【团队精神10%】 | |
|---|---|---|---|---|---|---|
| 评价方法 | 1. 考核内容：仓库安全条例的方案的设计 | | | | | |
| | 2. 考核方法 | | | | | |
| | 评价主体 | 分值 | 小组平均得分 | 成员姓名_____ | 成员姓名_____ | 成员姓名_____ | 成员姓名_____ |
| | 学生自评 | 20 | | | | | |
| | 学生互评 | 30 | | | | | |
| | 教师评价 | 50 | | | | | |
| | 【学生本次任务成绩】_____ 教师：日期： | | | | | | |

# 任务二　仓储消防安全管理

仓储企业集中储存着大量的流通商品和储备商品，火灾是对仓库安全的最大威胁和破坏，防范火灾的发生是仓储安全管理工作的重中之重。仓储安全管理工作要以消防工作为核心，认真贯彻"预防为主、防消结合"的方针，确保人身、商品和设备的安全。坚决执行《消防法》和公安部制定的《仓库防火安全管理规则》。

（一）仓库消防知识

1. 火灾产生的条件

可燃物质、燃烧环境与火源是产生火灾的三个必备条件。这三个条件必须同时具备，并相互结合、相互作用，燃烧才会发生。在仓库管理过程中，能引起火灾的火源很多，一般来说，可以分为直接火源和间接火源两大类。

（1）直接火源。直接火源主要有以下三种。

① 明火。明火指生产、生活用的炉火、灯火、焊接火，以及火柴、打火机的火焰、未灭的香烟头等。

② 电火花。电火花指电气设备产生的火花，它能引起可燃物质起火。

③ 雷电。雷电指瞬间的高压放电，能引起任何可燃物质的燃烧。

（2）间接火源。间接火源主要有以下两种。

① 加热引燃起火。如棉布、纸张靠近灯泡，木板、木器靠近火炉烟道容易被烤焦起火等。

② 商品本身自燃起火。指在既无明火又无外来热源的条件下，商品本身自行发热，燃烧起火。

## 模块四 仓储的组织管理

2．仓储过程中的常见火险隐患

（1）电器设备方面：

① 电焊、气焊违章作业，没有消防措施。

② 电力超负荷。

③ 使用不符合规格的熔断器和电线。

④ 电线陈旧，绝缘破裂。

（2）储存方面：

① 不执行分区储存，易燃易爆等危险物品存入一般库房。

② 库区内的等距不符合要求。

③ 易燃液体挥发渗漏。

④ 可自燃物品堆码过实，通风、散热、防潮不好。

（3）机具方面：

① 无防护罩的汽车、叉车、吊车进入库区或库房。

② 使用易产生火花的工具。

③ 库内停放、修理汽车。

④ 用汽油擦洗零部件。

⑤ 叉车内部皮线破露、油管老化漏油。

（4）火种管理方面：

① 外来火种和易燃品因检查不严带入库区。

② 在库区内抽烟。

③ 库区擅自使用明火。

④ 炉火设置不当或管理不当。

⑤ 易燃物未及时清理。

3．一般货物的灭火方法

（1）冷却法。在灭火过程中，把燃烧物的温度降到其燃烧点之下，使之不能燃烧。如水、酸碱灭火法、二氧化碳灭火器等均有一定的冷却作用，同时还能隔绝空气。

（2）窒息法。此方法主要是使燃烧物周围立即减少氧气含量，使火熄灭。在灭火过程中，除了用水使燃烧物窒息外，还可以使用黄沙、湿棉被、四氯化碳灭火器、泡沫灭火器等。

（3）隔绝法。此方法主要是隔离或疏散可燃物质。在灭火过程中，为避免火势蔓延和扩大，可以拆除部分建筑物或及时疏散火场周围的可燃物，使火熄灭。在大面积的仓库中建立防火隔断墙就是依据这一道理。

（4）遮断法。即将浸湿的麻袋、旧棉被等遮盖在火场附近的其他易燃物和未燃物上，防止火势的蔓延。

（5）分散法。将集中的货物迅速分散，孤立火源，一般用于露天仓库，库内也可以采用。

4．特殊货物的灭火方法

（1）爆炸品引起的火灾主要用水扑救，氧化剂引起的大火多数可用雾状水扑救，也可以用二氧化碳灭火器、泡沫灭火器和沙扑救。

(2) 易燃液体用泡沫灭火器最有效，也可用干粉灭火器、沙土、二氧化碳灭火器扑救。由于绝大多数易燃液体都比水轻，且不溶于水，故不能用水扑救。

(3) 易燃固体，一般用水、沙土、泡沫灭火器、二氧化碳灭火器。但如氧化物着火，就不能使用酸碱灭火器和泡沫灭火器，因为酸与氯化物作用能产生有毒气体，危害性极大。

(4) 腐蚀性商品中，碱类或酸类的水溶液着火可用雾状水扑救，但遇水分解的多卤化合物、氯磺酸、发烟硫酸等，绝不能用水扑救，只能用二氧化碳灭火器扑救，有的也可用干沙灭火。

(5) 遇水燃烧商品，只能使用干沙土和二氧化碳灭火器灭火。

(6) 自燃性商品的起火，可使用大量水或其他灭火器材。

(7) 压缩气体起火，可用沙土、二氧化碳灭火器、泡沫灭火器扑灭。

(8) 放射性物品着火，可用大量水或其他灭火剂扑灭。

5．禁止用水灭火的情况

(1) 电器设备。水可以导电，电路如果未切断，用水灭火有触电危险。

(2) 粉末状固体。如果用水灭火时，能随水流的冲击，造成粉尘的飞扬，扩大灾害，可用雾状水扑灭。

(3) 忌水货物。如钠、钾、镁、铝粉、电石等，能与水发生化学反应，容易引起爆炸。

(4) 油类、酒精和其他轻于水的易燃液体。此类货物能浮于水面。用水灭火会扩大火灾面积，但面积不广、厚度不超过3cm时，可用雾状水扑灭。

(5) 已经高度灼热的物体。如金属铸件和某些矿物体，与水接触会爆炸伤人，不宜用水灭火。

(6) 其他过水能使质量变化或怕水的物资。如仪器、机电设备、纸张等，不到万不得已时，避免用水扑救，应用其他方法施救。

（二）仓储消防安全管理的主要内容

(1) 坚持"谁主管谁负责"的原则。根据企业法人是第一责任人的规定，成立防火灭火安全委员会（领导小组），全面负责仓库的消防安全工作。

(2) 建立以岗位责任制为中心的三级防火责任制，把防火安全工作具体落实到各级组织和责任人。

(3) 建立健全各工种的安全操作制度和安全操作规程。特别是各种用电设备的安全作业规程，经常进行消防安全教育，坚持做到职工考核合格持证上岗的制度。

(4) 定期开展防火灭火的消防安全检查，消除各种火灾隐患，落实各项消防措施，及时处理各类事故，做到"三不放过"。

(5) 配备适量的消防设备和火灾报警装置。根据仓库的规模、性质、特点，配备一定数量的防火灭火设备及火灾报警器，按防火灭火的要求，分别布置在明显和便于使用的地点，并定期进行维护和保养，使之始终保持完好状态。

(6) 遵守"建筑设计防火规范"。

(7) 库存物资和设备的消防操作必须符合防火防爆要求，电气设备应始终符合规范的要求，明火作业须经安保部门批准，如遇火警或爆炸立即报警。

（三）仓库安全消防管理措施

1．储存管理

（1）库房内物品储存要分类、分堆，垛与垛之间应当留出必要的通道，主要通道的宽度一般不应少于 2m。根据库存物品的不同性质、类别确定垛距、墙距、柱距、梁距。每个库房必须规定储存限额。能自燃的物品、化学易燃物品与一般物品以及性质互相抵触和灭火方法不同的物品，必须分库储存，并标明储存物品的名称、性质和灭火方法。

（2）能自燃的物品和化学易燃物品堆垛应当布置在温度较低、通风良好的场所，并应当有专人定时测温。

（3）遇水容易发生燃烧、爆炸的化学易燃物品，不得存放在潮湿和容易积水的地点。

（4）受阳光照射容易燃烧、爆炸的化学易燃物品，不得在露天存放。化学易燃物品的包装容器应当牢固、密封，发现破损、残缺、变形和物品变质、分解等情况时，应当立即进行安全处理。

（5）易燃、可燃物品在入库前，应当有专人负责检查，对可能带有火险隐患的物品，应当存放到观察区，经检查确无危险后，方准入库或归垛。

（6）储存易燃和可燃物品的库房、露天堆垛附近，不准进行试验、分装、封焊、维修、动用明火等可能引起火灾的作业。如因特殊需要进行这些作业，事先必须经仓库防火负责人批准，并采取安全措施，调配专职或义务消防队员进行现场监护，备有充足的灭火器材。作业结束后，应当对现场认真进行检查，切实查明未留火种后，方可离开现场。

（7）库房内不准设办公室、休息室，不准住人，不准用可燃材料搭建搁层。在库房或露天堆垛的防火间距内，不准堆放可燃物品和搭建货棚。

（8）库房内一般不应当安装采暖设备，如物品防冻必须采暖，可用暖气。散热器与可燃物品堆垛应当保持安全距离。

（9）库区和库房内要经常保持整洁。对散落的易燃、可燃物品和库区的杂草应当及时清除。用过的油棉纱、油抹布、沾油的工作服、手套等用品，必须放在库房外的安全地点，妥善保管或及时处理。

2．装运管理

（1）装卸化学易燃物品，必须轻拿轻放，严防震动、撞击、重压、摩擦和倒置。不准使用能产生火花的工具，不准穿带钉子的鞋，并应当在可能产生静电的设备上，安装可靠的接地装置。

（2）进入易燃、可燃物品库区的蒸汽机车和内燃机车，必须装置防火罩，蒸汽机车要关闭风箱和送风器，并不得在库区停留和清炉。仓库应当有专人负责监护。

（3）进入库区的汽车、拖拉机必须戴防火罩，并不准进入库房。进入库房的电瓶车、铲车，必须有防止打出火花的安全装置。运输易燃、可燃物品的车辆，一般应当将物品用苫布苫盖严密，随车人员不准在车上吸烟。

（4）对散落、渗漏在车辆上的化学易燃物品，必须及时清除干净。库房、站台、货场装卸作业结束后，应当彻底进行安全检查。

（5）各种机动车辆在装卸物品时，排气管的一侧不准靠近物品。各种车辆不准在库区、库房内停放和修理。

3．电源管理

（1）库房内一般不宜安装电器设备。如果需要安装，应当严格按照有关电力设计技术规范和有关规定执行，并由正式电工进行安装和维修。

（2）储存化学易燃物品的库房，应当根据物品的性质，安装防爆、隔离或密封式的电器照明设备。

（3）各类库房的电线主线都应当架设在库房外，引进库房的电线必须装置在金属或硬质塑料套管内，电器线路和灯头应当安装在库房通道的上方，与堆垛保持安全距离，严禁在库房屋顶架线。

（4）库房内不准使用碘钨灯、日光灯、电熨斗、电炉子、电烙铁、电钟、交流收音机和电视机等电器设备，不准用可燃材料做灯罩，不应当使用超过 60W 以上的灯泡。灯头与物品应当保持安全距离。

（5）库房内不准架设临时电线。库区如需架设，必须经仓库防火负责人批准。使用临时电线的时间不应当超过半个月，到期及时拆除。

（6）库区的电源应当设总闸和分闸，每个库房应当单独安装开关箱。开关箱应当设在库房外，并安装防雨、防潮等保护设施。

（7）在库区及库房内使用电器机具时，必须严格执行安全操作规程。电线要架设在安全部位，免受物品的撞击、砸碰和车轮碾压。

（8）电器设备除经常检查外，应每年至少进行两次绝缘摇测，发现可能引起打火、短路、发热和绝缘不良等情况时，必须立即修理。禁止使用不合规格的保险装置。电器设备和电线不准超过安全负荷。库房工作结束时，必须切断电源。

4．火源管理

（1）库区内严禁吸烟、用火，严禁放烟花、爆竹和信号弹。在生活区和维修工房安装和使用火炉，必须经仓库防火负责人批准。

（2）金属火炉距可燃物不应当小于 1.5m。在木质地板上搭设火炉时，必须用隔热的不燃材料与地板隔开。

（3）金属烟囱距可燃墙壁、屋顶不应当小于 70 cm，距可燃屋檐不应小于 10 cm，高出屋檐不应小于 30 cm。烟囱穿过可燃墙、窗时必须在其周围用不燃材料隔开。

（4）不准用易燃液体引火。火炉附近不准堆放木片、刨花、废纸等可燃物。不准靠近火炉烘烤衣物和其他可燃物。燃着的火炉应有人负责管理。从炉内取出的炽热灰烬，必须用水浇灭后倒在指定的安全地点。

5．消防设施设备的管理

（1）在仓库区域内应布置消防设备和器材。消防设备包括：水塔、水泵、水池、消防供水管道、消防栓、消防车、消防泵等。消防器材包括：各类灭火器、砂箱、水桶、消防斧、钩、铣等。

（2）仓库区域内应当按照《建筑设计防火规范》的规定，消防器材设备附近严禁堆放其他物品。仓库应当装设消防通信、信号报警设备。

（3）消防器材设备应当有专人负责管理，定期检查维修，保持完整好用。寒冷季节要对消防储水池、消火栓、灭火机等消防设备采取防冻措施。

### 知识链接

你认识下面的消防安全标志吗?

**危险物品包装标志名称及图形**

| 标志品称 | 标志图形 | 标志名称 | 标志图形 | 标志名称 | 标志图形 | 标志名称 | 标志图形 |
|---|---|---|---|---|---|---|---|
| 爆炸品 | | 易燃气体 | | 不燃气体 | | 有毒气体 | |
| 易燃液体 | | 易燃固体 | | 自燃物品 | | 遇湿易燃物品 | |
| 氧化剂 | | 有机过氧化物 | | 剧毒品 | | 有毒品 | |
| 有害品（远离食品） | | 感染性物品 | | 一级放射性物品 | | 二级放射性物品 | |
| 三级放射性物品 | | 腐蚀品 | | 杂　类 | | | |

禁止烟火

注意危险

未经许可 不得入内

禁止吸烟

必须戴安全帽

当心触电

当心吊物

当心滑跌

当心坑洞

当心落物

当心坠落

禁止合闸

仓储管理实务

## 任务实施与评价

### 1. 任务实施

（1）任务准备：

2002年3月8日16时许，安徽省安庆市粮食公司仓库发生特大火灾，烧毁库存粮食及库房等，造成直接经济损失600余万元。

2001年11月中旬，安徽省安庆市粮食公司租赁社会仓库存放粮食。经双方商定并签订了协议，库房内的消防器材和安全由粮食公司负责，库房外的安全工作由仓库出租方负责。11月中旬至12月下旬粮食公司先后调入大米1000吨，由仓库保管员张某负责管理。

2002年3月6日上午，张某骑自行车去仓库检查，未发现异常情况，约10min后离去，以后未再进行检查。3月8日16时许，该仓库内的一名搬运工人发现存放粮食的4号库房有浓烟，并从玻璃窗看到库房内有火苗，当即报警。后经消防队员数小时扑救将大火扑灭。经核查，烧毁大米550吨，烧毁库房5间778$m^2$，烧毁双梁吊车和轨道滑线等物。直接经济损失800余万元。

（2）任务要求：

① 该粮食仓库发生火灾的原因有哪些？

② 你认为火灾有哪些危害？

③ 仓库防火最重要的是防止哪些火灾，如何进行预防？

### 2. 任务评价

**任务评价表**

| 考核标准 | 【完整性40%】 | | 【结果正确性40%】 | | 【内容规范性10%】 | 【团队精神10%】 | |
|---|---|---|---|---|---|---|---|
| 评价方法 | 1. 考核内容：仓储消防安全管理的考核 | | | | | | |
| | 2. 考核方法 | | | | | | |
| | 评价主体 | 分值 | 小组平均得分 | 成员姓名_____ | 成员姓名_____ | 成员姓名_____ | 成员姓名_____ |
| | 学生自评 | 20 | | | | | |
| | 学生互评 | 30 | | | | | |
| | 教师评价 | 50 | | | | | |
| | 【学生本次任务成绩】_____ 教师： 日期： | | | | | | |

模块四 仓储的组织管理

# 项目二 仓储绩效评价管理

"如果你不监测数据，那就无法管理仓库。"如今，公司运用数据衡量销售业绩、客户服务优劣和财务情况是一个非常平常的事情，那么仓库性能该如何衡量呢？仓储作为公司的运营中心和利润中心，应该对其进行数据监测和绩效考核指标管理。仓储绩效评价管理是仓储管理的一个重要环节。通过对仓储绩效的评价和分析，有助于正确判断仓储企业的实际经营水平、挖掘服务水平的潜能，提高企业的经营能力，进而提高仓储企业的经济效益，因此，仓储企业有必要建立一套完善的、科学的绩效评价体系。

**情景导入**：某仓储部门有 8 名员工，并且都有具体的工作岗位和工作内容，目前要通过一定的方法考核每个人的工作并给予相应的奖励。请问：如何通过表格的形式设定相应的考核指标？

【能力目标】
1．能够明确仓储绩效评价的内容。
2．能够明确仓储绩效评价量化指标体系。
3．能够明确仓储绩效考核指标的分析方法。

【知识目标】
1．掌握仓储绩效评价的概念。
2．掌握仓储绩效评价量化具体指标。
3．了解仓储绩效考核指标的分析方法。

【工作任务】
能够通过所学知识针对不同仓储公司的具体运营情况进行正确的绩效评价。

**案例导入**

三星手机公司大约每三个月就要对其物流供应商进行绩效考核，如果某物流供应商的服务质量——差错率、延迟率等不能达到三星手机公司所要求的水平，则该供应商就会收到来自三星手机公司的限期纠正通知，如果逾期不能有所改正，则该供应商就会从三星手机公司的供应链中清除。

思考：
物流企业进行绩效管理的意义是什么？

# 任务一 仓储绩效评价量化指标体系

## 一、仓储绩效评价的概述

### （一）仓储绩效评价的概念

仓储绩效评价是指在一定的经营期间内仓储企业利用指标对经营效益和经营业绩以及服务水平进行考核，以加强仓储管理工作，提高管理的业务水平和技术水平。

企业经营效益主要表现在盈利能力、资产运营水平、偿还债务能力和后续发展能力等方面。经营业绩主要通过经营者在经营管理企业的过程中对企业的经营和发展所做贡献反映出来。评价内容重点在盈利能力、资产运营水平、偿还债务能力和后续发展能力等方面的主要依据是准确反映这些内容的各项定量及定性指标，并将这些指标同全国甚至世界同行业、同规模的平均水平比较，从而获得一个公正、客观的评价结论。

### （二）仓储绩效评价的意义

仓储活动担负着社会生产所需要的各种货物的运输、收发、储存、保管、保养、加工、配送、控制、监督和保证生产需要等多项业务职能，而这些活动都与仓储的经济效益密切联系。仓储活动的各项考核指标是经营管理成果的集中反映，是衡量仓储管理水平高低的尺度，也是考核评价仓储各方面工作和各作业环节工作成绩的重要手段。因此，利用指标考核管理手段，对加强仓储经营管理工作和提高管理的业务及技术水平是十分有效的。对仓储活动开展绩效评价工作有着对内和对外两方面的意义。

（1）对内加强管理，降低仓储成本。仓库可以利用生产绩效考核指标对内考核仓库各个环节的计划执行情况，纠正运作过程中出现的偏差。

具体表现：有利于提高仓储管理水平；有利于落实岗位责任制；有利仓库设施设备的现代化改造；有利于提高仓储经济效益。

（2）进行市场开发，接受客户评价。

具体表现：有利于说服客户，扩大市场占有率；有利于稳定客户关系。

### （三）仓储绩效评价指标的制定原则

为了保证仓储绩效考核真正发挥作用，指标体系的科学制定和严格实施及管理非常重要。

（1）科学性。科学性原则要求所设计的指标体系能够客观如实地反映仓库生产的所有环节和活动要素。

（2）可行性。可行性原则要求所设计的指标便于工作人员掌握和运用，数据容易获得，便于统计计算，便于分析比较。

（3）协调性。协调性原则要求各项指标之间相互联系，互相制约，但是不能相互矛盾和重复。

（4）可比性。在对指标的分析过程中，很重要的是对指标进行比较，如实际完成与计划相比、现在与过去相比、与同行相比等，所以可比性原则要求指标在期间、内容等方面要一致，使指标具有可比性。

（5）稳定性。稳定性原则要求指标一旦确定后，应在一定时期内保持相对稳定，不宜经常变动、频繁修改,应在执行一段时间后,经过总结再进行改进和完善。

**二、仓储绩效评价量化指标体系**

仓储的绩效如何,需要用绩效评价指标来评价分析。仓储绩效考核的指标是由多方面的指标构成的指标体系。主要包括:资源利用程度方面的指标、服务水平方面的指标、能力与质量方面的指标、库存效率方面的指标。

(一)资源利用程度方面的指标

1. 仓库面积利用率

仓库面积利用率是衡量和考核仓库利用程度的指标。仓库面积越大,表明仓库面积的有效使用情况越好。其计算公式如下:

$$仓库面积利用率 = \frac{仓库可利用面积}{仓库建筑面积} \times 100\%$$

2. 仓容利用率

仓容利用率是衡量和考核仓库利用程度的另一项指标。仓容利用率越大,表明仓库的利用效率越高。其计算公式如下:

$$仓容利用率 = \frac{库存商品实际数量或容积}{仓库应存数量或容积} \times 100\%$$

仓库面积利用率和仓容利用率是反映仓库管理工作水平的主要经济指标。考核这两项指标,可以为反映货物储存面积与仓库实际面积的有效利用率提供依据。

3. 设备完好率

设备完好率是指处于良好状态、随时能投入使用占全部设备的百分比。其计算公式如下:

$$设备完好率 = \frac{期内设备完好台日数}{同期设备总台日数} \times 100\%$$

期内设备完好台日数是指设备处于良好状态的累计台日数,其中不包括正在修理或待修理设备的台日数。

4. 设备利用率

设备利用率是考核运输、装卸搬运、加工、分拣等设备利用程度的指标。设备利用率越大,说明设备的利用程度越高。其计算公式如下:

$$设备利用率 = \frac{全部设备实际工作时数}{同期设备日历工作时数} \times 100\%$$

仓储设备是企业的重要资源,设备利用率高表明仓储企业进出业务量大,是经营绩效良好的表现,为了更好地反映设备利用状况,还可以用以下指标加以详细计算。

(1)设备工作日利用率。设备工作日利用率是指计划期内装卸、运输等设备实际工作天数与计划工作天数的比值,反映各类设备在计划期内工作日被利用程度,其计算公式如下:

$$设备工作日利用率 = \frac{计划期内设备实际工作天数}{计划期内计划工作天数} \times 100\%$$

(2)设备工时利用率。设备工时利用率是指装卸、运输等设备实际工作时间与计划工作时间的比值,反映设备工作日实际被利用程度,其计算公式如下:

设备工时利用率=设备每日实际工作时间/设备每日计划工作时间×100%

**5．设备作业能力利用率**

设备作业能力利用率是指计划期内设备实际作业能力与技术作业能力的比值，其计算公式如下：

$$设备作业能力利用率=\frac{计划期内设备作业能力}{计划期内设备技术作业能力}×100\%$$

作业能力单位根据不同的性能特点而定，如起重设备表示为单位时间内的起重量；设备技术作业能力可根据其标记作业能力参考设备服役年数核定。该指标反映设备的技术作业能力被利用的程度。

**6．装卸设备起重量利用率**

装卸设备起重量利用率指标反映各种起重机、叉车、堆垛机等的额定起重量被利用程度，也反映了装卸设备与仓库装卸作业量的适配程度。其计算公式如下：

$$装卸设备起重量利用率=\frac{计划期内设备每次平均起重量}{设备定额起重量}×100\%$$

**7．资金利用率**

资金利用率是指仓储所得利润与全部资金占用之比，它可以用来反映仓储的资金利用效果，其计算公式如下：

$$资金利润率=\frac{利润总额}{固定资产占用额+流动资金平均占用额}×100\%$$

**8．全员劳动生产率**

全员劳动生产率是指劳动投入与收益的比值，通常以平均每人所完成的工作量或创造的利润额来表示。全员劳动生产率的计算公式如下：

$$全员劳动生产率=\frac{利润总额}{同期平均全员人数}×100\%$$

**（二）服务水平方面的指标**

**1．客户满意程度**

客户满意程度是衡量企业竞争力的重要指标，客户满意与否不仅影响企业经营业绩，而且影响企业的形象。考核这项指标不仅反映出企业服务水平的高低，同时衡量企业竞争力的大小，其计算公式如下：

$$客户满意程度=\frac{满足客户要求数量}{客户要求数量}×100\%$$

**2．缺货率**

缺货率是对仓储商品可得性的衡量尺度。将全部商品所发生的缺货次数汇总起来与客户订货次数进行比较，就可以反映一个企业实现其服务承诺的状况，其计算公式如下：

$$缺货率=\frac{缺货次数}{客户订货次数}×100\%$$

**3．准时交货率**

准时交货率是满足需求的考核指标，其计算公式如下：

$$准时交货率 = \frac{准时交货次数}{总交货次数} \times 100\%$$

**4．货损货差赔偿费率**

货损货差赔偿费率反映仓库在整个收发保管作业过程中作业质量的综合指标，其计算公式如下：

$$货损货差赔偿费率 = \frac{货损货差赔偿费总额}{同期业务收入总额} \times 100\%$$

**（三）能力与质量方面的指标**

**1．货物吞吐量**

货物吞吐量是指计划期内进出库货物的总量，一般以吨表示。计划指标通常以年吞吐量计算。其计算公式如下：

计划期货物吞吐量 = 计划期货物总进库量+计划期货物总出库量+计划期货物直拨量

其中，计划期货物总进库量是指验收后入库的货物数量，计划期货物出库量是指按调拨计划、销售计划发出的货物数量，计划期货物直拨量是指从港口、车站直接拨给或货到专用线未经卸车直拨给用户的货物数量。吞吐量是反映仓储工作的数量指标，是仓储工作考核中的主要指标，也是计算其他指标的基础和依据。

**2．账货相符率**

账货相符率是指仓储账册上的货物存储量与实际仓库中保存的货物数量之间的相符合程度。一般在对仓储货物盘点时，逐笔与账面数字核对。账货相符率指标反映出仓库的管理水平，是避免企业财产损失的主要考核指标，其计算公式如下：

$$账货相符率 = \frac{账货相符笔数}{库存货物总笔数} \times 100\%$$

**3．进、发货准确率**

进、发货准确率是指仓储管理的重要质量指标，进、发货的准确与否关系到仓储服务质量的高低。因此，应严格考核进、发差错率指标，将进、发货差错率控制在 0.005%以下，其计算公式如下：

$$进、发货准确率 = \frac{期内货物吞吐量-进、发货差错总量}{期内货物吞吐量} \times 100\%$$

**4．商品缺损率**

商品缺损主要由两种原因造成：一是保管损失，即因保管养护不善造成的损失；二是自然损耗，即因商品易挥发、失重或破碎所造成的损耗。商品缺损率反映商品保管与养护的实际状况，考核这项指标是为了促进商品保管与养护水平提高，从而使商品缺损率降到最低，其计算公式如下：

$$商品缺损率 = \frac{期内商品缺损量}{期内库存商品总量} \times 100\%$$

**5．平均储存费用**

平均储存费用是指保管每吨货物每月平均所需的费用开支。货物保管过程中消耗的一定数量的活劳动和物化劳动的货币形式即为各项仓储费用。这些费用包括在货物出入库、验收、存储和搬运过程中消耗的材料、燃料、人工工资和福利费、固定资产折旧、修理费、照明费、租赁费以及应分摊的管理费等,这些费用的总和构成仓库总的费用。

平均储存费用是仓库经济核算的主要经济指标之一,它可以综合地反映仓库的经济成果、劳动生产率、技术设备利用率、材料和燃料节约情况和管理水平等,其计算公式如下:

$$平均储存费用 = \frac{每月储存费用总额(元)}{月平均储存量(吨)} \times 100\%$$

### (四)库存效率方面的指标

库存周转率是用于计算库存货物的周转速度,反映仓储工作水平的重要效率指标。它是在一定时期内销售成本与平均库存的比率,用时间表示库存周转率就是库存周转天数。在货物总需求量一定的情况下,如果能降低仓库的货物储备量,其周转的速度就越快。从降低流动资金占用和提高仓储利用效率的要求出发,应当减少仓库的货物储备量。但若一味地减少库存,就有可能影响到货物的供应。因此,仓库的货物储备量应建立在一个合理的基础上,做到在保证供应需求的前提下尽量地降低库存量,从而加快货物的周转速度,提高资金和仓储效率。

一般情况下,货物的周转速度可以用周转次数和周转天数两个指标来反映,其计算公式如下:

$$物品年周转次数(次/年) = \frac{全年物品消耗总量}{全年物品平均储存量}$$

$$物品周转天数(天/次) = \frac{360}{物品年周转次数}$$

其中,全年物品平均储存量通常采用每月月初货物储存量的平均数。货物周转次数越少,则周转天数越多,表明货物的周转越慢,周转的效率就越低;反之,效率越高。

对于库存周转率,并没有一种绝对的标准比例作为一般的判断标准。通常是和同行业公司相互比较,或是与企业内部的其他期间相比拟分析,用这两种方法作为判断库存周转率优劣的标准。

另外,在对仓储各项作业进行考核时,有些指标无法定量地计算出来,可以采用定性的方法,通过考核表的形式对作业效果进行评价。

---

### 知识链接:库存周转率的其他表示方法

**1. 库存数量表示方法**

$$库存周转率 = \frac{使用数量}{库存数量} \times 100\%$$

或

$$库存周转率 = \frac{出库数量}{库存数量} \times 100\%$$

由于"使用数量"并不等于"出库数量",在实际经营观念中一般认为使用数量包含一部分备用数量,因此采用使用数量为对象计算库存周转率更合理。

**2. 库存金额表示方法**

$$库存周转率 = \frac{使用金额}{库存金额} \times 100\%$$

或 $$库存周转率 = \frac{该期间的出库总金额}{该期间的平均库存金额} \times 100\%$$

计算周转率的方法，根据需要可以有周单位、旬单位、月单位、半年单位和年单位等，一般企业所采取的是月单位或年单位，大多数以年单位计算，只有零售业经常使用月单位和周单位。

仓储管理绩效考核指标和仓库人员绩效考核评分表（月）分别如表 4-2-1 和表 4-2-2 所示。

表 4-2-1 仓储管理绩效考核指标

| 编号 | KPI | KPI 定义/公式（权重） | 考核标准 | 信息来源 | 考核周期 |
|---|---|---|---|---|---|
| 1 | 实际发生的仓储费用和计划仓储费用的差异 | 实际发生的仓储费用/计划仓储费用 | （1）=目标值，得 100 分<br>（2）比目标值每降低___百分点，加___分，最高___分<br>（3）超出目标值的___百分点，不得分<br>（4）介于其中时按线性关系计算 | 费用明细科目及预算资料汇总 | 月度统计<br>季度考核 |
| 2 | 库存盘点账实相符率 | 库存盘点账物相符的金额/库存盘点的物资总额×100% | （1）=目标值，得 100 分<br>（2）比目标值每降低___百分点，减___分<br>（3）比目标值低___百分点，不得分 | 库存盘点记录 | 月度统计<br>季度考核 |
| 3 | 材料出入库单据传递及时性 | 24h 内对处理完的单据进行传递 | （1）=目标值，得 100 分<br>（2）每超出目标值___天，减___分<br>（3）超出目标值___天，不得分 | 工作记录 | 月度统计<br>季度考核 |
| 4 | 仓储产品损坏率 | 仓储产品损坏金额/仓储产品总金额×100% | （1）=目标值，得 100 分<br>（2）比目标值每降低___万元，加___分，最高___分<br>（3）高于目标值___万元，不得分<br>（4）介于其中时按线性关系计算 | 库存盘点记录 | 月度统计<br>季度考核 |
| 5 | 1 年内过期的仓储产品金额 | 当期期末库存产品中 1 年内过期的库存金额 | （1）=目标值，得 100 分<br>（2）比目标值每降低___万元，加___分，最高___分<br>（3）比目标值高___万元，不得分<br>（4）介于其中时按线性关系计算 | 发货报表和库存报表 | 月度统计<br>季度考核 |
| 6 | 收料、发货记账登记的及时性 | 收料、发货记账登记天数 | （1）=目标值，得 100 分<br>（2）每超出目标值___天，减___分<br>（3）超出目标值___天，不得分 | 收料、发货台账 | 月度统计<br>季度考核 |

续表

| 编号 | KPI | KPI定义/公式（权重） | 考核标准 | 信息来源 | 考核周期 |
|---|---|---|---|---|---|
| 7 | 仓储设施完好率 | 仓储设施检查得分 | （1）=目标值，得100分<br>（2）比目标值每提高___分，加__分，最高___分<br>（3）低于目标值__分，不得分<br>（4）介于其中时按线性关系计算 | 仓储设施状态检查评分表 | 月度统计季度考核 |
| 8 | 装卸货在标准时间内完成率 | 在标准时间内完成的装卸货次数/总共完成的装卸货次数×100% | （1）=目标值，得100分<br>（2）比目标值每提高___百分点，加__分，最高___分<br>（3）低于目标值__百分点，不得分<br>（4）介于其中时按线性关系计算 | 发货单、装卸货单据 | 月度统计季度考核 |
| 9 | 设备完好率 | 完好设备台数/全部设备台数×100% | （1）=目标值，得100分<br>（2）比目标值每提高___百分点，加__分，最高___分<br>（3）低于目标值__百分点，不得分<br>（4）介于其中时按线性关系计算 | 设备维修保养台账 | 月度统计季度考核 |
| 10 | 设备故障及时排除率 | 在标准时间内完成的设备维修次数/总共完成的设备维修次数×100% | （1）=目标值，得100分<br>（2）比目标值每提高___百分点，加__分，最高___分<br>（3）低于目标值__百分点，不得分<br>（4）介于其中时按线性关系计算 | 设备维修保养台账 | 月度统计季度考核 |
| 11 | 设备事故次数 | 设备事故次数 | （1）=目标值，得100分<br>（2）每超出目标值__次，减__分<br>（3）超出目标值___次，不得分<br>（4）或为否决性指标 | 设备事故记录 | 月度统计季度考核 |
| 12 | 物资转运及时性 | 物资在规定的时间内转运完毕 | （1）=目标值，得100分<br>（2）每超出目标值__小时，减__分<br>（3）超出目标值__小时，不得分 | 物资转运记录 | 月度统计季度考核 |

### 表4-2-2 （　月份）仓库人员绩效考核评分表

姓名：　　　　　　　岗位：　　　　　　　考核总分：

| 考核项目 | 评分要点 | 标准分值 | 考核得分 |
|---|---|---|---|
| 制度执行 | 制度执行情况：（1）安全制度的执行；（2）公司基本管理制度的执行 | 5 | |
| 物料管理 | 熟悉各种物料的材质、规格及用途 | 5 | |
| | 做好物料的验收工作，严格把控物料质量 | 5 | |
| | 针对不良物料及时填写物料投诉单，并在第一时间上报物料部和财务部 | 5 | |
| | 坚持物料先进先出原则 | 5 | |

续表

| 考核项目 | 评 分 要 点 | 标准分值 | 考核得分 |
|---|---|---|---|
| 物料管理 | 根据物料进出数量的变动,及时在物料管制卡上做信息变更,做到物卡相符 | 5 | |
| | 严格按退换物料管理要求执行物料的申领退换 | 5 | |
| | 严格执行物料领用制度,除物料管理员外,其他人不得自行到货架支取 | 5 | |
| | 定期物料盘点,做好闲料改造利用和废料再利用 | 5 | |
| | 对长期堆放、变质、风化物料及时上报主管部门做及时处理、清理工作 | 5 | |
| | 物料防护:防潮、防火、防盗、防破损 | 5 | |
| 库房管理 | 合理利用存储空间,物料分门别类,陈列整齐,做到过目见数,通道顺畅 | 5 | |
| | 仓库地面、墙面、门窗干净整洁,物料架和物料表面无尘垢 | 5 | |
| 工作要求 | 及时更新K3系统数据,做到"账实相符"与"账账相符" | 5 | |
| | 核对生产单,及时上报有关部门特殊物料和短缺物料的库存情况 | 5 | |
| | 工作熟练程度和技能提高情况 | 5 | |
| 工作素养 | 对公司仓库管理、物料管理合理化建议和意见 | 5 | |
| | 尊重同事,对人、对事有礼有节,不拉帮结派,不打听和传播小道消息 | 5 | |
| | 服从公司和领导安排的临时任务 | 5 | |
| 服务反馈 | 是否有其他部门或同事的投诉记录 | 5 | |
| 合计得分 | | | |
| 统计数据 | A. 本月物料入库总频次(率)_____;<br>B. 本月物料出库总频次(率)_____;<br>C. 本月加班时长_____小时;<br>_____天 | | |
| 得90~100分者可得到其标准分值的绩效工资;100分以上者加发超出分值与考核比分积的考核工资;90分以下者扣发不足分值与考核比分积的考核工资(考核比分:绩效工资除以100的商) ||||
| 部门意见(加扣分事由):<br><br>部门主管/经理签字: ||||
| 其他关联部门建议(加扣分事由):<br><br>部门主管/经理签字: ||||
| 人力资源部意见:<br><br>部门主管/经理签字: ||||

## 任务实施与评价

### 1. 任务实施

(1)任务准备:

某公司2015年到库物资共2000t,出库1500t,年初库存500t,全年错发错收20t,丢失

2t，损害5t，赔偿10 000元，另因消防不合格被罚款5 000元。全年营业收入300 000元。

（2）任务要求：

通过学习试计算出：该公司的物资吞吐量，年平均库存量，物资收发差错率，物资完好率，业务赔偿率。

### 2. 任务评价

**任务评价表**

| 考核标准 | 【完整性40%】 | 【结果正确性40%】 | 【内容规范性10%】 | 【团队精神10%】 | | |
|---|---|---|---|---|---|---|
| 评价方法 | 1. 考核内容：仓储绩效评价指标体系的计算 ||||||
| | 2. 考核方法 ||||||
| | 评价主体 | 分值 | 小组平均得分 | 成员姓名____ | 成员姓名____ | 成员姓名____ | 成员姓名____ |
| | 学生自评 | 20 | | | | | |
| | 学生互评 | 30 | | | | | |
| | 教师评价 | 50 | | | | | |
| | 【学生本次任务成绩】_____ 教师： 日期： ||||||

## 任务二　仓储绩效考核指标的分析

要全面、准确地认识仓储企业的现状和规律，把握其发展的趋势，必须对各个指标进行系统而周密的分析，以便发现问题，并透过现象，认识内在的规律，采取相应的措施，使仓储企业各项工作水平得到提高，从而提高企业的经济效益。分析方法主要有以下几个。

### 一、对比分析法

对比分析法是将两个或两个以上有内在联系的、可比的指标（或数量）进行对比分析，是最简单和最有效的方法。根据分析问题的需要，主要有以下几种对比方法。

（1）计划完成情况的对比分析，是将同类指标的实际或预计完成数与计划数进行对比分析，从而反映计划完成的绝对数的程度，通过帕累托图法、工序图法等进一步分析计划或未完成的具体原因。

（2）纵向动态对比分析，是将同类有关指标在不同时间上的对比，如本期与基期或上期比、与历史平均水平比、与历史最高水平比等。这种对比反映了事物发展的方向和速度，表明了是增长或是降低，然后再进一步分析产生这种结果的原因，提出改进措施。

（3）横向类比分析，是对有关指标在同一时期相同类型的不同空间条件下的对比分析。类比单位的选择一般是同类企业中的先进企业，可以是国内的，也可以是国外的，通过横向对比找出差距，采取措施赶超。

（4）结构对比分析。是将总体分为不同性质的各部分，然后以部分数值与总体数值之比来反映事物内部构成的情况，一般用百分数来表示。例如，可以计算分析因保管养护不善造成的霉变残损、丢失短少、不按规定验收、错收错付而发生的损失等各占的比例为多少。

应用对比分析法进行对比分析时，需要注意以下几点。

第一，要注意所对比的指标或现象之间的可比性。在进行纵向对比时，主要考虑指标所包括的范围、内容、计算方法、计量单位、所属时间等相互适应，彼此协调；在进行横向对比时，要考虑对比的单位之间必须在经济或经济活动性质、经营规模上基本相同，否则缺乏可比性。

第二，要结合使用各种对比分析方法。每个对比指标只能从一个侧面来反映情况，只做单项指标的对比会比较片面，甚至会得出误导性的分析结果。把有联系的对比指标结合运用，有利于全面、深入地研究、分析问题。

第三，要正确选择对比的基数。对比基数的选择，应根据不同的分析和目的进行，一般应选择具有代表性的基数。例如，在进行指标的纵向动态对比分析时，应选择企业发展比较稳定的年份作为基数，这种对比分析才更有现实意义，否则与过高或过低年份所做的比较，都达不到预期的目的和效果。

## 二、因素分析法

因素分析法是用来分析影响指标变化的各个因素以及它们对指标各自的影响程度，是用来测定受诸多因素影响的某种经济现象总变动中各个因素的影响方向和影响程度的一种统计分析方法。

因素分析法的基本做法是，假定影响指标变化的诸因素中，在分析某一因素变动对总指标变动的影响时只有这一个因素在变动，而其余因素都必须是同度量因素（即固定因素），然后逐个进行替代某一项因素单独变化，从而得到每项因素对该指标的影响程度。

在采用因素分析法时，应注意各因素按合理的顺序排列，并注意前后按合乎逻辑的衔接原则处理。如果顺序改变，各因素变动影响程序之积（或之和）虽仍等于总指标的变动数，但各因素的影响值会发生变化，从而得出的答案也不同。

## 三、价值分析法

所谓价值分析法就是通过综合分析系统的功能与成本的相互关系，寻求系统整体最优化途径的一项技术经济分析方法。它是在降低成本开支的分析方法中一种比较有效的方法。采用价值分析的方法主要是通过对功能和成本的分析，力图以最低的寿命周期成本可靠地实现系统的必要功能。

（一）价值分析法的原则

（1）消除浪费，排除无用的环节和工作。

（2）尽可能采用标准化和规范化方法。

（3）经常分析有无更好的方法可以替代现在使用的方法。

（二）价值分析法的分析思路

（1）现在分析的问题（对象）是什么。

（2）其作用(或功能)是什么。

（3）采用这种方法的成本是多少。

（4）分析、研究它的价值是多少。

（5）是否存在其他可以完成同样工作的方法。

（6）如果存在，其成本开支是多少。

（7）分析、研究后能满足要求吗。

（三）价值分析的基本思想

在各种经济活动中，不论是制订计划还是生产制造，不论是销售工作，还是购买工作或是设备的选用，都期望以最低的价格实现最大价值，即为了实现最佳价值要进行各种探讨和分析，这个过程称为价值分析。大体按下列顺序进行。

（1）使用此物品是否必要（必要性）。

（2）研究所使用的这些物品，其价值与效用是否相当（效用）。

（3）为满足这种用途，是否还有其他方法或物品（替代性）。

（4）物品所有的性能是否都必要（物品性能的必要性）。

（5）质量要求是否过高（质量的浪费）。

（6）形状、尺寸是否浪费（形状、尺寸的浪费）。

（7）重量是否浪费（重量的浪费）。

（8）能否使用标准件和通用件（标准件适用性）。

（9）物品的成本相对于用途是否必要或是否适宜（成本的适宜）。

（10）能否采用更适宜、更经济的方法进行生产（生产的适宜性）。

价值分析研究的范围很广，如经营方针、生产计划、销售业务、利润计划、作业计划、设计管理、技术管理、科研管理、生产方法、工具管理、工程管理、作业管理、进度管理、质量管理、安全、检查、库存管理等。

（四）价值分析在库存管理中的应用

库存管理的内容有库存管理方针、库存品种的确定、库存品的分类、库存数量计算、库存量的控制以及库存时间、库存方法、库存设备、库存费用、库存运营等，这些都是价值分析所要研究的对象，因为其中每一项都与价值有直接关系。例如，库存品种的确定是仓储经营的一项重要决策，如果所选物品在仓储经营中效用很低，甚至在库存中对企业的运营毫无影响，说明库存的价值不能得到体现。又如，库存量的控制，通常库存量过多不行，过少也不行，我们追求的是合理的库存量。但对某些物品而言，有的物品允许缺货，而有的物品绝对不允许有短缺。因而，如果不能明确地将两者加以区别，往往在价值方面就要遭受损失。

采用不同的管理方法，可以获得不同的价值。如果保管不当，物品的价值必然下降，在考虑库存方法时，如果不把保证物品的良好质量作为重点之一，就会出现质量下降、效率降低等现象，从而导致价值减少。相反，如果保管方法恰当，物品的质量不降低，就等于价值相对增高。对于价值分析在库存管理中的应用采用下面的实例进行说明。

**【实例】螺栓的库存问题分析**

决定某型号螺栓是否设立库存，库存量确定为多少等问题时，首先应对螺栓进行价值分析。分析时应按前述的顺序进行。

（1）分析研究必要性。螺栓是否有必要设立库存取决于多方面因素，如功能、成本、采购、代用品、标准化等。其中，首先要进行功能分析，分析螺栓有哪些功能，哪些属于主要功能，哪些属于次要功能(多余功能)。然后根据具体功能的分析来判断设立库存的必要性。

（2）代用品分析。从满足使用要求上看，如果此螺栓不能用别的代用品代替，这时，此螺栓就为必要。

（3）性能分析。在螺栓不可能被代替的情况下，就要对这种螺栓所具有的特性进行研究，分析这些特性是全部都需要还是只需要一部分就可以了。例如，对于具有特殊要求的螺栓，分析其是全部都需要高强度的呢，还是只有一部分需要高强度。

（4）结构设计分析。如果螺栓质量过硬，实际使用中却不需要，这就造成浪费。在形状、尺寸方面有时也会存在浪费。在重量方面，本来可以设计得更轻便，如果过重也会造成浪费，这些浪费都应消除。

（5）标准件或通用件的选择。这种螺栓是否可采用标准件或通用件。如能采用标准件，采购过程将容易得多，可以考虑不设库存。不能采用标准件的螺栓则应设库存。

此外，还应分析该螺栓的成本与其用途是否相适应。如果螺栓价格较高，库存管理费用相应也会高，若与实际用途不相适应就会承担较大的风险。

## 知识链接：仓储绩效评价标准

仓储绩效评价标准是对评价对象进行评价的标尺，是评价工作的准绳和前提。根据不同的用途可分为以下四类。

（1）计划（预算）标准。是仓储绩效评价的基本标准。是指以事先制定的计划、预算和预期目标为评价标准，将仓储绩效实际达到的水平与其进行对比。该标准反映了仓储绩效计划的完成情况，并在一定程度上代表了现代企业经营管理水平。但该标准人为因素较强，主观性较大，要科学合理地制定才能起到较好的激励效果。

（2）历史标准。是以历史同期水平或历史最高水平为衡量标准，将仓储绩效实际达到的水平与其自身的历史水平进行纵向比较。这种比较能够反映仓储绩效指标的发展动态和方向，为进一步提升仓储绩效提供决策依据。但历史标准的评价结果缺乏横向可比性，具有排他性。

（3）客观标准。是以国际或国内同行业绩效状况作为本企业仓储绩效的标准。采用这一评价标准，评价结果较为真实且具有横向可比性，便于了解企业本身在行业中所处的位置，有助于企业制定仓储发展战略。

（4）客户标准。是以客户来衡量企业的仓储绩效，以客户的满意程度来评价仓储企业运作服务水平的关键因素，是企业改进和提高仓储水平的重要依据。

## 任务实施与评价

### 1. 任务实施

（1）任务准备：

某仓储企业拥有常温、单层封闭仓库面积约 8000m²，储存商品为一般日用百货。其原有仓库布局采用直堆式，纵向主要通道为 1.9m，其他通道为 1.2m，比较狭窄且未使用货架，商品直接从地面堆码。仓库面积虽然可充分利用,但仓库空间利用率差,仓容利用率低。如图 4-2-1 所示。

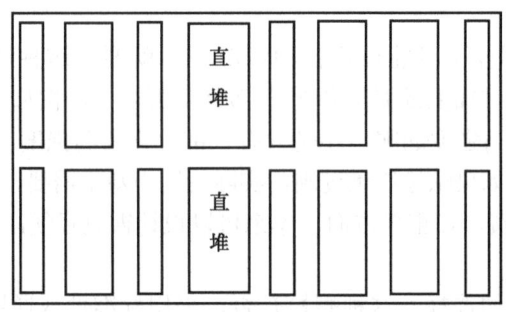

图 4-2-1　简单的直放式堆码

为提高仓容利用率,可采用以下两种改进方法。

第一,通过变更通道与保管的布局设计。各通道的宽度扩大到 2.5m,确保选品叉车能够通过。使用托盘货架并指定高、低频率商品的货位,如图 4-2-2(a)所示。

第二,通过改变货物存放方式,使用托盘货架,实行货物上下两段存放,如图 4-2-2(b)所示。

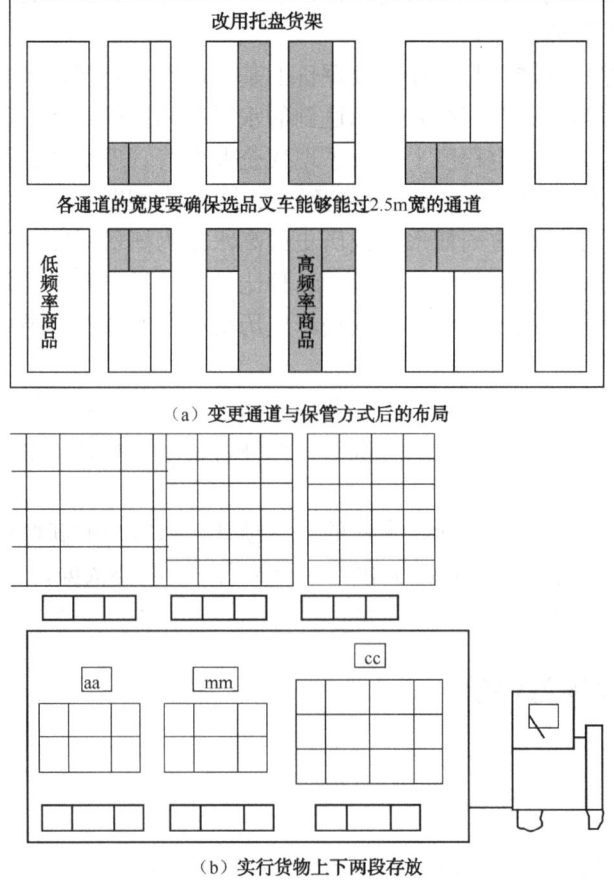

图 4-2-2　提高仓容利用率的改进方法

通过改进，能够提高出库作业的搬运效率，减少存放货物的取出等作业动作，降低10%的出库作业工数，提高20%的保管能力。

（2）任务要求：

以小组为单位进行讨论分析，根据仓储企业的作业内容及考核标准，制定各项作业绩效考核表。

 **练习与自测**

一、单选题

1. 维持仓库治安的第一道防线是（    ）。
  A．仓库管理员           B．仓库大门
  C．门卫                 D．保安员

2. 仓储消防安全第一责任人是（    ）
  A．仓库管理员           B．保安员
  C．消防员               D．企业法人

3. 治安检查实行定期检查与不定期检查相结合制度，班组应（    ）
  A．每小时检查           B．每日检查
  C．每周检查             D．每月检查

4. 金属火炉距可燃物不应当小于（    ）
  A．1.5m                 B．2.0m
  C．2.5m                 D．3.0m

5. 在灭火过程中，把燃烧物的温度降低到其燃烧点之下，使之不能燃烧的灭火方法是
  A．遮断法               B．窒息法
  C．隔绝法               D．冷却法

6. 考核运输、装卸搬运、加工、分拣等设备利用程度的指标是（    ）
  A．设备完好率           B．设备利用率
  C．设备工时利用率       D．设备作业能力利用率

二、多项选择题

1. 仓储安全管理的主要内容包括（    ）
  A．仓储治安保卫管理
  B．仓储安全作业管理
  C．仓储消防安全管理
  D．仓储设备安全管理

2. 产生火灾的三个必备条件（    ）
  A．电火花               B．可燃物质
  C．燃烧环境             D．火源

3．一般货物的灭火方法（　　）
A．冷却法　　　　　　　　　　　B．窒息法
C．隔绝法　　　　　　　　　　　D．分散法　　　　　　　E．遮断法
4．仓储绩效评价指标的制定原则
A．科学性　　　　　　　　　　　B．可行性
C．稳定性　　　　　　　　　　　D．可比性　　　　　　　E．协调性
5．衡量和考核仓库利用程度的指标是：（　　）
A．客户满意程度　　　　　　　　B．仓库面积利用率
C．仓容利用率　　　　　　　　　D．准时交货率
6．服务水平方面的指标
A．客户满意程度　　　　　　　　B．缺货率
C．准时交货率　　　　　　　　　D．货损货差赔偿费率

### 三、判断题

1．仓储治安保卫管理应坚持"预防为主、严格管理、确保重点、保障安全和主管负责制"原则。

2．治安应急检查是仓库发生治安事件时，采取紧急措施，防止和减少事件所造成损失的制度。

3．仓储绩效评价的意义是对内加强管理，降低仓储成本；对外接受客户评价。

4．缺货率反映仓库保障供应、满足客户需求的程度。

5．进、发货准确率是指仓储管理的重要质量指标，进、发货的准确与否关系到仓储服务质量的高低。

6．账货相符率是指仓储账册上的货物存储量与实际仓库中保存的货物数量之间的符合程度。

### 四、简答题

1．什么仓储安全管理？
2．仓储安全管理的内容主要包括哪些？
3．仓储治安管理的内容如何？
4．仓储作业安全管理的内容有哪些？
5．仓储过程中的常见火险隐患有哪些？
6．仓库安全消防管理措施有哪些？
7．什么是仓储绩效评价？
8．仓储绩效评价的量化指标体系是怎样的？

## 综合案例分析

### 1997年全国十大火灾

1月29日，湖南长沙市燕山酒家（8层、31.65米，个体承包）保安人员使用酒精炉取

暖不慎发生火灾,当地消防部门接警后全力救人灭火,共救出被困人员 100 余人,11 名公安干警、消防人员在灭火战斗中光荣负伤。大火造成 40 人死亡、89 人受伤,烧毁建筑面积 997 平方米及卡拉 OK 设备等,直接财产损失 97 万元。

2 月 13 日,广西宜州省广深高速公路 17 公里加 800 米处(广州白云区罗岗路段)发生火灾,由于右侧车门的电路被烧断而自动关闭,加上可燃物多、秩序混乱,造成 40 人死亡、6 人受伤,车辆及所载物品全部被烧毁,直接财产损失 11.2 万元。火灾系该车输油管漏油遇发生机高温所致。

6 月 4 日,停泊在南京长江水域 2 号锚地的广州海运集团泰华油运公司"大庆 243"号油轮(2.4 万吨,装有 1.97 万吨原油)在向长航集团南京油运公司的 3 艘油驳过载原油时发生火灾爆炸事故,泄漏的原油形成 2 万多平方米江面火灾。这起大火造成 5 人死亡、4 人失踪、5 人受伤,"大庆 234"号油轮和一艘油驳沉没,二艘油驳烧损,直接财产损失 574.8 万元。火灾原因系原一艘油驳沉没,二艘油驳烧损,直接财产损失 574.8 万元。火灾原因系原油气遇静电火花爆炸所致。

6 月 27 日,北京化工集团有限公司东方化工厂乙烯储罐发生爆炸火灾,烧毁储罐 17 个,储料 19257 吨,以及罐区部分框架、仪表、电缆、桥架、建筑物等,死亡 8 人,受伤 40 人,燃烧区域 6 万多平方米,直接财产损失 1.17 亿元。火灾原因是 B 罐乙烯装置液相管线芯漏的气体遇静电火花发生爆炸起火。

9 月 21 日,福建晋江市陈埭镇横坂村裕华鞋厂(私营企业)因一职工对老板娘不满报复纵火引起火灾,烧死 32 人(均为外地打工人员,其中女性 19 人),烧伤 4 人,烧毁"三合一"建筑 1020 平方米及大量制鞋材料、成品等,直接财产损失 80.4 万元。

10 月 21 日,江西临川市牡丹宾馆(7 层,高 25.5 米,私营企业)发生火灾,由于该宾馆违章使用可燃材料装修,擅自关闭火灾自动报警系统,未能有效地组织旅客疏散,致使 22 人死亡、12 人受伤(其中重伤 3 人),过火面积 1577 平方米,直接财产损失 199 万元。火灾原因为放火嫌疑。

10 月 25 日,浙江温州市瓯海区将军桥工业区 10 号楼(6 层)四层的温州环球皮件有限公司(承租单位)喷光台电器故障引起火灾,由于各承租企业老板出于防盗,用铁门窗将厂房大门、窗户全部封死,致使 15 人死亡、14 人受伤(其中重伤 4 人),烧毁"三合一"建筑 2500 平方米及 6 家皮鞋厂的全部生产设备、原材料,直接经济损失 174.3 万元。

11 月 13 日,黑龙江哈尔滨市宾县居仁镇巨人打火机厂充气车间在生产过程中发生爆炸火灾事故,造成 16 人死亡(其中女性 11 人),烧毁 55 平方米砖木结构厂房及简易打火机充装设备,直接财产损失 1.5 万元。爆炸火灾系充气车间内液化石油气与空气的混合气体遇明火所致。

11 月 17 日,新疆喀什市工业品贸易中心大楼(6 层)发生火灾,由于未能及时报警,加上二楼柜台易燃可燃物(布料等)多,致使 15 人死亡(其中摔死 2 人),21 人受伤(其中消防人员 2 人、公安干警 10 人),烧毁二、三层楼内大量针织品等,直接财产损失 400 万元。火灾系营业员在为顾客选购电热毯时,忘记切断电源所致。

12 月 11 日,黑龙江哈尔滨市汇丰大酒店(6 层,高 22.7 米)发生火灾,由于该酒店违章采用大量可燃材料装修,水喷淋系统未开通,楼层防火门未关闭,致使 31 人死亡(其中 3 人摔死)、24 人受伤(其中消防人员 7 人),过火面积 400 多平方米,火灾直接财产损失

61.9万元。

请问：

你认为火灾有哪些危害？引起火灾的原因有哪些？仓库防火最重要的是防止哪些火灾，如何进行预防？

# 模块五 仓储管理信息系统

随着科技的发展,信息的膨胀,企业信息化成了企业在竞争中立于不败之地的有效手段之一。而作为现代化的仓储企业,仓储信息的管理也变得越来越重要,是仓储企业取得竞争优势和获得更高利润的关键。

## 项目一 仓储管理信息系统

**情景导入**:经理对新入职的王明说:为了能有效地对仓库流程和空间进行管理,实现批次管理、快速出入库和动态盘点,并快速地对库存物品的入库、出库、移动、盘点、配料等操作进行全面的控制和管理,有效地利用仓库存储空间,提高仓库的仓储能力,单位刚上了一套现代化仓库管理系统,请在一周内熟悉并掌握整个仓库管理系统。请问:如果你是王明,应该如何开展工作?

**学习目标**

【能力目标】
能够认知仓储信息管理系统模块。

【知识目标】
1. 掌握仓储管理信息系统的概念。
2. 了解仓储信息管理系统的特点和功能。
3. 掌握仓储管理信息系统的基本功能模块。

【工作任务】
通过学习能够熟练操作仓储信息管理模块。

**案例导入**:高效的海烟物流中心

上海海烟物流中心占地 100 亩。建筑面积 37000m$^2$。海烟物流中心运用国际先进物流技术,将 WMS(仓库管理系统)与 ERP(企业资源计划)高度集成,实现了信息处理及时、配送流程优化、存取选拣自动化、物流管理智能化,从而在物流流程的各个时间节点上达到精确衔接。我们把服务作为自己的核心产品,作为一切工作的出发点和落脚点,对上下游客户实现"两个一"承诺:对上游工作单位承诺"卷烟进货车辆等待不超过一辆车";对下游卷烟零售户承诺"卷烟配送时间与约定时间误差在 1h 内",根据上海市质协用户中心的第三

方测评，公司的满意度始终保持在较高水平，在行业内名列前茅。这样准确、高效的配送效率，完全依赖于先进完美的信息系统，其作业流程如图 5-1-1 所示。

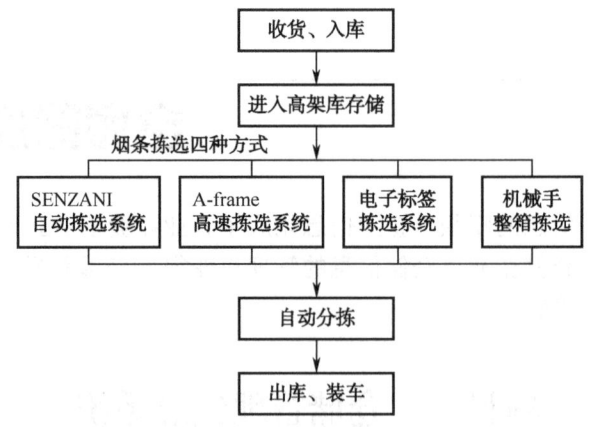

图 5-1-1　海烟作业流程

**思考：**

1．为什么海烟物流的配送准确率能达到 100%？
2．海烟从收货入库到出库用到了哪些信息技术？

# 任务一　认识仓储管理信息系统

### 一、仓储管理信息系统的概念

仓储管理信息系统（WMS），是为提高仓储作业和仓储管理活动的效率，对仓库实施全面的系统化管理的计算机信息系统。

仓储管理信息系统是通过使用系统的观点、思想和方法建立起来的，以电子计算机为基本信息处理手段，以现代通信设备为基本传输工具，并且能够为仓储管理提供信息服务的人机系统。

随着社会经济的发展和工业生产的加速，货物进出仓库更为频繁，仓库信息管理变得更为重要。传统的仓储管理仅靠人工记忆和手工录入，不但费时、费力，而且容易出错。当企业的物流业务成长到一定规模后，随着订单数量的增加，客户需求不断个性化，客户对仓储企业的作业效率、准确率、响应速度和作业量等都提出了更高的要求，单纯依靠人力资源已不能满足客户的这些要求了。为了保持企业的竞争力，满足客户的个性化需求，必须发挥仓储管理信息系统的作用。WMS 的目标就是提高库存管理的质量和效率，降低库存成本，以合理库存量控制库存和采购。

### 二、仓储信息管理系统的特点

作为一个直接面向仓储作业管理的信息系统，WMS 的特点主要包括以下几个方面。

#### （一）人机系统

人机系统特点是信息系统常常被忽略的特点之一。计算机虽然具有强大的信息处理能力，但这仅仅是从物质上给予信息管理以保障，而只有所有管理工作人员都参与其中，充分发挥能动作用，才能真正地对计算机等科技资源实现有效利用，从根本上发挥二者优势，从而真正提高组织的综合竞争力。

（二）综合系统

WMS 是一个综合性的系统。首先它是一个涉及多学科交叉的系统，在系统的开发和应用过程中，涉及了系统论、信息论、控制论、行为科学、管理科学以及计算机等多个学科的理论和应用；其次它意味着多种人才的结合，这不仅仅是因为系统的开发和维护需要多方面人才的共同参与，同时也意味着整个开发过程是一个培养综合型人才的过程；再次它是软件与硬件的集成，这是因为一个信息系统首先是计算机软件和硬件的共同体，更是由于同时包含了思想观念等软技术以及企业生产工艺等硬技术；最后它是一个广泛的系统，虽然 WMS 是针对仓储活动中的相关问题而设计的，但为了能够提供更全面的服务，WMS 还涉及配送和供需等很多相关方面。

（三）动态系统

从开发角度上看，WMS 是一个不断开发修正的过程。每次出现新的需求或是应用环境发生变化的时候，就需要根据实际情况对 WMS 进行修正改进，甚至重新开发。同是从应用角度上看，也是处于不断变化之中的。因为信息系统是以处理信息为主，而真正有效的信息是最新的信息，因此，WMS 中的数据势必处于不断的变化过程中，而这种不断变化就会造成 WMS 的动态特性。

### 三、WMS 的功能结构

WMS 的功能结构主要包括以下几个方面。

（一）信息处理功能

信息处理功能是 WMS 最基本的功能，包括对信息收集、加工整理、存储转换以及输出等多方面任务。一般意义上，信息系统的数据传输通常只包括信息系统内部各个模块之间的传输，而 WMS 的数据传输则包含了由信息采集端向信息系统之间的传输行为，因此对于一部分数据传输的安全性问题更值得开发方加以考虑。

（二）事务处理功能

WMS 能够从事部分常规的事务管理工作，其中包括账务处理及常规核对、统计核算和报表处理等工作。这样的事务处理功能使组织中的部分员工和领导得以从烦琐而单调的日常工作中解脱出来，既节约了人力资源，又提高了管理效率。

（三）预测功能

WMS 不仅可以准确实时地反映活动目前的状况，更可以运用一定的模型或方法对历史数据展开分析，从某些角度，在一定程度上反映和预测仓储活动未来的大体趋势，并可以根据具体情况作出行业预测，确定出组织内部的相关发展方向。

（四）计划功能

WMS 可以针对不同的管理层级提出不同的要求，根据收集到的种种信息对其工作进行合理的计划和安排，如库存补充计划等，从而有利于保证整体管理工作的顺利进行，也可以在一定程度上避免人为失误的产生。

## （五）控制功能

WMS 能够对仓储活动中各个环节的运作情况展开实时监控，并比较工作的实际开展状况与计划之间的差异，从而能够及时地发现问题，进而分析原因，采取相应的手段进行纠偏，切实保证原计划活动的展开。

## （六）决策支持功能

决策支持功能常常会成为 WMS 的一个附加功能。一个优秀的信息系统常常不仅具有管理信息的职能，而且同时还具备支持决策的职能。在实际操作中，系统可以通过各种非结构化或半结构化的决策相关模型技术来对决策进行优化，从而达到为各个管理层级提供最优决策建议的目的。这一职能对于合理利用企业资源、提高整体经济效益以及提升企业综合竞争力有显著作用。

## 四、仓储管理信息系统的功能模块

仓储管理信息系统是一种信息支持的手段，一般由多个子系统组合构成。它有很多版本，企业可以依自己的实际需求量身定做，但是基本的功能却相差不大，如图 5-1-2 所示。

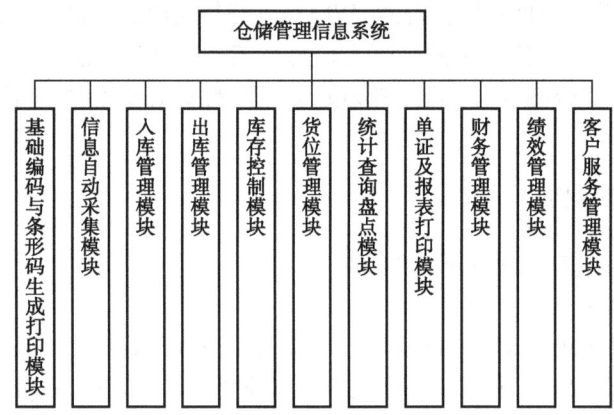

图 5-1-2　仓储管理信息系统的功能模块

## （一）基础编码与条形码生成打印模块

1．对物品、储位和相关业务单位（包括人员）进行科学的编码

对物品、储位和相关业务单位（包括人员）进行科学的编码，使整个仓储活动过程中的每一操作对象都有唯一的编号，为计算机管理和数据的统计查询建立数据结构基础，并可以对基础编号信息进行维护（增加、删除、修改）。

2．操作人员权限管理

设定、修改、分配每个操作员的权限及密码，尽可能地保护系统数据的安全。

3．编码数据发布或查询

将物品、储位编码等数据及对应的物品名称、储位名称发送到每一个需要这些信息的单位或在系统中提供编码及对应物品、储位名称查询。

4．条码打印生成

在基础编码管理的基础上，为每个货位、无条码物品等编制、生成唯一的编码，完成编码对应的条形码标签的打印。

## （二）信息自动采集模块

在现代化的仓库中，信息自动采集系统是整个系统运行的基础。目前，在自动化立体仓库中广泛应用的是条形码自动采集技术以及射频识别技术。条形码自动采集（识读）系统是一种方便、经济的信息采集技术手段。利用商品或包装箱上的条形码，通过条形码总计器可以迅速、正确地把商品或储运单元的信息自动地输入信息系统，实现自动登录、自动控制、自动处理的目的。

条形码识读系统主要由以下几部分组成。

（1）不同信息的条形码。

（2）形码自动阅读器（扫描器和译码器）。

（3）信息通信设备（有线或无线），将读取的条形码信息传输到计算机管理信息系统。

（4）条形码信息处理器（将信息转换成能量流，控制机电设备）。

（5）执行条形码信息处理结果的执行机构、设备。

## （三）入库管理模块

入库管理是仓储管理的基本业务，是仓储业务的起点，其信息必须完整准确。要求具有入库物品的基本信息（如入库物品条形码、物品名称、数量、规格、入库日期、产品生产日期、生产厂商、经手人等），并对其进行管理，包括入库单证处理、物品就位管理、接收物品、上架并记录。

## （四）出库管理模块

出库管理系统要求向有关人员提供完整的出库信息，有关人员按照这些出库信息完成相关的出库作业。要求具有出库物品信息管理（如出库物品条形码、物品名称、数量、规格、出库日期、经手人、领货人等）功能，对出库单证进行处理。出库管理模块应具有订单资料处理、发货排程、指派拣货位置等功能。发货时，系统根据先入先出等原则，指定拣货位置。

为了使现场人员能够进行多个订单同时出货，节约操作时间，提高生产效率，系统应具有订单分组与规划功能，可以按照多种不同的条件（客户名称、货运公司、时间范围、订单号码范围等），对需要进行取货操作的订单进行组合，将它们分成不同的级别、向现场操作人员发出操作（如拣货、配货）的指令。

## （五）库存控制模块

库存控制模块可以提供最小库存量、最大库存量和自动订货量控制。当库存中某货物数量低于最小库存量时，系统自动订货并生成订单。当库存中某货物的数量高于最大库存量时，系统也自动提示。另外，还可以对货物进行有效期的自动控制，针对容易失效或容易变质的货物，系统自动跟踪货物的有效期，并在一定时间段提前进行预警。

## （六）货位管理模块

可以实现货物存储位置的自动指派功能，还可以进行储位的锁定，如果发现某些货物存在问题，或者某些货物需要特别控制时，可以将这些特殊的货位单独隔离出来，进行单独控制。

## （七）统计查询盘点和单证及报表打印模块

完成各种信息的统计查询，如根据货位查询物品或者根据物品查询货位，各种物品的库存总量，单位时间（如每月）的出、入库数量，各种物品单位时间的进、出量，入库单据查询、出库单据查询。

进行物品盘点管理。利用移动式数据采集货位、物品上的条形码信息，对物品按名称、货位进行盘点；可将盘点数据与库存数据自动对比；人工检测警戒底限库存、警戒高限库存管理；打印各种单证、报表。

（八）财务管理模块

利用该模块可实现企业所有财务会计应具备的功能，一般包括以下子系统。

（1）人事薪资系统。包括人事档案、工资统计和打印以及银行计算机转账等项目。

（2）应收账款系统。主要把订单资料和发货票资料转入应收账款系统，并可实现已收账款统计、到期管理、催款管理和用户信用记录分析等功能。

（3）应付账款系统。主要把采购资料和进货资料转入应付账款系统，并可实现已收付账款的统计和到期管理等功能。

（4）成本分析系统。分析各项业务成本，并根据历史资料进行成本差异分析，从而加强对物流成本的控制和管理。

（5）财务管理系统。根据成本分析快速准确地形成各种财务报表。

（九）绩效管理模块

该模块主要包括以下两方面内容。

1．运营日志

运营日志是把每一作业区货物的进出量、时间、作业人员数量，即每天订单完成情况等信息进行收集和管理。

2．业绩指标管理

业绩指标管理主要任务是定期收集各项运营数据，进行各项运营数据的比较分析。利用该模块可对企业的各项动作情况进行全面的业绩考核，从而对各项业务的工作情况做出客观公正的评价，形成一套完整的业绩考核管理体系。

（十）客户服务管理模块

客户服务管理系统可以建立货物与客户的联系，便于售后服务跟踪，了解客户新的需求；可以建立潜在客户档案，便于开展新的业务。

## 五、仓储信息管理系统的支持技术

仓储管理信息系统的支持技术可以分为开发技术和实现支持技术两大部分，主要包括以下几个方面。

（一）计算机硬件技术

计算机硬件技术主要针对涉及作为网络中节点的各台计算机的硬件构成技术，它是 WMS 赖以存在的物理环境，只有计算机的基础设施处于健康状态，WMS 才有可能正常进行。

（二）计算机软件技术

仓储管理信息系统中的计算机软件技术更注重于客户端操作系统以及网络操作系统。操作系统是硬件之上的第一层软件系统，能够对硬件实现有效的控制和管理，同时起着优化硬件的作用。操作系统的正确安装和顺利运作，是上层软件运行的有效保障，同时通过操作系统，也可以在一定程度上提高计算机硬件的可用性。

（三）数据库技术

数据库作为目前广泛普及的一种技术，已经成了众多信息系统必要的软件基础。数据库技术可以有效地实现对大量数据的存储访问和维护，同时还能够解决数据的一致性和安全性等众多问题，是 WMS 的有效支持。

（四）开发方法

在开发技术方面，除了一般方法理论外，还存在着一些用于专门进行系统开发的方法，可以大大提高系统开发的效率。

（五）实现支持技术

仓储管理信息系统的实现支持技术，重点是指在实际应用的过程中，被压合在整个 WMS 内的各方面技术。由于在仓储活动中，涉及众多货品以及运输行为，如何对这些货品等进行有效识别成为仓储活动的一个重要方面，所以除了一般用于信息采集的技术外还会涉及其他一些自动识别技术，这些技术主要作为信息的采集技术出现在仓储活动中，并成为 WMS 的有力支持。

由此可见，WMS 集成了信息技术、无线射频技术、条码技术、电子标签技术、Web 技术及计算机应用技术等。它将仓库管理、无线扫描、电子显示、Web 应用有机地组成一个完整的仓储管理系统，从而提高作业效益，实现信息资源充分利用，加快网络化进程。

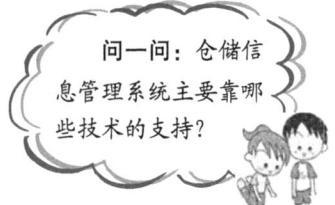

问一问：仓储信息管理系统主要靠哪些技术的支持？

 **知识链接：物联网**

物联网是新一代信息技术的重要组成部分，也是"信息化"时代的重要发展阶段。其英文名称是：Internet of things（IoT）。顾名思义，物联网就是物物相连的互联网。这有两层意思：其一，物联网的核心和基础仍然是互联网，是在互联网基础上的延伸和扩展的网络；其二，其用户端延伸和扩展到了任何物品与物品之间，进行信息交换和通信，也就是物物相息。物联网通过智能感知、识别技术与普适计算等通信感知技术，广泛应用于网络的融合中，也因此被称为继计算机、互联网之后世界信息产业发展的第三次浪潮。物联网是互联网的应用拓展，与其说物联网是网络，不如说物联网是业务和应用。因此，应用创新是物联网发展的核心，以用户体验为核心的创新 2.0 是物联网发展的灵魂。

 **任务实施与评价**

**1. 任务实施**

（1）任务准备：

实训室装有仓储物流管理模拟系统软件。教师介绍仓储管理信息系统软件功能结构、模块结构、运行环境、配套的相关硬件设施。

主要模块内容：基础信息管理、货位编号及储位分配、入库作业、在库作业、流通加工作业、补货作业、出库作业、退货作业、配送作业。

（2）任务要求：

以仓储调度员或信息管理员的身份，先进行软件操作，再以小组为单位分工协作进行软件操作，从而掌握软件的基本操作，熟悉软件的业务流程，掌握仓储信息管理系统各个功能模块。

### 2. 任务评价

任务评价表

| 考核标准 | 【熟练程度50%】 | | 【结果正确性40%】 | | 【团队精神10%】 | | |
|---|---|---|---|---|---|---|---|
| 评价方法 | 1. 考核内容：仓储物流管理模拟系统软件功能模块的熟悉以及操作，完成不同岗位角色的工作流程任务 | | | | | | |
| | 2. 考核方法 | | | | | | |
| | 评价主体 | 分值 | 小组平均得分 | 成员姓名_____ | 成员姓名_____ | 成员姓名_____ | 成员姓名_____ |
| | 学生自评 | 20 | | | | | |
| | 学生互评 | 30 | | | | | |
| | 教师评价 | 50 | | | | | |
| | 【学生本次任务成绩】_____ 教师： 日期： | | | | | | |

# 项目二　仓储管理信息技术

 **情景导入**：经理对王明说：公司需要一种具有输入速度快、信息大、准确度高、成本低、可靠性强等特点的技术，以优化企业的信息管理，支撑采购、生产、销售等环节，经理让王明介绍一下条码技术与 RFID 各自的特点，到底应该使用条码技术还是 RFID 技术呢？如何利用信息渠道使物流与资金流分离，如何运用现代信息技术为企业"强身健体"。

**学习目标**

【能力目标】
1．能够熟练运用条形码软件和打印条形码。
2．能够熟练操作 RF 手持终端。

【知识目标】
1．掌握条形码的概念和在仓储活动中的应用。
2．了解射频技术的概念和在仓储活动中的应用。
3．了解 EDI 技术的概念和在仓储活动中的应用。

【工作任务】
能够正确使用仓储信息设备，能够依据仓库信息管理系统下发到 RF 手持终端上，并进行分组练习，完成入库上架、出库的实际操作。

## 案例导入

2002年11月,联华超市与光明乳业之间建立了自动订货系统。联华各门店在每天晚上12点之前汇总当天光明乳业的牛奶销售和库存信息,并在次日9点前将该数据传送至联华总部电子数据交换系统(EDI),这些数据处理后在当天12点加载到光明乳业有效客户反应系统(ECR)。光明乳业收到数据后,根据天气、销售、促销指标等因素进行订单预测。经预测的订单产生后,该公司开始进行发货准备,并将订单数据发送到联华总部电子数据交换系统,联华门店当日晚上9点前将收到收货信息,光明乳业在第三天上午6点半以前将所订的牛奶送到联华各门店。联华门店在收到货物后,除了在收货单据上签收外,还必须在当日中午12点之前将收货信息自动导入管理信息系统(MIS)。

自动订货系统的推行,使牛奶这一冷链商品在门店销售中既保证了鲜度又扩大了销售。同样的方式,"个性生鲜"的特点逐步在联华扎根生长。

阅读以上材料,请回答下面的问题:
(1)什么是EDI?谈谈你的理解。
(2)结合联华超市与光明乳业的成功经验,你认为EDI能给企业带来哪些收益?

# 任务一 认识仓储管理信息技术

现代仓储管理的重要体现是信息技术的广泛应用。信息技术的应用对仓储管理带来了根本性的变化。信息技术将不仅用于处理仓储具体业务,而且用于控制各种储运设备(动态储存),如通过全卫星定位系统实现对汽车、火车、船舶、飞机等运载工具的精确定位跟踪;用于储运物品的分析与预测,使仓储信息化得以迅速发展。先进的仓储管理信息系统能够充分利用条形码技术、射频识别等技术、网络通信技术、数据库技术等,实现物流信息现场采集、实物流动和后台数据库三方面实时统一,提高作业效率,实现仓储活动各环节的科学管理。以下对条形码技术、射频识别技术和EDI技术等在仓储管理中的应用进行介绍。

### 一、条码技术在仓库管理中的应用

(一)条码技术的概念和作用

条码(Bar Code)技术或称为BC技术是在计算机应用中产生并发展起来的,广泛应用于商业、邮政、图书管理、仓储、工业生产过程控制、交通等领域的一种自动识别技术,具有输入速度快、成本低、可靠性强等优点,在当今的自动识别技术中占有重要的地位。条码技术在仓储业的自动化立体仓库中发挥着重要作用,特别是对于小型物品的管理和入库不均衡的物品管理更显示出其优越性。

条码技术已经广泛应用于交通运输业、商业贸易、生产制造业、医疗卫生、仓储业、邮电系统、海关、银行、公共安全、国防、政府管理、办公自动化等领域。

仓库管理中条码技术的应用主要是条码的编码和识别技术。资料的自动识别方法可采用磁卡、条形码等方式来实现,而对物流中心而言,由于大多数的储存货品都具有条形码,所以用条形码做自动识别与资料收集是最便宜、最方便的方式。同时,条码技术是实现快速、准确而可靠的采集数据的有效手段,借助商品条形码上的资料经条形码读取设备读取后,可迅速、正确、简单地将商品资料自动输入与撷取,从而达到自动化登录、控制、传递、沟通的目的,进而解决仓库信息管理中数据的录入和数据采集的"瓶颈"问题,为仓库信息管理系统的应用提供有利的技术支持。条码技术在仓储管理上的作用主要有:登录快速,节省人力;大大提高物流作业效率,同时减少管理成本;降低信息收集错误率,提高作业质量;能够更精确地控制储位的指派与货品的拣取;可方便有效地盘点货品,从而准确地掌握库存,控制库存;做到实时数据收集,实时显示,并通过计算机快速处理而达到实时分析与实时控制的目的。

(二)条码技术应用流程

条码技术在仓库管理中应用设计时,需要根据不同的需求选用不同的软件和条码设备。系统使用的软件可分为两部分:一部分是条码终端使用的软件,另一部分是在仓库计算机中心或服务器上使用的软件。条码终端使用的软件只完成数据的采集功能,较为简单。仓库计算机中心或服务器中使用的软件包括数据库系统和仓库管理软件。另外,系统中还需要配置条码打印机,以便打印各种标签,如货位、货架使用的标签、物品标志用的标签等。图 5-2-1 所示为仓库条码技术应用流程图。

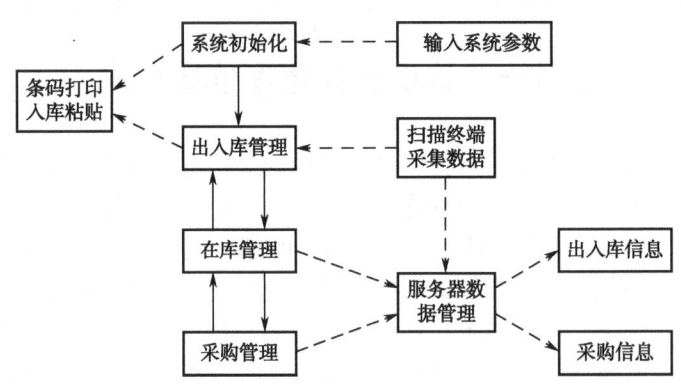

图 5-2-1　仓库条码技术应用流程

(三)条码仓库管理

条码仓库管理是条码技术广泛应用和比较成熟的传统领域,不仅适用于商业商品库存管理,同样适用于工厂产品和原料库存管理。只有仓库管理(盘存)电子化的实现,才能使产品、原料信息资源得到充分利用。仓库管理是动态变化的,通过仓库管理(盘存)电子化系统的建立,管理者可以随时了解每种产品或原料当前货架上和仓库中的数量及其动态变化,并且定量地分析出各种产品或原料库存、销售、生产情况等信息。管理者通过它来及时进货或减少进货、调整生产,保持最优库存量,改善库存结构,加速资金周转,实现产品和原料的全面控制和管理,更新管理方式。

1. 实施条码仓库管理(盘存)电子化的特点

(1)实时数据。数据采集系统采用条码自动识别技术作为数据输入手段,在进行每一项产品或原料操作(如到货清点、入库、盘点)的同时,系统自动对相关数据进行处理,并为下一次操作(如财务管理、出库)做好数据准备。通过计算机网络、数据库技术,系统任何一处在任何时间发生的物流活动数据,都可以立即传送到系统上的任何地方,完全消除了目前人工管理库存（盘点）方式下普遍存在的数据失控现象，实施全系统数据的实时性。

（2）无停顿运行。应用数据采集系统，当库存发生变化时，系统自动按照销售情况生成合理供货（上架）要求。缺货时系统自动提示所缺商品品种、价格、最低供货数量，并可自动提供以往提供同类产品的厂家名称。出库配送由系统自动按供货时间先后排序要求调度出库操作，通过数据采集器阅读商品条码自动完成库存消账。整个商品物流过程可以不停顿地的进行，大大加快了商品的周转速度。

（3）"零"差错。由于系统几乎完全免除了物流过程中数据的人工键盘输入，同时，全部物流过程在计算机系统监控下准确进行，一旦发生差错，系统立即报警纠正，大大减少了商品库存（盘点）过程中数据输入差错的可能性。即使有错误发生，系统对每一步操作日期、操作情况、操作员等数据都自动记录备查。

（4）省人力。应用数据采集系统，数据一次输入可以在以后的物流和信息流的各个环节中使用，数据输入次数由几十次减少到几次，操作员只需要使用数据采集器扫描阅读每个商品条码，系统自动对相关数据进行处理，不仅节省劳力，减轻劳动强度，更能改善劳动条件。

（5）高效益。源于高速信息流的数据实时性以及科学的决策，数据采集系统可以按照实际销售和库存情况及时组织进货、配送，使库存结构更加合理，并为"零"库存的实现创造必要的条件。有了数据的实时性，系统可以对最小合理库存、进货策略、配送策略、出入库调度策略等方面做出科学的决策，并在系统的实时监控下准确地实施，以最低库存、最高资金周转率、最低流通成本达到最好的社会与经济效益。

2．条码仓库管理的具体内容

（1）货物库存管理。仓库管理系统根据货物的品名、型号、规格、产地、牌名、包装等划分货物品种，并且分配唯一的编码，也就是"货号"。分货号管理货物库存和管理货号的单件集合，并且应用于仓库的各种操作。

（2）仓库库位管理。仓库分为若干个库房，每个库房分为若干个库位。库房是仓库中独立和封闭存货的空间，库房内空间细化为库位，细分能够更加明确定义存货空间。仓库管理系统是按仓库的库位记录仓库货物库存，在产品入库时将库位条码号与产品条形码号一一对应，在出库时按照库位货物的库存时间可以实现先进先出或批次管理的信息。

（3）货物单件管理。采用产品标识条码记录单件产品所经过的状态，从而实现了对单件产品的跟踪管理。

（4）仓库业务管理。包括出库、入库、盘库、月盘库、移库，不同业务以各自的方式进行，完成仓库的进、销、存管理。

（5）更加准确地完成仓库出入库操作。仓库利用条码采集货物单件信息，处理采集数据，建立仓库的入库、出库、移库、盘库数据。这样，使仓库操作完成更加准确。它能够根据货物单件库存为仓库货物出库提供库位信息，使仓库货物库存更加准确。

## 二、RFID 技术在仓储管理中的应用现状

射频识别技术（RFID）是 20 世纪 90 年代开始兴起的一种自动识别技术。与其他自动识别技术一样，射频识别技术也是由信息载体和信息获取装置组成的。其中，信息载体是射频标签，获取信息装置为射频识读器。射频标签和射频识读器之间利用感应、无线电波或微波

进行非接触双向通信，实现数据交换，从而达到识别的目的。RFID 被视为一种安全存取技术和一个有生命力的多应用平台，起到安全获取由基于网络解决方案提供服务的媒介作用。仓储物流数字化建设的基础工作之一就是基础数据的采集问题，基础数据的真实与完备是关系仓储物流数字化建设成功与否的关键与瓶颈，RFID 的出现适时地解决了这一问题。

（一）射频识别技术的优势

与当前广泛应用的条形码相比，RFID 有以下优势。

（1）快速扫描。条形码一次只能有一个条形码受到扫描；RFID 识读器可同时辨识读取数个 RFID 标签。

（2）体积小型化、形状多样化。RFID 在读取上并不受尺寸大小与形状限制，无须为了读取精确度而配合纸张的固定尺寸和印刷品质。此外，RFID 标签更可朝小型化与多样化型态发展，以应用于不同产品。

（3）抗污染能力和耐久性。传统条形码的载体是纸张，因此容易受到污染，但 RFID 对水、油和化学药品等物质具有很强抵抗性。此外，由于条形码是附于塑料袋或外包装纸箱上，所以特别容易受到折损；RFID 卷标是将数据存在芯片中，因此可以免受污损。

（4）可重复使用。现今的条形码印刷上后无法更改，RFID 标签则可以重复地新增、修改、删除 RFID 卷标内储存的数据，方便信息的更新。

（5）穿透性和无屏障阅读。在被覆盖的情况下，RFID 能够穿透纸张、木材和塑料等非金属或非透明的材质，并能够进行穿透性通信。而条形码扫描机必须在近距离而且没有物体阻挡的情况下，才可以辨读条形码。

（6）数据的记忆容量大。一维条形码的容量是 50Bytes，二维条形码最大的容量可储存 2~3000 字符，RFID 最大的容量则有数兆字节随着记忆载体的发展，数据容量也有不断扩大的趋势。未来物品所需携带的资料量会越来越大，对卷标所能扩充容量的需求也相应增加。

（7）安全性。由于 RFID 承载的是电子式信息，其数据内容可经由密码保护，使其内容不易被伪造及变造。近年来，RFID 因其所具备的远距离读取、高储存量等特性而备受瞩目。它不仅可以帮助一个企业大幅提高货物、信息管理的效率，还可以让销售企业和制造企业互联，从而更加准确地接收反馈信息，控制需求信息，优化整个供应链。

（二）RFID 在仓储物流中的应用

仓储是物流中不可缺少的一环，在整个物流过程中发挥着重要作用。仓储是生产中原材料、半成品、成品的缓冲池，为生产的持续稳定进行提供保障，实现生产和运输的经济性。同时，仓储可以克服生产者和消费者之间的时间和空间差异，支持企业的物流策略，提高客户服务水平，并降低物流成本。可以说离开了仓库的支持，就不可能有高效率、低成本的物流服务。在仓库里，射频技术最广泛的使用是存取货物与库存盘点，它能用来实现自动化的存货和取货等操作。在整个仓库管理中，将供应链计划系统制定的收货计划、取货计划、装运计划等与射频识别技术相结合，能够高效地完成各种业务操作，如指定堆放区域、上架取货和与补货等。这样，既增强作业的准确性和快捷性，提高服务质量，降低成本，节省劳动力和库存空间，同时还能减少整个物流中由于商品误置、送错、偷窃、损害和库存、出货错误等造成的损耗。RFID 技术的另一个好处在于在库存盘点时降低人力。RFID 的设计就是要让商品的登记自动化，盘点时不需要人工的检查或扫描条码，更加快速准确，并且减少了损耗。RFID 解决方案可提供有关库存情况的准确信息，管理人员可由此快速识别并纠正低效率运作情况，从而实现快速供货，并最大限度地减少储存成本。

1．物资出入库，提高效率

当货物到达指定卸货点时，货物上安装的电子标签，经过在入库口通道处所安装的阅读器时，仓储管理系统中将自动输入所有货物的相关信息。实际记录到系统中的入库信息将被进行检查，准许入库并将入库信息转换成库存信息方为合格，有提示信息输出的则是错误的，这时只能由工作人员来解决。位于叉车上的射频终端被仓储管理系统以最佳的储存方式指引着，抵达空货位所经过的途径是经过选择的最佳途径。一旦阅读器确认货物就位，库存随即更新。

2．商品配送，方便快捷

在零售企业中，仓储管理的诸多流程中，商品配送环节最为麻烦。因为整个过程，从商品入库直至出库，都可能有错误存在于其中，零售企业极高的产品召回率是由这些微小错误的累加导致的，严格来讲，更可能会影响企业长期以来的良好声誉。因此，为了避免以上情况频繁发生，仓库检验员在仓库出货口处往往要花大量时间进行出库商品检验，才能将出错率和货物召回率大幅度降低，同时把企业的顾客满意度大幅度提高，却无法使时间成本的损失减少，更不用说降低人力资源成本的损失。将 RFID 技术融入到出库管理工作中，其首要目标是让出库效率能够有所提高，连带时间成本和人力资源成本的大幅度降低，装载精确度也需要同时提高才行。

3．自动拣货，加速流转

盘点与找货速度大大提高：货品不再需要开箱盘点，速度可以提高至少 22 倍，节省 80%时间。缩短供货周期是企业最重要的要求之一，RFID 技术是实现缩短供货周期的不可缺少的技术手段。采用 RFID 技术，实现物流高效标准化作业，缩短作业流程和时间，增大物流吞吐量，增加供应链透明化程度。供货周期缩短至 2 周左右；补货时生产时间不超过 7 天，物流时间不超过 7 天

4．在库盘点，提高准确率

由于人为因素的存在，不可避免地产生遗漏和错误，在仓库库存查询作业中，所有标签上的信息均可由阅读器来自动获取，盘点记录也均是由计算机生成并对其进行比对，这都归功于 RFID 技术的采集。

（三）RFID 在仓储管理中的创新应用

现行的仓储物流，大部分采用条形码作为仓储管理智能化的方式，虽然其智能化程度比以前大大提高，但仍需要耗费大量的人力、物力投入到仓储物流中。现在如果将 RFID 系统与现行的条码系统相结合，可有效解决与仓库及货物流动有关的信息管理，不但可增加一天内处理货物的件数，还可以查看这些货物的一切流动信息。将条形码与 RFID 技术相结合，是 RFID 在仓储管理中的创新应用。

RFID 主要由商品包装上的条形码、RFID 电子标签、条形码打印机、手持无线数据终端、固定阅读器以及后台计算机系统六部分有机组合而成。由后台计算机系统生成的基本信息，包括商品货架编码、供应商名称、入库时间等的商品包装条形码。由相关工作人员将从条形码打印机打印出来的条形码贴在物品上，射频电子标签贴在存放物品的托盘或叉车上。因为 RFID 电子标签的内存空间大，所以可用于存储商品的详细信息。电子标签存放托盘或叉车上所有物品的信息，阅读器则安置在仓库的进出口。每当物品进库时，阅读器自动识别

电子标签上面的物品信息，并将信息存储到与之相连的管理系统中；当物品出库时，同样由阅读器自动识别物品信息，并传送到管理系统，由系统对信息进行出库处理。读取商品包装条形码中的信息可由手持无线数据终端来完成，此终端可同时对 RFID 电子标签执行读写操作。这样既能节省成本又能满足不同企业的差异性需求这一目的，促使条形码技术和 RFID 技术同时应用于该系统中。

仓储管理系统结合了条形码技术与 RFID 技术，但并没有完全将条形码技术用 RFID 技术取代，它只是在原有的条形码系统中，融入了新技术——RFID 技术，使商品出、入库的速度及查询的速度都得到了极大的提高，商品盘点的有效性也被极大地加强了，同时避免了高昂的成本。

### 三、EDI 技术的应用

（一）EDI 概述

EDI 即电子数据交换，它是一种利用计算机进行业务信息交换和处理的新方法。通过计算机通信网络，EDI 将贸易、运输、保险、银行和海关等行业的信息，用一种国际公认的标准格式，使各有关部门、公司与企业之间进行数据交换与处理，并完成以贸易为中心的全部业务过程。

国际标准化组织（ISO）定义 EDI 为"将贸易（商业）或行政事务处理按照一个公认的标准形成结构化的事务处理或信息数据格式，从计算机到计算机的电子传输"。因此 EDI 的基础框架包含了三个方面的内容，即计算机应用（EDI 软件、硬件）、通信网络和数据标准化。

EDI 标准是整个 EDI 最关键的部分，由于 EDI 是以事先商定的报文格式形式进行数据传输和信息交换。因此，制定统一的 EDI 标准至关重要。EDI 标准主要分为以下几个方面：基础标准，代码标准，报文标准，单证标准，管理标准，应用标准，通信标准，安全保密标准。

使用 EDI 的主要优点有：实现贸易无纸化，降低纸张的消费；提高工作的效率和可靠性，加快表单的传递速度，减少传递环节和交换手续；简化订货过程和存货过程；改善贸易伙伴间的关系，提高仓储管理的质量。

（二）EDI 的工作流程

EDI 的主要工作流程如图 5-2-2 所示。

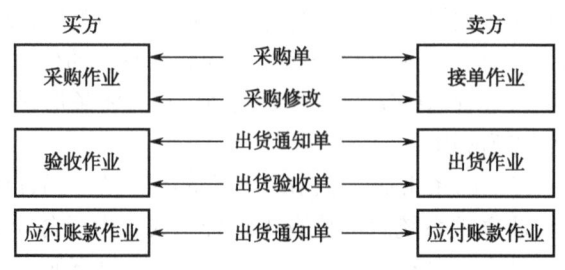

图 5-2-2 EDI 作业流程

下面是一个典型的仓储物流 EDI 的工作程序。

（1）发货方在接到订货后制定货物运送计划，并把运送货物的清单及运送时间安排等信息通过 EDI 发送给货物承运方和货物的接收仓库，以便货物承运方预先制定车辆调配计划和货物接收仓库制定货物接收计划。

（2）发货方依据顾客订货的要求和货物运送计划下达发货指令、分拣配货、打印出货物的条形码标签并贴在货物包装箱上，同时把运送货物品种、数量、包装等信息通过 EDI 发送给货物承运方，货物接收仓库依据请示下达车辆调配指令。

（3）货物的运输方在从发货方取运货物时，利用车载扫描仪读取货物的条形码标签，并与先前收到的货物运输数据进行核对，确认运送货物。

（4）货物的运输方在物流中心对货物进行整理、集装、做成送货清单并通过 EDI 向接收仓库发送发货信息。在货物运送的同时进行货物跟踪管理，并在货物交纳给接收仓库后，通过 EDI 向发货方发送完成运送业务信息和运费请示信息。

（5）接收仓库在货物到达时，利用扫描仪读取货物的条形码标签，并与先前收到的货物运输数据进行核对确认，开出收货发票，货物入库。同时通过 EDI 向货物的运输方和承运方发送收货确认信息。

### 四、EDI 在仓储活动中的作用

EDI 在仓储活动中的作用主要表现在以下几方面。

（一）为企业节省成本

（1）降低单据处理成本。EDI 可以通过减少或消除以下工作来降低单据处理成本：重复输入大量繁冗的信息；人工核对不同的单据；单据的排序、分类和归档；单据的邮寄。

（2）降低差错成本。EDI 能够降低差错成本是因为用电子传输的方式取代传统的传输方式，可减少遗失单据的数量，避免重复输入数据造成商业单据的差错。

（3）降低库存成本。EDI 能缩短供需双方的业务处理时间，缩短订货周期，同时减少订货周期中的不确定性，因此可以降低需方的库存。

（二）改善客户关系

通过 EDI 消除大量在单据管理上的工作，提高企业的快速响应能力；EDI 能降低业务处理过程中的差错率，消除客户不必要的工作浪费，腾出时间用于更有效的工作。因此，EDI 非常有利于加强贸易伙伴之间的关系。

（三）提高企业国际市场竞争能力

在 EDI 迅猛发展的今天，EDI 已经成为企业赖以生存的支柱，没有 EDI，企业必将被市场淘汰。有了 EDI，符合国际贸易的大势所趋，业务不再受到地域的限制，就会大大改善企业在激烈竞争市场中的地位，使企业处于主动有利的形势中。

 **知识链接：国际标准化组织**

国际标准化组织（International Organization for Standardization，ISO）是一个全球性的非政府组织，是国际标准化领域中一个十分重要的组织。ISO 来源于希腊语"ISOS"，即"EQUAL"——平等之意。ISO 国际标准组织成立于 1946 年，中国是 ISO 的正式成员之一，代表中国参加 ISO 的国家机构是中国国家技术监督局（CSBTS）。

ISO 负责目前绝大部分领域（包括军工、石油、船舶等垄断行业）的标准化活动。ISO 现有 163 个成员，包括 163 个国家和地区。ISO 的最高权利机构是每年一次的"全体大会"，其日常办事机构是中央秘书处，设在瑞士日内瓦。中央秘书处现有 135 名职员，由秘书长领导。ISO 的宗旨是"在世界上促进标准化及其相关活动的发展，以便于商品和服务的国际交换，在智力、科学、技术和经济领域开展合作。"ISO 通过它的 3368 个技术结构开展技术活动。中国于 1978 年加入 ISO，在 2008 年 10 月的第 31 届国际化标准组织大会上，中国正式成为 ISO 的常任理事国。

该组织自我定义为非政府组织，官方语言是英语、法语和俄语。参加者包括各会员国的国家标准机构和主要公司。它是世界上最大的非政府性标准化专门机构，是国际标准化领域中一个十分重要的组织。

**任务实施与评价**

**1. 任务实施**

（1）任务准备：

以仓储管理员的身份进行库存、储位情况查询；能够对货品进行 ABC 分类管理；能够进行库存冻结及解冻的操作；能够进行盘点作业并对结果进行调整；能够查询盈亏情况并进行日终处理；能够查询作业明细。

（2）实施步骤。

① 库存管理

a．库存查询

选择"仓储管理"→"库存管理"→"库存查询"命令，可以查询库存。

b．可视化查询

选择"仓储管理"→"库存管理"→"可视化库存"命令，查看库存情况。

c．储位使用情况

选择"仓储管理"→"库存管理"→"储位使用情况"命令，查看储位使用情况。

d．ABC 分类

选择"仓储管理"→"库存管理"→"ABC 分类"命令，可进行分类。

选择"目标客户——佳世客"，"分类依据——库存金额"，"分类范围——按货品"，"起始时间——2010-08-10"，"终止时间——今天"，单击"确定"按钮。

同时，单击"生成曲线图"按钮，即可生成曲线图。

e．库龄分析

选择"仓储管理"→"库存管理"→"库龄分析"命令，可对仓库货品的库龄进行分析。可选择在库时间段、库房和客户码查看库存货品的在库时间。

② 配置管理

a．操作配置

选择"仓储管理"→"配置管理"→"操作配置"命令，新增操作配置：单击"提交"按钮即可。

b．作业环节配置

选择"仓储管理"→"配置管理"→"作业环节配置"命令，可选用标准作业环节配置，也可以采用个性化配置。

c．上架/拣货策略

d．作业任务配置

选择"仓储管理"→"配置管理"→"作业任务配置"命令。单击"提交"按钮。

e．货品类型操作配置

选择"仓储管理"→"配置管理"→"货品类型操作配置"命令，新增配置：单击"提交"按钮即可。

f．库龄管理设置

选择"仓储管理"→"配置管理"→"库龄管理设置"命令，可设置预警库龄，当超过库龄时，可报警。

g．储位存放规格

选择"仓储管理"→"配置管理"→"储位存放规格"命令，新增储位规格。

h．RFID 配置

选择"仓储管理"→"配置管理"→"RFID 配置"命令，新增配置。

选中目标货品，选择设备，进行"写入"即可。

i．电子拣选配置

j．补货设置

选择"仓储管理"→"配置管理"→"补货设置"命令，对电子标签的补货点进行设置。

k．POS 数据同步

选择"仓储管理"→"配置管理"→"POS 数据同步"命令，可进行货品同步和用货资料同步。

l．货品操作配置

选择"仓储管理"→"配置管理"→"货品操作配置"命令，新增配置。

m．基础策略配置

选择"仓储管理"→"配置管理"→"基础策略配置"命令，可查看常用的基础策略。

③ 库存冻结

a．库存冻结

选择"仓储管理"→"库存冻结"→"库存冻结"命令：新增库存冻结，单击"提交"按钮则冻结选中的库存，使此库存不能再执行出入库操作。

b．库存解冻

选择"仓储管理"→"库存冻结"→"库存解冻"命令：选中该库存执行解冻。

新增一个对在库货品的冻结要求：库房名称为物流实训室，客户名称为烟台国美，货品名称为 Haier W36 笔记本，冻结类型为不入不出。完成该冻结的解冻。

新增一个对在库货品的冻结要求：库房名称为物流实训室，客户名称为烟台苏宁，货品名称为 Canon A640 相机，冻结类型为只入不出。完成该冻结的解冻。

任务要求：

以仓储管理员的身份按照上述步骤进行操作，运用 RF 手持终端完成仓储管理的过程。

### 2．任务评价

**任务评价表**

| 考核标准 | 【熟练程度 50%】 | | 【结果正确性 40%】 | | 【团队精神 10%】 | | | |
|---|---|---|---|---|---|---|---|---|
| 评价方法 | 1．考核内容：仓储管理软件的实际操作，运用 RF 手持终端完成仓储管理的过程 | | | | | | | |
| | 2．考核方法 | | | | | | | |
| | 评价主体 | 分值 | 小组平均得分 | 成员姓名 | 成员姓名 | 成员姓名 | 成员姓名 | 成员姓名 |
| | 学生自评 | 20 | | | | | | |
| | 学生互评 | 30 | | | | | | |
| | 教师评价 | 50 | | | | | | |
| | 【学生本次任务成绩】＿＿＿＿＿＿＿<br>教师：<br>日期： | | | | | | | |

## 练习与自测

### 一、单选题

1．仓储管理信息系统（WMS），是为提高仓储作业和仓储管理活动的效率，对仓库实施全面的系统化管理的（　　）。

　　A．信息系统　　　　　　　　　　B．计算机信息系统

　　C．人机系统　　　　　　　　　　D．综合系统

2．WMS 最基本的功能是（　　）。

　　A．信息处理功能　　　　　　　　B．计划功能

　　C．预测功能　　　　　　　　　　D．事务处理功能

3．WMS 的一个附加功能是（　　）。

　　A．预测功能　　　　　　　　　　B．决策支持功能

　　C．控制功能　　　　　　　　　　D．计划功能

4．WMS 中可以提供最小库存量、最大库存量和自动订货量控制的模块是（　　）。

　　A．出库管理模块　　　　　　　　B．货位管理模块

　　C．库存控制模块　　　　　　　　D．入库管理模块

5．应收账款系统属于（　　）。
A．库存控制模块　　　　　　　　　B．客户服务管理模块
C．绩效管理模块　　　　　　　　　D．财务管理模块
6．电子数据交换的英文缩写是（　　）。
A．WMS　　　　　B．EOS　　　　　C．EDI　　　　　D．GPS

## 二、多选题

1．仓储信息管理系统的特点是（　　）。
A．信息系统　　　B．动态系统　　　C．人机系统　　　D．综合系统
2．WMS 的功能结构除了信息处理功能和事务处理功能外，还包括（　　）。
A．预测功能　　　B．决策支持功能　　C．控制功能　　　D．计划功能
3．RFID 在仓储物流中的应用包括（　　）。
A．物资出入库，提高效率　　　　　B．商品配送，方便快捷
C．自动拣货，加速流转　　　　　　D．在库盘点，提高准确率

## 三、判断题

1．WMS 是一个综合性的系统。（　　）
2．从开发角度上看，WMS 是一个不断开发修正的过程，所以 WMS 具有静态特性。（　　）
3．控制功能是 WMS 最基本的功能。（　　）
4．客户服务管理模块的主要任务是定期收集各项运营数据，进行各项运营数据的比较分析。（　　）
5．采用 RFID 技术，实现物流高效标准化作业，缩短作业流程和时间，增大物流吞吐量，增加供应链透明化程度。（　　）

## 四、简答题

1．什么是仓储管理信息系统？有什么特点？
2．WMS 的功能结构如何？
3．WMS 的功能模块有哪几部分？
4．仓储管理信息系统的支持技术有哪些？
5．仓库条形码技术应用的流程是怎样的？
6．条形码仓库管理的具体内容有哪些？
7．RFID 的主要优势有哪些？
8．RFID 在仓储物流中的应用如何？
9．EDI 的概念以及在仓储活动中的作用如何？
10．典型的仓储物流 EDI 的工作程序是怎样的？

## 综合案例分析

### 上海中远国际货运有限公司 EDI 应用情况

**一、公司简介**

上海中远国际货运有限公司是中远集团（COSCO）下属的从事货物运输代理的公司，是上海最大的货运一级代理公司之一。该公司主要负责中远集团长江内支线集装箱的货运代理，通过中转枢纽——上海港，使长江内支线与中远遍布全球的干线运输网络相连接，可真正体现其运输优势，各种进出口货物可直接抵达全球各地，做到一票到底，内地交货，为货主提供了极大的便利。公司有员工 400 多人，其中，计算机部共 10 人。计算机部的员工不仅负责本公司信息系统的开发和维护工作，还要负责客户的信息系统维护工作，因此工作量是非常大。公司的计算机部和其他部门（如市场部、出口部等）平行，归总经理直接管理。

**二、公司的计算机应用现状**

上海中远国际货运有限公司作为一家国有企业，应该说具有较高的计算机应用水平。这一方面与其所在的行业有关，因为货物运输要涉及大量的数据，如果没有良好的计算机应用水平，就需要大量的人力来处理相关数据，这是一个很大的工作量；另一方面该公司领导层能够认识到计算机应用所带来的好处，所以能够大力推进计算机在公司内部的应用。中远集团是国内较早引进 IBMRS6000、AS/400 的企业，因此具有良好的计算机应用基础，在公司内部，其业务全部利用计算机来处理，也就是说，从客户提交数据到公司签发提单给客户，全部采用了计算机处理技术。

客户传统的订舱方式往往是采用传真和信件的方式来传递双方需要的大量数据，但是传统的传真和信件方式有如下几个特点。首先，货代公司收到传真或信件后，需要将如此大量的数据输入公司的内部信息系统，带来很大的工作量，公司必须投入大量的人力来处理这些数据；其次，重新输入这些数据难免会出现差错，而这样的差错会引起公司与客户之间业务上的纠纷，给公司带来不必要的麻烦和经济上的损失。因此，从 1997 年年初开始，上海中远开始采用电子订舱的方式逐步来取代传统的传真和信件方式。公司采用两种电子订舱的方式：首先是开发应用系统。公司计算机部开发出应用程序，安装在客户端，客户只需使用该程序，通过 MODEM 和电话线，将大量的数据传送给公司即可。这种应用程序的界面类似于 Internet 和 Web 形式，只是在功能上根据客户的要求和业务的实际需要进行了加强，其实际上是 EDI 的一种形式；其次是在 Internet 上建立公司的网址（www.Cosfresh.com），开发基于 Internet 的 Web 页，在 Internet 上，Web 主要提供以下 4 个功能。

（1）信息发布。公司在网上公布公司的各个航线、各航线的航期、运价等。

（2）网上查询。根据公司在网上所发布的信息，客户就可以通过 Internet 进行查询，从而可以比较不同货代公司的运价和航期。

（3）网上订舱。客户可以通过 Internet 来实现订舱，从而取代传统的订舱方式。

（4）订舱反馈。不管客户是通过何种途径进行订舱的，都可以通过 Internet 查询到货物的现状，跟踪其货物。通过电子订舱的客户还可以通过 Internet 得到公司的反馈，既快捷又方便。如客户需要运输一批货物，出发地是苏州，目的地为 Chicago，则货物可以走以下的路线：苏州—上海—Lon G Beach—Chicago。客户可先将这批货物的有关数据告诉货代，如日期、目的地、品种、重量等，货代就为客户办理单证，包括订舱、运输、报关、收费等，然后给客户签发提单。提单相当于收据，具有法律效力。客户将提单寄到 Chicago，收货人可凭提单在 Chicago 提货。

电子订舱的两种不同的方式往往适用于两种不同的客户。应用系统往往适用于比较固定或者业务量比较多的客户。公司要负责将应用系统安装在客户处而且往往还要负责该系统的维护工作；而对于 Internet 方式主要用于一些非固定的或者远距离的客户，因为对公司来说，对非固定的客户安装维护应用系统是一笔很大的开支。

### 三、系统内容简述

中远国际货运有限公司电子信息服务系统的内容与特点如下。

（1）货运公报。船期更改等与货运有关的信息发布。

（2）船期表。查询和下载自上海港出发的船期，其他地点船驳连接至中远集运网站船期表页。

（3）运价。查询上海中货公布的从上海至世界各地的海运费、中转费、附加费和上海中货内陆运输包干费用。

（4）订舱。可直接输入/更改货运订舱委托内容，并查询委托的受理信息（船名、航次、提单号等）及运费、流转情况等信息。

（5）货物跟踪。目前提供按月提单号或箱号查询中远集装箱承运上海港进、出港信息（包括中转）委托货物。

### 四、系统特点

（1）C/S 平台，多种数据库集成。应用服务器（Web Server）一端，使用同一接口连接数据库，简化了应用的复杂度，便于系统维护。

（2）与业务数据库直接相连。既能保证用户查询得到的结果信息与上海中货业务数据同步，又能避免由于维护不及时，产生的信息发布之后的网站老大难问题，还节省了人力和资源的投入。

（3）用户操作尽可能简化。"货物跟踪"中系统自动判断委托所属航线、来自/到达北美的货物，可继续连接至中远北美公司网站的"Cargo Tracing"查询结果页，"运价查询"结果列出全部箱、货类的运价、中转价、附加费，减少了用户输入和等待时间。运价查询所选的港口、目的地名称均为运价表中存在的地名，提高了查询命中率。

（4）应用服务面广。除订舱部分采用登录方式外，其他功能对全社会开放，保证直接货主、货代公司、上下港代理等不同用户的需要。订舱查询不限制委托的方式，不论是点对点数据传输、网上订舱还是纸面订舱，均可查询。船期表下载按交通部格式，并附平台文件格式说明，用户可以得到格式化数据，方便有业务应用的用户使用。

（5）安全机制完善。Web 服务器置于防火墙外，由应用系统访问内部数据库，保证内部网络安全；订舱应用的修改和查询同时校验用户和委托运编号，防止用户委托资料泄密。

上海中货自从 1997 年开始采用电子订舱后，对于大部分固定客户都安装了应用系统，从而巩固了与客户的业务联系。这些客户基本上都采用 EDI 方式实现了电子订舱，客户的反映都非常好，他们认为，使用 EDI 电子订舱后方便快捷、安全可靠，大大提高了工作效率。公司于 1998 年建立网址、提供网上信息服务后，客户反映也比较好，他们认为，网上查询信息方便快捷、及时准确，而且节省通信费用。然而公司提供的网上订舱服务现在还没有一笔业务。对于大的、固定的客户基本上都采用 EDI 的方式,而小的客户还是采用传统的订舱方式——传真。

**思考:**
1. 中远公司 EDI 应用所带来的影响有哪些?
2. 中远国际货运有限公司电子信息服务系统有哪些特点?
3. 中远国际货运有限公司电子信息服务系统应用过程中会出现或可能出现哪些问题?
4. 该案例给我们的启示是什么?

# 反侵权盗版声明

电子工业出版社依法对本作品享有专有出版权。任何未经权利人书面许可，复制、销售或通过信息网络传播本作品的行为，歪曲、篡改、剽窃本作品的行为，均违反《中华人民共和国著作权法》，其行为人应承担相应的民事责任和行政责任，构成犯罪的，将被依法追究刑事责任。

为了维护市场秩序，保护权利人的合法权益，我社将依法查处和打击侵权盗版的单位和个人。欢迎社会各界人士积极举报侵权盗版行为，本社将奖励举报有功人员，并保证举报人的信息不被泄露。

举报电话：（010）88254396；（010）88258888
传　　真：（010）88254397
E-mail：　dbqq@phei.com.cn
通信地址：北京市海淀区万寿路 173 信箱
　　　　　电子工业出版社总编办公室
邮　　编：100036